今は昔

河原者のけもの道

桃山邑

The Trail of a Dramatic Beast

水族館劇場

The Trail of a Dramatic Beast
Yû Momoyama
Hatori Press, Inc., 2023
ISBN 978-4-904702-91-8

河原者のけもの道　目次

絢交の世界　179

本書の企画は二〇二二年六月十日、羽鳥書店から桃山邑に依頼し始動した。桃山はステージⅣの癌により余命半年を宣告されており、闘病のなか執筆活動を続けたが存命中に本を仕上げることは叶わなかった。

桃山邑、二〇二三年十月十八日十二時十分、自宅にて永眠。享年六十四歳。

桃山は自身の最後の本を『河原者のけもの道』と題し、造本イメージを作り、内容構成を考え、可能な限り原稿を書こうと尽力した。本書はそれら遺された原稿を編集し、音楽に関わるエッセイを加えて(「絢交の世界 番外篇」)、まとめたものである。

難破船《Naufrágio》を慈しむように――水族館劇場とはなにか

1．ぼくに残された時間はそれほど多くない。おそらく来年は宗禅寺の大地に両足を踏ん張って野戦攻城を続けることは無理だろう。困った。じつに困った。けれどいつだってぼくは最後の戦いと覚悟して芝居現場に赴いてきたのだし、どん底から水族館劇場の復活をなしとげたメンバーには、いつこの世から桃山が消滅しても役者徒党を継起し続けられるように説いてきた。八年前の劇団分裂をともなうお家騒動の後、野戦攻城再生のきっかけを探すように「さすらい姉妹」の年末年始寄せ場巡演の台本を書いていた。「ぢべたすれすればったもん」のタイトルを持つその芝居は当時の役者たちの、不安と矜恃が綯い交ぜになった心境を、そのまま物語に組み込もうと試みた背水の舞台だった。美術家、岡本光博の撤去された「バッタもん」（ルイヴィトンから商標登録上のクレームがついた）に刺激を享け、偽物であることに居残り、模倣を突き抜けることにあたらしい可能性をみはるかす精神を舞台に反映させる実験だった。水族館劇場に足を運んでくれる一般の客はなにがなんだかわからぬうちに解散という噂に戸惑い、ほとんどの役者が去った芸濃町公演に首をかしげたことだろう。それほど周到に、何年も前から造反劇は準備されていた。水族館劇場をむかえ入れ、そだててくれた駒込大観音の島田住職は、ぼくらが花園神社に凱旋したとき、いみじくも述懐した。「あれほどの大量引き抜きをされた桃山はもう二度と立ち直れないだろうと思った。よくぞここまで集団を建てなおした」。まぁ幾分かはこちらにも責任はある。自業自得だね。藝能の原像すら想像できない小劇場あがりの神経症と、その嘯きに乗っかった愚かな数人の役者には露ほどの未練もない。長い歳月、友人として協働してきたと思っていた同世代の仲間の、掌を返すような裏切りにも慣れた。怒りは尽きなかったが不思議なほど怨みはない。そう云えばパレスチナがイスラエルに理不尽な空爆をうけ街を破壊されたとき、エドワード・サイードがおんなじこと書いてたような気がするなぁ。思想の深度も世界観も彼の足下にもおよばない現代河原者だけれど、パレスチナ系キリスト教徒という二重性を背負った知識人に強い共感をいだいていた。言葉と裏腹な行動、いちど決めたことへの理由なき変更を許せない性分は似ているかもしれない。その怒りは造反組《クーデター》との戦いに向けられた。彼らを圧倒する舞台を拵えつづけることである。芝居の才能がないのはどっちもどっちだが、加えて信義のかけらもない節操のなさにはあきれ果てた。誘いすらかけて貰えなかった役者のひとりが呟いた。「結局桃ちゃんがウザかったんだよ。目の上のたん瘤だからさぁ。神輿に乗れ（最終責任を持て）行く先は自分らが決める、と云いながら担いだ神輿を放り投げたんだ。誰だってじぶんが親分やればもっといい舞台が出来るって考えるもん」。そうかもしれない。けれども季節はうつろい、若い実力者たちが揃ったとき、台本至上主義が集団の空気を支配するようになる。舞台を完成させる絶対性への、疑問なき追随である。文章ひとつ書けない奴がご立派なこった。家父長（吐き気がするほど嫌な言葉）にでもなったつもりでいるのか。ついでにご立派な奴らの振舞も報告しよう。ぼくを騙しきり、逃げおおせれば新生水族館（でも水族館劇場の看板だけは風兄宇内が渡さなかった）となるはずだった劇団の旗揚げに、千代次が彼らに不要と切り棄てられた役者たちをひきつれて観劇（殴り込みではありません）にいった。純粋に桃山と離れ、どんな芝居をやりたかったのか興味があったのだと思う。だが後ろめたい人間どもは慌て、こそこそと逃げ隠れした。追いかけるように、ぼくらが再生のためめの活動をはじめたときには挨拶（観劇）にも来ない。弄言に騙されなかった津田三朗とまこ夫妻、山本紗由が復活へとちからを貸してくれた。彼らにさえ秋波を送って合流させようとしたみたいだけどね。賢い者は見抜けるよ。つづいて羽鳥書店、伊藤裕作、近藤ちはるたち東京周辺のサポーター、静岡の近藤道彦・亜美夫妻ら、たくさんの協力人がぼくを支えてくれた。法政大学前総長の田中優子はじめ、田中純、毛利嘉孝、人文学の錚錚たる人脈が味方につき、大島幹雄、鬼海弘雄、鴻池朋子、在野の表現者たちも応援してくれた。残されたメンバーで再起することがどれほど困難なことか。承知の上で負札をひいてくれた淺野雅英と渡邊修一、ふたたび野戦攻城の幟旗をあげてみせるという、ぼくのハッタリを信じて、ともに復活に賭けた、かけがえのない仲間たち。ちから及ばずとも必死に舞台に齧り付く、その姿勢になんとか報いたいと思考をめぐらし、言葉を磨いた。ぼくの怒りはたしかにパワーになったけれど、随分無理も重ねた。身体の内部が軋みをあげて毀れてゆくのを自覚した。だが後悔はない。従いてきたメンバーは怒鳴られながらも本当の想像力を鍛える修業をしている。遊びを蕩尽しつくした果てにたどりついた境地のようなもの。（この関係は外野の人間には理会できない。ましてＮＨＫになんぞ見抜けるわけがない）小屋掛けをなめた作業にぶつける言葉は決してパワハラなんかではない。危険のともなう仮設作業の工程で慣れと自信から、つい手を抜いてしまう自惚れの芽をいち早く摘取るセーフティネットなのだ。烈しい叱責を若い劇団員の「慣れっこになった」という自信過剰のつぶやきで切り取って「感情的な権力」vs「作業員が内に秘めた抵抗」というイメージをつくりあげ、決定的なミスをなごませてしまう。映像に責任を持つディレクターがいる以上、こちらが何を撮り、どう編集しても構わないと許可した以上直接の批判はさし控えた。だが全国ネットで流された映像だけが真実ではない、と伝えることはぼくの自由だ。人の命に直結してしまう手抜きだから注意をうけたにもかかわらず、何度でもおなじ過ちを繰り返すから許せないのだ。そのことが外野にはわかってもらえない。人生日暮れてなお道遠し。とほほな疲労感が全身に纏わりついてくる。ユンケル飲んで出直したい気分だよ。もちろんぼくたちは仕事として芝居をしているわけじゃない。流行の言葉で云うならブルシットジョブ（毛利嘉孝によれば水族館劇場の大多数の役者が従事する生業はシットジョブと呼ぶのが精確）を拒絶するために、管理と支配の網の目がからまりあった社会から望んでこぼれおち、じぶんたちでつくりあげた掟《ルール》のなかで自由に泳いでいるだけなのだ。法ではなく、水族館劇場という群体だけで共有する厳しいふるまいの規範のもとに。

2．水族館劇場に集う役者は職業芸術家ではない。最底辺の仕事をこなし賃労働で生活を贖う「此の世に用無き者」（ロベール・カステル）のひと群れだ。「演劇」業界にも「統治」システムのおこぼれ金にも色目を使わない。だから「プロ」と「アマチュア」の境目がわからない。あえて区別をつけない。だって入場料をいただいている以上、立派なプロじゃないの？　製作費の回収を考え、チケットを高くすれば観客が減る。なるべく安く見てもらいたいと云う、こちらの都合を優先させた支出と収入の圧倒的な非対称は自己責任でしょ。最初から飯の種は芝居いがいの場所でひろう。いちばん楽しめる場所を経済的縛りのなかで左右されるはまっぴら御免だ。すると水族館劇場は自爆をよろこぶ、継続を放棄した劇団なのか（よく長くは持たない、と云われます。休まず三十五年やり続けてるけど）。芝居者が集まって一箇の舞台を拵えるわけだから、紛うことなき劇集団であろう。ただし数多ある凡百の劇団と決定的に違う、別のなにかを志向する役者徒党なのだ。千葉大二郎は「水族館劇場が目指すのは演劇ではなく、世直しである。いわば芝居に擬態した百姓一揆にちかい」と云い放った。買い被りだよと謙遜しながら、言い得て妙と納得するじぶんがいた。ぼく自身「演劇」が目指す芸術的完成度には尾っぽを振らない。「反芸術」を標榜するアングラとも無縁でありたい。師と敬愛する翠羅臼の曲馬舘をアングラの極北と呼ぶなら在籍したぼくは、その領域に分類されるのかもしれないけれど。赤テントや黒テントより、歌舞伎や文楽、新派悲劇にあこがれたぼくは、別の世界観でもうひとつの芝居の可能性を探し求めて来たのだと思う。すこし昔の話になるが、ある時期からパーマネントメンバーにサポートメンバーが混じり合い、集団自体の枠組が緩みはじめたことがあった。現場で指揮（決定権を持つ）をとるスタッフが劇団外の人間だったり、参画期間にばらつきがあったり。内部から、どこまでが水族館劇場なんだと疑問の声があがったりした。さもありなん。幕が降りたあとの役者紹介でぼくの横に、みたことない奴がいる（後できいたら昨日は観客で来たけど打ち上げで誰かに出てもいいと云われたのでモブシーンに紛れ込んだらしい）んだもの動転するよ。ま、それも芝居のうちと開きなおったけど。それまでイメージしてきた集団とは、あきらかに別の潮流にのった立場のクルーが浮上してきたというわけだ。劇団を標榜せずプロデュース公演にしたら、という提起も再三うけた。けれどもぼくは頷かなかった。確信を持てぬままに、この状態に可能性をみいだそうとした。そのころ演劇業界はぼくの直感とは真逆の方向へ流れていた。小劇場運動で名をあげた者たちのほとんどが創設期に持っていた紐帯を解き、才能（？）を認められた個人の名を冠したプロデュース性に移行した。劇団として世に知られるほどに、一枚岩だった結束が才能の潜勢力によってランクづけられ、あるレベルに届かない者は退場を勧告されたのだろう。演劇にかぎらず音楽でもメジャーへの切り通しをくぐるときに必ず起きる試練だ。それこそが自然の淘汰かもしれない。水族館劇場は才能で分別されてゆく劇団内の関係性に与しない。クールな割切りを自明としない。むしろ遠ざけようとする。演劇とは別のなにかを、才能とは別のなにかを探し求め、ぢべたすれすれに身をかがめ、「序列の世界」に逆襲をこころみる。生まれついての天賦の能力は人それぞれ。仮設小屋を役者みずから組み上げてゆくような芝居の全行程には必ずその人が必要とされる局面が来ると信じている。とるにたらない下層の生を生き抜く者たちには、そこでしか歌にならない声があり、座付作者とは、かそけきその声を拾い歩く使命を帯びた立場に拠ってたつ、ことぶみの使いにほかならない。

3．ぼくらは初発の夢を検証しなおす必要がある。三十五年前の創設いらい、この役者徒党は可能なかぎり民主的であろうと努力を重ねてきた。この基本的態度は、いい面が出たときも悪いほうに流されたときもあった。最終決定は副司令官（最高権力は個人に帰さないという、メキシコのサパティスタ民族解放軍、マルコスに倣い、司令官は人知のおよばぬ場処に置く。それは散楽藝の放下の思想にも通じるはずだ）であるぼくがくだすにしても、あえて集団を支える基底に民主的合議制（それが導きだす答えはほとんどの場合間違っているけどね）を据えるのなら、舞台から発信されるメッセージの軸芯に顕世《うつしよ》との向き合いかたを置くのなら、近代演劇なる領域が、境界線をひいてきた、いいかげんな隠れ蓑をあたりまえのように信じて江戸の戯場（自分たちのオリジナリティ）をふりむかず、半可な西欧化に満足してきた現代演劇史の、ことごとく逆しまの道を歩いてきた。狭い意味での台本至上主義。夜郎自大な演劇的達成。小劇場なりあがり双六によるプロセニアムアーチ劇場への進出。見返りとしての助成金獲得。広範な市民的認知による上昇志向。どれも眼中になく、かたくなに拒んできた。だが、水族館劇場も根柢に横たわる軛から自由になったわけではない。長い時間のなかで、そういった初発の意思そのものがなんら検証もされないまま、みずからの常識になってしまったきらいはある。水落としに代表されるスペクタクル性も自己模倣をまぬがれなかった。身体一つで冬の路上にたつさすらい姉妹を対置しながら乗り越えた。時代もかわればそれを担う人間もかわる。役者も退場と登場とを繰りかえす。集団の初期紐帯はゆるやかに解かれ、ただ水族館劇場的（桃山の世界観にもとづいたものに過ぎないのに）芝居を欲する個人が相つどう、烏合のやからと変成してゆく。踏襲してゆくことだけが正しい道ではないからだ。相互批評性（難しく云わなくたって単に自分の意見が集団の同調圧力に押し殺されたらダメ）の介在がない人間関係は徐々に腐《くた》れゆき、自壊の滝つぼへと落ちてゆく。この百年間に人間社会の歴史のなかで、左翼と呼ばれた革命的実験はつぎつぎと敗れ去り、世界は凶暴な資本主義の嵐にのみこまれたまま末期的な様相を剥き出しに晒している。人類が乗った共通の箱船である「地球」という生命をはぐくむ水の星それ自体を毀すほどに。そういう時代に水族館劇場は「発展至上主義」を憂う者たちを支配し、統治する為政者が握った権力のパラダイムに抗うために政治に従属する「芸術」に「藝能」という概念を対置させてシフトチェンジを目論んだ。ぼくにとって最後の導師《グル》と云える、高山宏教授の強力なプッシュもあって、困難な野外劇のけもの道をただひたすらに歩く、という集団のすがたにすこしずつ周囲が気がついてくる。建築職人、ひらたく云えば日雇い労働者という、桃山個人の生業の珍しさ（しかし野戦攻城と緊密に結びつく）も手伝い、ここ十年評価が高まったのだとかんがえる。この道はあらまほしき人間社会にとってまだ充分有効な可能性を持っている。おそらく水族館劇場はじぶんたちが想定している以上に、どこにもない、いままで誰もあゆまなかった「藝能」の本体を拡充し、酷薄さをいやますこの世界の片隅で、なおも希望の螢とみえる、ひとすじの希望を発光しているのだ。二十世紀が刻んだ人間社会の迷妄の痕跡。資本主義対社会主義の構図のなかでの核配置と世界戦争。科学の発展にともなう環境破壊。今世紀にはいるとすぐに擬制の宗教をバックボーンにした不毛な戦闘が中東~西欧社会で展開される。テロという単語が恐怖とともに植えつけられる。インターネット社会は誤用されパノプティコンからシノプティコンへと怪物化する。テクノロジーの発達によって、かつては少数者が多数者を監視する装置だったものが、微妙に逆流しつつある。スマホに振り回される日常は、多数者が少数者を追いかける、覗き見的まなざしそのものではないのか。人間が、ほんらい持っている自由に生きる権利が足もとから揺らぎ、得体のしれない情報の海に個の尊厳が蚕食されてゆく。現代河原者を自称する役者徒党は、存在自体が管理社会への抗いであり、野戦攻城の坐を建立するたびごとに、抵抗の火矢を放ってきた。何処へ？　なんに向かって？　撃つべき標的はどこにいるのか。政治という領域には敵が実体化されて現前するが「藝能」には敵がどこにも現前されない。あえて矢の刺さるべき場所をさがすなら、みずからのこころ、と云うより他はない。ポストモダンと呼ばれた時代を懐疑的に振り返るしかない現代に問われているのは、都市と辺境といった二元法に問題を追い込むことではない。都市的であることの快適な棲みごこちと限界は、故郷といった、不便だがノスタルジックな辺境を対置したところで、無意味な解決しか導きだせない。寄せ場という空間が解体されつつ、特定の地域から、あらゆる場所へと蔓延したように、どちらか一方を撰びとってカタがつく問題では既にないのだ。電脳空間のなかではリニア的な時間は解体されつくし、デジタルな虚無の海にただよう世界の断片を、管理された個人的嗜好がひろいあげて束の間の歓楽を享受する。ニック・ランドを嚆矢とする加速主義（そのダークな魅力は認めますが）が人間そのものを否定してゆく。ここにおいて過去は消え、もはや未来もやってこない。歴史性や民族意識はほぼ壊滅的な破損状態におちいった。だからこそリアルな課題としての、あたらしい革命の方法をかんがえださなければならない。藝能がその道行きで政治的にコミットできると確信するほど自信があるわけではない。それでも役者徒党は信ずる道を歩みつづけるしかない。継起するいがいに変革の本体にたどり着くことは叶わないのだから。水族館劇場は造反劇このかた八年間、全力で「藝能」を推し進めてきた。あまりある力量を持ったメンバーが揃っていた当時よりも、うろたえながら困難とまともに対峙した現有勢力は、かけがえのない何かを手に入れたと思う。そのことは、ひと知れず誇ってもいい。ぼくにも、集団としての、ほんとうの存在意義が、朧げながらみえてきた。

4．そして白鳥の歌をうたう拠点を中里介山生誕の地と決めた。これまで述べてきた水族館劇場のはたすべき役割からは、新宿という都市中枢での活動は負の連鎖を引き起こしてしまう危険を感じたからだ。花園神社で公演すれば、必ずアングラ劇団のレッテル張りから逃れられない。芝居へのむきあい方も存立基盤もまるで違うものなのに。たとえば劇団の存続を助成金でかろうじて成立させるような発想を持たない水族館劇場は、ひとたび動員減がまき起これば（パンデミック下ではあたりまえだが）同じ欠損でも桁が違う負債を抱える。一度はクラウドファンディングによる赤字補填というお願いをファンのみなさまに聞きいれてもらったが、何度もくり返していい凌ぎかたではない。それまで無縁の宗禅寺、高井和尚から救いの手をさしのべられた時に即決したのは、動員に縛られるという軛から自由になれれば新しい坐の建立ができると考えたからだ。それは羽村という地域でなら可能だった。駒込大観音の時代から拡大路線を敷いてきたなかで、赤字はほとんどすべて桃山個人が肩代わりしてきた。いつまでも続けられるわけもない。新宿では伊藤裕作が助けてくれたがこれらの援助は返せないことが前提の金ではない。催促なしの無期限融資である。このようなベースの上に乗っかった砂上の楼閣では百年、千年の計などおぼつかない。水族館劇場は桃山個人のクリエイティヴィティを縁《よすが》にした一代限りのメモリアルでは断じてない。かぎりなく未来を見霽かす、想像力の発信装置であり続けなければ意味がない。どこにも似ていない役者徒党は劇団ではなく現象なのだと思う。宮澤賢治が「わたくしといふ現象は仮定された有機交流電燈の　ひとつの青い照明です（あらゆる透明な幽霊の複合体）　風景やみんなといつしよに　せはしくせはしく明滅しながら　いかにもたしかにともりつづける　因果交流電燈の　ひとつの青い照明です」と鉱質インクで書きつけた心象スケッチのように。げんざい正式なメンバーは、この現象をよりよく展開してゆく運営委員みたいなもの。全国から集う準メンバーの役者、スタッフは水族館劇場といううつほ舟に乗って幻想の航海を旅するサイドクルーにほかならない。もちろん参画者が智慧をしぼり、より面白い舞台にするという黙契が乗船チケットを手にいれる唯一の条件である。ぼくにはあんまり残された時間がない。すべきことが山のように残っているという悔いもあるが、じぶんのことはクールにみている。精神主義とも無縁、決意性ほどあやしいものはないと踏んでこの八年を闘ってきた。いつ斃れてもいいと覚悟してきたし、地上への未練も思うほど深くない。水族館劇場とは何か。いまなら迷うことなく断言できる。ひとのつながりという横断と、追憶という縦断が交差する場処《トポス》である。死者の霊魂と生者の現実とがスパークして幻の花火を垣間みせる、この世のような夢である。日本中世に発生した能はそうやって千年を生き延びた。お上にはさからわず、したがわず。世阿弥のむかし、藝能者は身を売ってまでみずからの舞台をまもり続けた。しかし彼の行く末に待っていたのは過酷な島流しと孤独な死である。出雲阿國またしかり。今回の物語の背景になる安土桃山から徳川の転換期には利休、織部と天下の茶頭をつとめた革新者が権力から死を命じられている。この世とあの世の橋懸かりが可視化できると感じられる時代、藝能や芸術はおびただしい死にかこまれ、これと戯れたのだ。昭和の終わり、ぼくは藝能というキイワードをフィルターに、芝居をつらぬいて顕現してくる仲間どおしの立ちふるまいや資本主義社会の外部にひらかれる、あたらしい関係路の可能性を透過しようとした。

5．篠田正浩という映画監督がいる。このひとの藝能論は博識洽聞《こうぶん》をもって他から抜きんでているが、フィルムに焼き付けた（デジタルの世では死語か？）映像はさらに凄い。藝能と社会のかかわりを深く洞察したまなざしは物語にさして影響のない場面でも観るものの想像力を刺激してやまない。ぼくの曖昧な記憶だけでも、たくさんの背景が主題の奥底深く秘められた聖痕のごとく波紋を静かにひろげてくる。今回の野戰攻城の、破の幕で剽窃した「夜叉ヶ池」の異類のスペクタクル。村落共同体とサクリファイスの問題が、鐘を撞く（自然＝もうひとつの世界への慰撫）という魔物との約定のはざまに挟まり、人間の身勝手な欲動へ対する自然の復讐となってせりあがる。「少年時代」では主人公が敵対する中学の町に遠征する場面。手違いで届いた荷物を受けとる後景には駅舎の軒下で門付け芸を披露する三河万歳師が映しだされる。駆けつけた警官隊がすぐに放浪芸人を追いたててゆく。なにげなく画面の片隅に配置された映像から、ぼくは戦争の時代と失われゆく風景への哀惜の念を受けとってしまう。「はなれ瞽女おりん」での、落とされた瞽女の宿命としての行路病死と、おりんの骨を照らしだす月明かり。念のはいったことに誰にもみとられなかった前近代の屍を発見するのは、明治近代の三角測量技師のレンズなのである。「写楽」では被差別の閾に棲む芸人集団と下層の歌舞伎役者との路上での交点が描かれ、お上の禁令と戯作者のいたちごっこにあらわれる、謎の浮世絵師が一瞬の痕跡を残して消えてゆく。極めつけは「梟の城」。陰陽師の呪文を図像化した浅葉克己の秀逸なタイトルロールから一転、キイワードとなる堺の風景には南蛮人や異相の跋折羅者たちが書割の一部として映し出される。五条河原の殷賑のなか蜘蛛舞いや見世物芸を披露する場面では、無籍者、異形者、勧進聖などが蝟集し、当時の民衆世界のありさまを見事に再現してみせた。そして蜘蛛舞いの演者は天下人を闇に葬るために城中深く、綱渡りの技芸を使って潜入してゆく。「藝能」と「乱破」の意味性の、感嘆すべきオーバーラップである。河原で展開される藝能は、為政者の嗜む「能」とちがって卑近の美とでも呼ぶべき独特の世界観を持つ。下層の民衆の論理を内包した危険な暴力性が横溢する、不思議な美である。篠田正浩が生涯を賭して撮り続けた映画に通底する一貫した血流には、この美学が滔々と流れている。水族館劇場の野戰攻城もまた篠田監督のこころざしに及ばずながら共鳴し、世界の破れ目から「外部」へと突き抜ける、あらがいの痕跡なのだと思う。

6．卑近の美とは何か。近代が胎動し、完成に向かっていた時代に生きた岸田劉生はセザンヌの影響下に出立し、次第に東洋的な美に傾倒してゆく。「私が初期肉筆浮世絵に心酔し出したのはいつの頃からであったか、七、八年も前になろうかと思われる。無論最初は只漫然と岩佐又兵衛の筆としてそれ等を見ていたのであるが、私はそれ等の絵にある、へんに生々しい男女の顔、一種古拙でしかも深く現実感をとらえたミスチックな姿態、気味悪い程生きものの感じを持った、東洋人独特のぬるりとした顔の描写、そういう、所謂私のでろりとした美しさの味、それと同時に、私は又かなり前から、美術上の審美的境地に「事象」の美という一境のあることを覚って来ていた」（『初期肉筆浮世絵』岩波書店、大正十五年刊）。歌舞伎や肉筆浮世絵を「でろり」という造語で捉え晩年には歌舞伎にのめり込んでゆく。夭逝とも云える若さで星になった劉生が眼を瞠った浮世絵師が岩佐又兵衛である。又兵衛の、血みどろの記憶にささえられた美学を発見した画家のまなざしに投影するものは、ぼくたちが藝能と呼ぶ放下の境地と驚くほど似通っている。西欧文化に尻尾をふって従いていった明治近代が葬り去ろうとした前近代の美。「でろり」という、見事な語感が連想させるのは胆汁質の毒性をおびた危険な美しさである。とおり一遍の理解を撥ねつけて深い認識力を持つものだけが感じ取れる享楽。さすらい姉妹の新作「のざらし姫」では豊国祭礼図屛風に描かれた桃山時代の狂疾の名残りを宿す藝能者、出雲阿國をテーマに据えた。ご承知のように豊国祭礼図屛風はいくつも現存するが、豊国神社本、徳川美術館本の二点が近世風俗図の傑作として名高い。そのうち、徳川美術館に収蔵されたものは伝・岩佐又兵衛筆と称呼されているものだ。これらの断片的な事象を繋ぐ横糸が藝能というキイワードである。現代河原者を名乗るぼくは、芝居を〈演劇〉という小さな檻に閉じこめず、相互開かれた場＝舞台と客席の境界をとり払った、相互のネットワークとして捉え、精神の賦活をもくろむ現象として観客にさしだしてきた。歴史学者の黒田日出男は前出の豊国祭礼図を読み解くうえで重要な指摘をしている。すなわち史料としての図像に残された画痕をそのまま事実として認識するのではなく作者の虚構（この場合、岩佐又兵衛がどのような意図をもって祭礼図を再構成したのか、喧嘩をする跋折羅者の朱鞘に生き過ぎたりやの文字を写して何らかの意味を隠した）を見破らなければその絵を見たことにならないと。秘匿された暗喩がきわめて直裁に政治に絡んでくるからこそ作者は想いを「別の仕方」で表現した。虚実皮膜のあわいにこそ真実があると説いたのは江戸民衆の美をさらに深めた後世の近松門左衛門である。この国でも四百年前から虚構と現実は血糊のごとく混じりあっていた。夜空に軌条を描く流れ星のように、出雲阿國はその痕跡をほとんど残さず、謎ばかりを鏤めて歴史の闇に消えていった。誰にもしられず幽霊船にでも乗り込んで、愉快な船旅に出ていったにちがいない。かつてぼくは水族館劇場を破れ船に、役者たちを水夫にみたて、早稲田の演劇博物館で「不在としての肉体」を展示した。船長たるぼくにも不在の霧は容赦なく襲い来る。キエフ生まれの亡命者、船乗りにして世界文学者のコンラッドが最晩年に刊行した海賊小説『放浪者』に描かれた「帰郷」というテーマに決着をつける時がきたのだ。ぼくが帰るべき故郷はどこにもない。数年前、実の母親が死んだとき、ぼくは故郷に戻らなかった。東京所払いを喰らって流浪を余儀なくされた役者徒党がようやく念願の公演地を獲得できる約束の日と被ってしまい、とうぜんのことながらぼくは疑似家族である劇団のほうを優先させた。長男として、ひととして、責任を放棄し、母の亡骸を放置したのだ。もう数十年、実家とは諍いを続けていたし、先祖代々の供養も無視してきた。さぞかし荒れ草に乱れた墓は、鬼哭啾啾たる啜り泣きに蔽われたことだろう。極め付けの人非人だ。これで地獄に墜ちないわけがない。そのときの判断が正しかったのか、深く考えるつもりはない。ただぼくは〈家〉との和解とはほど遠い、芝居者としての生を生きた。野垂れ死にを冀い、手厚く葬られることに素直に頷けない性根は死んでもなおらないのだ。書き記すべきことではなかったかもしれない。だがひきかえにできない、かけがえのない声もある。あえて見ぬ振りをしていた事実をあきらかにし、眼をそむけずに、それでも舳先をなつかしい潮風の吹き来るほうへと向けるために。そのことを桃山を消尽したのち、ふたたび名も無き難破船が錨をあげるために。

7. これからも水族館劇場が、現代河原者として生きつづけようと意思するならば、湧き出でる反骨精神と、柔軟な胆力が常に要求されるだろう。この星の自然を構成する生態系の一部という立場から離れ、自然を征服し、神になりかかわろうとした人間という愚かな生きもの。群れをなし、社会を産み出しながら、個であることを望む矛盾にみちた存在。世界とわたりあえると増長し、その世界を深く捉えなおす思索も同時に忘れない。野生と知性が反発しながら同居し、その渾沌が際限なくひろがってゆく不思議な存在。人間とはぜんたい何処からあらわれ、何処へ赴こうとしているのか。広大な宇宙の微塵のように、ほんのつかの間、地上に顕現した青白い明滅。その光源を、存在の根源を、たずねるような三十五年間だったかもしれない。とりあえず桃山が全責任を持つ芝居はこれで見納め。長いあいだのご贔屓、まことにありがとうございました。命ゆるすかぎり旅に終わりはないのだから、いつかまたどこかで会える日を楽しみに。

＊この原稿は「出雲阿國航海記」公演（二〇二一年五月〜六月）にあわせて発行された『FishBone』七四号所収のエッセイを加筆、訂正したものです。文中個人名の敬称を略させていただきました。

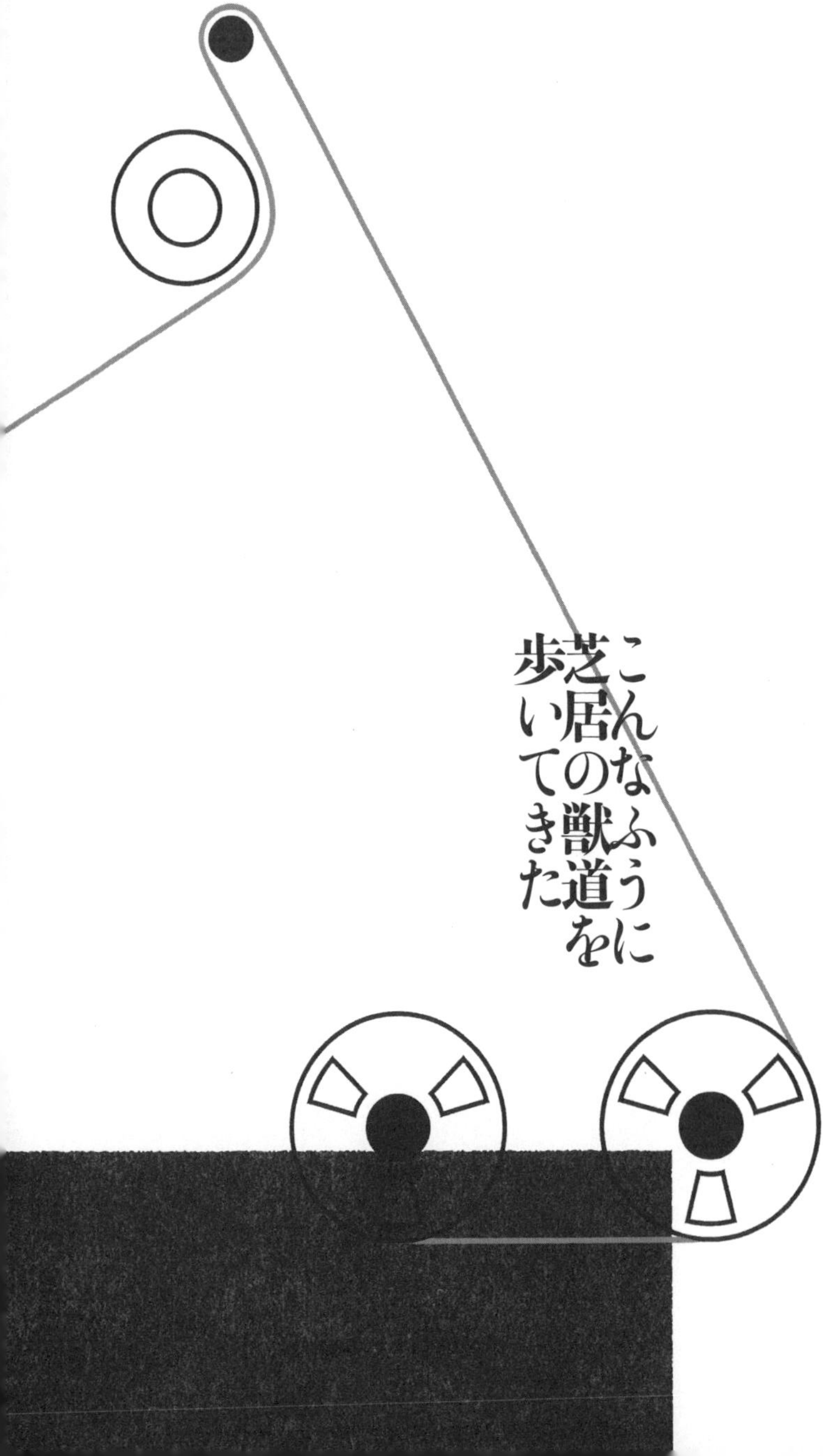

こんなふうに芝居の獣道を歩いてきた

桃山邑インタビュー

聞き手＝桑田光平（東京大学大学院総合文化研究科）

編集＝矢吹有鼓（羽鳥書店）

第一回　二〇二一年六月二十八日

於 羽鳥書店（千代次、秋浜立、同席）

＊六月十七日から東京大学医学部附属病院に入院し、退院の日の帰りに羽鳥書店へ立ち寄り。

第二回　二〇二一年七月六日

於 羽鳥書店（千代次、同席）

＊通院前に立ち寄り。

第三回　二〇二一年七月十一日

於 東村山の自宅（千代次、ときどき同席）

幼少期の記憶

子どもの頃から順を追って話します。ニコニコしている写真がないんですよ。考えられないでしょう? 今から思うと。だいたい仏頂面。まず、写真があまり残っていない。東京に出てくるときに半分以上捨てちゃったっていうのもあるんだけど。これは後で気がついたんですが、自意識が芽生えるまでっていうか、幼少の頃は、笑った写真がまったくなかった。大きくなればそんなことはないんだけど。

僕は昭和三十三年(一九五八)に生まれたんですが、田舎町だったのでみんなが貧しくて、日本中どこでもそうでしょうけども、素封家っていうか、昔だと庄屋さんね、立派なお家が一軒だけあって、そこは麹屋さんだった。半農半商というか、そこに勤めるんですよ。みんなが半纏を着て。麹屋さんで室があったから、蚕もやっていた。

あの時代、日本の産業の、田舎で発展できそうなものは全部やっていて、味噌とか醤油屋さんがもう一軒あったけれども、そういうことを独占している。周りの貧乏な人たち、家長は一年の半分はそこに手伝いに。ちゃんとした労働契約じゃなかったと思うけど。それで、そこが暇になると、半分を東京に出稼ぎに来る。東北の人たちと同じように、お米をつくって、農閑期には出稼ぎに行く。そういう典型的な町でしたね。そうい

入院中は仕事が捗ったと語る桃山邑
退院直後の第一回目。インタビューで話すこと、水族館劇場の今後の台本やスケジュールのことなど、たくさんの資料を用意していた。

う中で育った。
記憶にあるのは、街灯を自分たちでつけるんです。それは覚えています。小さいうちは「届かない、届かない」とか言って。街灯にスイッチがついているんです。電信柱に全部。後年、それが記憶のどこかに刷り込まれていて、そういうものをノスタルジックと感じる。

だから、鈴木翁二という漫画家が僕は大好きなんですけども、よく電信柱が出てくるんですよ。あと、宮沢賢治の『月夜のでんしんばしら』とか。意外に電柱を扱ったものがたくさんあって。今の味気ないコンクリート製じゃなくて、昔の木の電信柱。電気がついたっていうこと自体で、町、道路がワーッと明るくなった。それまでは真っ暗でしたから。

その闇と光を自分なりに幼心で捉えた印象と、大きくなって、社会に出ていくにしたがって、その意味を少しずつ考えるようになったくだりは、長瀬千雅が僕にインタビューした記事が、荻上チキさんの「SYNODOS（シノドス）」っていうウェブ雑誌で、今でもたぶん見られます。「明るくなった現代に闇を引き戻すのが水族館劇場だ」みたいなことを述べているんですね。

SYNODOS（シノドス）
「現代河原者として生きる――明度の高い社会に闇を引き戻す」（二〇一四年六月七日。https://synodos.jp/opinion/society/9156/）。

「日本が豊かになったんだと思います。少なくとも物質的には。大学に行く人が増えて、余剰時間が増えて、みんな何していいかわかんなかったんだと思う。ぼくらの

動物は苦手

そういう印象が自分のノスタルジックなものに対する原像というか、もとになっているのかな。あと、馬とか生き物、俺、本当は苦手なんです。正直言うと。

――そのわりには、芝居にいつも出てきますけど。

必ず出しますね（笑）。やっぱりお百姓の家が多かったので。ただ、僕も遊んだりはしたけど、あんまり外に出ないで本ばっかり読んでいる子でしたけどね。

馬がね、帰りに子どもたちを荷車に乗せて家まで送るんですよ。利口なんだね、馬はね。自分の家をわかっているんですよ。それは強烈に覚えていますね。お馬さん、頭いいんだなあと思って。

例えば、もう畑仕事の終わる頃、遅くなったからおじいちゃん、おばあちゃんのところに（みんな大家族ですからね。農家なんかは）、子どもたちをごはん食べさせに預けて。黄昏時ですね。もう暗くなったけど、お父さんとお母さんはもうちょっと働いてから後で帰る、みたいなときに、馬が運んでくるんですよね。そういうのを見ていて、生き物に憧れる、みたいなのはあったかもしれません。

ただ、ほら、生理的に臆病なので。後で話しますけど、小さい頃は動物園に行ったら

世代の親は、ぎりぎり、食うので手一杯という世代です。そのなかでも余裕のある層は生まれていたのでしょうけど、ぼくは貧乏だったから。

戦後、高度経済成長を果たして一億総中流みたいな時代がありましたけど、その頃はホームレスはいなかった。日本はよくできた社会主義だって揶揄されるような時代があったと思うんです。けれど、やっぱり平成になってから、世界の情勢とグローバル化だと思うんだけど、日本もその余波を受けて社会がどんどん壊れてきて、露骨に貧富の差が広がっていった。そういうなかで、水族館劇場の意味がまた逆に浮上してくるっていうことは、あるのかもしれません。」

泣き出したっていう。ダメなんだけど、遠くから見ている分にはいいんです。水族館でもほぼ触りません。代わりにこの人たちが〔と言って、傍にいる千代次を指差す〕。千代次は動物大好きですからね。

俺は戌年だからか、犬が苦手でね。とにかく犬が五〇メートル先ぐらいに見えると、もうビビリだから、「どうしよう、どうしよう……」と思って、引き返す。犬もわかるんだね。吠えるんだよ。「どうしよう。逃げると追いかけてくるよなあ」と思いながら後ずさりしていく。そんな子どもだったね。

ところが千代次と一緒になったら、千代次は大好きなんでね。犬とか、猫とかが。「噛まれたらどうすんの」「噛むわけないじゃん」「いやぁ……」って。

生まれた町と家

小さい頃は舗装道路があんまりなかったね。砂利道だった。日本国中に田中角栄が日本列島改造論というものを打ち出すのが、おそらく一九七〇年代明けてか、ちょっと過ぎ。その時代だと思うんですよね、道路が舗装されたのは。

ガソリンスタンドができたっていうのが、子ども心には夢のようで。何にもない町だったから。みんなで毎日のように「ガソリンスタンドごっこ」っていうのをやってい

千代次
水族館劇場、看板女優。一九七二年、曲馬舘に入りテント芝居の世界へ。桃山は一九七九年に曲馬舘の最後の新人として入り、千代次と出会う。驪團(りだん)を経て、一九八七年、桃山邑・巌基次郎・千代次が創設メンバーとなり、水族館劇場を旗揚げ。千代次と桃山は一九八二年に結婚していおり、のちに籍は離れたが、水族館劇場の同志として一緒に歩む。

たのを覚えていますね。ガソリンの匂いが好きなんですよ。嗅ぎに行くんです、ガソリンを。「ガソリンってなんだらぁ」って言って。ガソリンを入れると匂いがするじゃない？　このままいったらシンナー遊びをやっていたんじゃないかなと思うぐらい（やってないですよ）。だから今でもね、ガソリンは大好きです。あの臭い。

――すごいわかる（笑）。具体的に生まれはどこなんですか？

ええとね、二宮町。今は真岡《もうか》市になったのかな。何回も統廃合をやって。もう何十年も帰っていませんから。俺、母親の葬式にも帰っていないんで。

生まれたときは栃木県芳賀《はが》郡二宮町久下田《くげた》。二宮町っていうぐらいですから、よくわかんないけど、二宮尊徳が怠け者のお百姓さんを叱咤激励してお米のつくり方を教えた村なんだと思います。農業指導ね。二宮町って、全国にあるんですよ。

――町っておっしゃったけど、幼少期はあまり舗装もされていなくて。

でも駅から近かったから、町なんだよ、俺の中で。村は「在《ざい》」って言っていた。見渡す限り畑がね、それはもう広大にありましたよ。とりあえず、自分らのところは一応、商店街があったから。角っこは酒屋。もう基本的なやつ。乾物屋、酒屋、それから本屋が一軒だけあったね。だから町といえば町ですね。まあ、でも、その商店街は一〇〇メートルぐらいですよ。

わりとそこに近いところに家が建っていた。もちろん百姓をやっていたから、それこそお馬さんが歩いてくるような道で、歩いて二十分くらいする、だんだん、だんだん暗くなっていって、畑ばっかり、あるいは田んぼばっかりになっていって。

　そこで猫のひたいほどですけども、自分の家もお米をつくって。家で食べるぐらいで、農協に納めるほどはつくっていない。「おかぼ」といったんですけど、陸稲《りくとう》ね。水田《すいでん》もやっていたけど、陸稲はわりと簡単にできる。あとは、かんぴょうですね。俺の大嫌いな。栃木県の名産は、いちご以外は大嫌いなんです。

——ご実家は農家ではなくて、自分たちで食べる分だけを作っていた？

　そう。それで、生活費みたいなのは親父が平石麹店っていうところに勤めて。その麹店がすぐダメになって、俺が学校にあがったら、日立化成っていう基盤なんかをつくるような会社に。

　うちは半農半勤め人。母親は、僕に育てとして関わったことは一度もありません。小《お》山《やま》って大きな町があるでしょ。ちょっと宇都宮のほうに上がったところ。群馬県に近い。そこで母親は、ベルトコンベア式の町工場（たぶん電気製品か何かの部品工場だと思います）に勤めてた。女工です。俺を産んですぐに。それまでは浅草で丁稚奉公をしていたんです。親戚かどこかでね。母親は俺に関わったことはないです。

　僕はおばあさん子です。もう赤ちゃんのときからずっとおばあさんに抱っこされて、育ててもらって。だから、母親と遊んだ記憶があんまりないんですよ。そんな町でした。

そんな家でした。貧乏でした。全体が。

実感してなかった貧乏ということ

一度、その話をね、共同通信の記者がインタビューしたいって言うので、ちょっとしゃべったんですよ。今言ったことの半分ぐらい。そうしたら、「桃山は貧乏の生まれだった」って書かれちゃって。あんなに大きく取り上げられると思わなかった。俺としては、「田舎の新聞には載らないからいいだろう」と思っていて。もうずいぶん前ですよ。水族館を始めたばっかりの頃。だから、年に何回かは千代次と孫の顔を見せに帰っていたんです。

そうしたら、もう、親父がカンカンになって怒ってね。「なんだ、これは。うちは貧乏なんかじゃないっ！」って言って。「それが貧乏の証拠でしょ」って言ったんだよ、俺。

俺、知らなかったのよ。疎いから。地方紙がほとんど共同通信の記事で埋められているっていうのを知らなくて。下野新聞が独自の取材したわけじゃないから、まさか東京の新聞買って読んだりしていないだろうと思っていたら、写真もでっかく載っているし。「これじゃ世間様に顔向けできない！」って怒鳴られましたね。「貧乏なんだからいいじゃねえかよ」って言って、俺もちょっとむっとした覚えがある。

何が言いたいかというと、たぶん客観的には貧乏だったけど、貧乏だと感じたことはずっと後になってから。中学を卒業して高校に入るときに、ほら、進学校に行くか農学校に行くかとか、もう決まっているんですよ。就職する人もクラスに十人ぐらいいたかな。だいたいが農学校と、あと工業高校。あとは普通校、進学校ですね。選ぶわけですよ、お母さんと相談して。

宇都宮にあったのがいちばん進学校だったのね。俺は、本当は桑田先生みたいになりたくて、「栃木県の中でいちばん東大に行ける学校はどこ?」って思ったときに、「宇都宮高校だろう」って言われて「じゃあ、宇都宮高校ってところに行きたいんだけど」って。

無知だからね。江川を知らないピッチャーが、江川なんかたいしたことないんじゃない? ってのと一緒。うちの高校(実際に入学した真岡高校)、一回対戦したんですよ。練習試合だったんだけど。26三振。本気で投げてきたと思ったら、江川は本気で投げていなかったんですよ。一矢報いたのは広島商業の迫田監督だけですよ。広島に頭を向けて眠れなくなりましたね。絶対優勝だと思っていたのに。大変でしたね。金光《かねみつ》ってのがよかったんだよね。ショートストップからキャプテンやってた。迫田監督は、バントと盗塁の練習しかさせなかった。ヒットなんか打つ必要ない。打てるわけないんだから。

——野球やってたの?

やってない、やってない(笑)。話を戻すと、貧乏であったことは実感していなかったけど、実際には……宇都宮高校は遠いから下宿を借りなきゃなんないし、あと、電車賃にしたって何にしたってかかるのに、そういうことをまったく考えない子どもだった。実感していないから。怒られましたね。「お前、何考えてんの。少しは家のこと考えろ」って言われて。

じゃあ、自転車で行ける範疇ギリギリの（実際には電車で行ったんだけど）っていうので、八キロぐらい離れている真岡高校に（栃木で三番目ぐらいの進学校だったのかな）入った。そこに行ったがゆえに、ジュネとか、水族館劇場の最初の右腕だった鈴木藤一郎とかと知り合いになったんだけどね。

ジュネ、鈴木藤一郎
後出（八二頁、八一頁参照）。

運動はゼロ

真岡でちょっと思い出すかもしれませんが、塚田銃砲店っていうのがあったんですよ。あさま山荘事件を起こした永田洋子《ひろこ》の、過激派って言われているグループ「京浜安保共闘」が銃を奪いに押し入った銃砲店なんです。

それを手引きするだのなんだので、友達のお兄さんが事情聴取されているんです。お兄さんっていったって、俺がその頃は十四歳、たぶんお兄さんも高校生くらい。ちょっとませていたお兄さんだけど、事情聴取を受けたっていうのでその友達がいじめられて。

その子はね、身体能力の高い子で。俺がダメだから、鈴木藤一郎もそうなんだけど、身体能力が高い人に憧れるっていう癖があって。

――虚弱体質ではなかったんですね？　運動があまりできなかったんですか。

ゼロ。跳び箱、跳べないんだから。一段目からダメ。縄跳びもダメ。全然ダメ。だからびっくりするよ。俺が大きくなって、こんなことやって、ボンタンみたいなのを履いているから。「おい、お前どうしたんだ？」って。

体育と音楽だけずっと2で、あとは全部5。音痴だもん。聴くのはいいけど。俺が歌うとみんながさ、「それ違いますよ」って言うんだよね。俺は合っているつもりなんだけど。だからカラオケはやったことない。

――でも好きではあったんですね？　スポーツであれ、音楽とか芸術であれ。

憧れていたんじゃない？　音楽はもうちょっといったよ。太鼓叩いたり、バンドをつくるところまでいったけど、これはやっぱり才能がないとできないってことじゃないですか？　芝居の素晴らしいところは、才能がないことに気がついてもやり続けられるんですよ。〔秋浜立に向かって〕ね？　ほら、この人はね、才能あると思っているから、頷かないでしょう？〔秋浜、苦笑い〕

芝居や映像への関心

――その頃はまだお芝居とかには？

まったく。映像にもまったく興味ない。だって、田舎にかかる映画で俺が唯一感動したのは『東海道四谷怪談』。しかも、田舎の新富座っていう映画館なんだけど、もう閉館してて、ホコリだらけでね、それで、子どもたちが観にくる夏休みだけ開けるの。納涼大会っていって。

村田英雄がリアカーを引いて浪曲をしにきたことがあるって。それは母親に聞いた。テレビで村田英雄を見て、「この人は若い頃、うちに来たよ」って。「どこでやったの？」って言ったら、「新富座って映画館」。だから映画館といっても、昔の映画館はみんなそうでしょ？ スクリーンだけじゃなくて、ちゃんとした立派な舞台があるから。藁か何かがはみ出しているホコリだらけの座席に座って観てた。それで感動したのが『東海道四谷怪談』。でも考えたら、中川信夫の傑作だなと。今だったらそう思うけど、そのときは怖いだけですよ。

あとは、あれも観たな。スパイダース（が当初主役のはずだったがジャガーズに途中交代）の映画。『進め！ ジャガーズ 敵前上陸』。これも今、思い出したら、先代の貴乃花のおかみさんが出ているやつなんだけど、傑作だったね。

『進め！ ジャガーズ 敵前上陸』
「監督は前田陽一といって、のちに俺の指導をし自分の家の格とか育ちとか、いろいろなものを考えて、思春期になって好きなものは増えてきますけど、それを今の子みたいに自分の夢として追いかけるみたいな、そんなことはできませんよ。ゆくゆくは親の面倒をみなきゃならないっていう頭で凝り固まっていましたね。まさかこんな人生になると思いませんでした。その頃思っていたのは、いかに家との折り合いをつけて、家から勘当されないように、敷居をまたぐなと言われないようにして、かつ自分の好きなことを取り上げられるか。

ホームドラマと中流

つまらない話ですが、これは、本当にあまり表に出してほしくないけれども、テレビドラマのホームドラマが好きでした。倉本聰っていうのが出てきて（その後、嫌いになってくるんだけど。倉本さんとは直接会って話したことがあります）、『2丁目3番地』というドラマをつくるんです。浅丘ルリ子と石坂浩二が結婚するきっかけになったドラマ。それが、二階なんですよ。「二階」に憧れたねぇ。今いる二階屋はそのせいかなと思うんだけど。

隣の家が宮本さんという役所勤めのお家で、日曜日になると……。その頃はでっかいスピーカーが流行ったんですよ、百科事典がズラーッと置いてあるとかもね。家具です

てくれる人なんだけど。前田さんがプログラムピクチャーを与えられながらも、抵抗しながら松竹に対してつくっていった反骨精神がにじみ出た作品。スパイダースを使って、文句は言えないわけだから。「これで映画を撮れ」「一時間半にまとめろ」って言われて。そういう制約の中でつくった映画。前田さんは山田洋次さんにものすごい反骨精神あったから。俺、直接聞いたし。「俺の企画がいくつあいつにつぶされたかわかるか」って。「でも、『男はつらいよ』に客が入っている限り、山田天皇の天下だよ」。「松竹はそのうち俺をクビにするだろう」って言っていました。」

前田陽一監督については一〇三頁も参照。

よ、読むものじゃなくて。そういうものを売りに来る、ないすちゃんみたいな人がいっぱいいて。ステレオも音を聞く家具としてね。日曜日になると勤め人の宮本さんがソファーに寝そべりながら、ポール・モーリア楽団を聴くんですよ。知ってる？　憧れたねぇ。音楽の質なんかどうでもいい。今だったら、唾棄するような音楽だけど、そのピュラーミュージック。ミッシェル・ポルナレフとか。知ってる？

——知ってますよ。

「セラビュー　セラビュー」ってやつ。極めて庶民的な、とるに足らない。ほら、田舎者にしてはちょっと中流。ちょっと上昇志向が高い、文化的と言えなくもない。本当は、文化的にはジャンク品なんだけど、それを聞かされると……。

それに比べて……。昔はみんな農家はね、日曜日でもお母さんもお父さんも休むときがないですから、畑を耕しに行くわけですよ。それで、俺とおばあちゃんで留守番している。自分の家で干し納豆をつくっていたのね。干し納豆は好きだった。乾いているものが好きなんです。ベタベタなのはダメなんですよ。残った朝ご飯に干し納豆をパラパラッとかけて、お茶でおいしい、おいしいって、おばあちゃんと二人で食べていました。こういうちっちゃな傘みたいな網の蚊帳があって、銀蝿がいっぱいいたかるんですよ、その頃は水洗トイレじゃないから。

そうすると、隣の家から優雅なポール・モーリアが流れてくるわけですよ。僕もああ

ないすちゃん
全裸監督ないすちゃん。さすらい姉妹（寄せ場での路上芝居のために立ち上げられたユニット）の『モスラ』（二〇二一年）に登場する、村西とおる監督をイメージした役柄。
「お待たせしました！お待たせしすぎたかもしれません。必要のない場面で必要のない登場をし見物衆を煙にまく全裸監督ないすちゃんでございます。（観客席に分け入って）おとうさんおかあさんネットフリックスご覧になりました？　世界同時配信！　NHKなんかメじゃございません！あんなもの見ちゃダメだ。人間の本質は公序良俗からはみだしたところにあらわれるんです」などと軽妙な口上で登場する。

いう……そのためにはどうしたらいいかな、そうだ、百姓はやめよう、と。百姓はつらいだけだ。宮沢賢治と真反対ですね。つらいだけだ。土いじりはやめよう。爪の間に入った土がいくら洗っても落ちない。ずっと爪のここは黒いもんだと思っていて。友達のところに行ったらみんな白いから「どうしたの?」って言ったら、「お前こそ、ちゃんと洗えよ」って言われて。こそげれば。でも百姓やってると、やっぱりダメですね。

百姓に嫌気がさしたのは、感受性が強かったんでしょうね。通知表には必ず書かれました。この子は感受性が強すぎる。このままでは、引きこもり（そのときは引きこもりって言葉ないけど）だと。ちょっと問題を起こしそうだって。

どんな仕事に就いたらいいか

そういうのに憧れる子どもだったので、職業は文化的な仕事がしたかった。だいぶ大きくなってからですが、考えましたよ。進学するっていっても落ちたら予備校だし、予備校に入る金なんか出せって言ったって出るわけじゃないし、大学の入学費だってべらぼうに高いだろうし、授業料だってそれを全部貸してくれる人なんかいないだろうし。大学よりは確実な専門学校。専門学校の中で一〇〇パーセントの就職率を誇り、なかでもいちばん鉄板は……。

いろいろ考えて、これはデザイナーだと。商業デザイナー。近藤ちはる（水族館劇場の宣伝美術担当）みたいなのをイメージしないでね。あいつは最初からトップクラスの商業デザイナーだけど、俺はマーケットのチラシづくり。新聞が隆盛だったから、チラシづくりとかだったら俺でもできそうだぞ。

好きだったんですよ、本や絵本を手づくりしたりしていたので。学校の何とか委員になって、ガリ版を借りてつくったりね。あと、ダンボールで工作してゲームもいっぱいつくりました。傑作もいっぱい。

宇都宮とかに行けば、印刷屋がたくさんあるし。街の印刷屋でよかったんですよ。もっと言えば市役所。うちの人は「役場」って呼んでいたけど、役場の人でもよかったんです。お隣の家の宮本さんと同じように暮らせれば。一週間に一回だけ自分の楽しみに音楽を聴くとかで、十分満足を得ていましたね。

だから当時憧れていたのは、そういう人たち。親は「貧乏じゃなかった」って言うけど、真岡高校に入ってから俺だけですよ、学年で連絡先が同級生の電話番号と一緒なの。電話がなかったからね。あと、テレビが入ったのがやっぱり遅かったね。やっぱりそういう値の張るものは買えないんですよ、貧乏人は。東京オリンピック（一九六四年）のときにテレビを買った人が多かったみたいだけど、俺は隣の魚屋で見ていたから。みんなで。神永昭夫が（はじめて採用された無差別級の決勝で）ヘーシンクに倒されるところを見て、

近藤ちはる
グラフィック・デザイナー（原宿サン・アド）。二〇〇五年、JAGDA新人賞受賞。広告、映画、TVドラマの広告デザインを幅広く手がけるいっぽう、二〇〇五年以降、水族館劇場の宣材をほぼすべて担当する。「エロ雑誌の広告とか車内吊り専門の事務所でインターンをやったりしたこともありますよ」（近藤）。

手づくりゲーム
「笠谷幸生が金メダル獲ったとき、七二年（札幌オリンピック）だから中学生になってからかな。ジャンプゲームっていうものをつくって、ジャンプ台をつくりました。こんな大きいの。それで、人形をつくって滑らせるんですよ。スキーの上に

みんながワーッと言って、「日本負けたの?」って言っていた記憶、それだけはあるんですよね。

家にテレビが入ったのはずっと後ですね。また野球の話ですけども、三沢高校のハーフ、太田幸司っていうピッチャーが近鉄に入ったとき(一九七〇年)が、テレビを買った最初。ずいぶん遅れています。ずいぶん後ですね。あ、違う。それはカラーテレビだ。それまでは白黒。小学校に入ってからですね。なんとか工夫してカラーにできないかと思って、プリズムってあるでしょ? 分光器みたいな三角の。あれを目にくっつけて見ていましたね。そうすると、色が出るんですよ。ちゃんと色分けされないけど、白黒だったのに虹色になるんですよ。青だの赤だの線が走って。ダブって疲れるんだけど、それを見て「おお、カラーだ。カラーだ」って。そういう他愛のないことに一喜一憂していました。だから、幸せと言えば幸せだし、能天気と言えば能天気だし。そんな感じだった。

父の実家の記憶

少しさかのぼりますけど、笑った写真がないという話をしましたが、幼少期の記憶が全然ないんです。小学校にあがる半年くらい前に、近くのお寺が保育園をつくるって突然言い出して、貧乏な家が多いから子どもを預かりますよって言われてうちも預けたら

五円玉をつけて。そうするとね、ヒューッと跳んで、何かの都合で同じところに落ちないんですよ。倒れるやつもいるし。一人で遊んでましたね。バカだなぁ。そういう手づくりは好きだったのね。要するに、家の中でできて、あんまり人と交わらないで済む。今にして思えば、そういう感じだったんじゃないかな。」

しいんだけど。そこからの記憶しかないんですよ。だから最初の記憶が五歳半ぐらい。
おそらく、思い出したくない何かが深層意識の中にあるんじゃないか。俺、記憶力は自分でも悪くないと思っているので、よほど封じ込めておきたいんだろうと。その理由を考えたんです。

たぶんお父さんだと思う。お父さんの最初の記憶は、実家に連れて行ってもらったこと。それは一回だけです。お父さん、実の父親じゃない、養父なんです。小学校六年のときくらいかな、僕は妹の手を引いて……名前も僕がつけたぐらいで「きよみ」っていうんだけど（もう今絶縁していますが）、五つ離れているんですね。僕が六年のときに一年だったから。

戸籍を見たんですよ。小学生だからね、何かの拍子にタンスの中をひっくり返したら、風呂敷に包まれたものがあって（田舎はなんでも大事なものは風呂敷ですから）。そうしたら戸籍が出てきた。僕の父は昭三郎で（昭和三年に生まれたから昭三郎というんだけど）、俺は昭三郎の長男（嫡子）として登録されていたんだけど、おふくろ（すぐに工女になったお母さん）と結婚したのが、妹の生まれる一年前なんですよ。だから、僕が生まれてから四、五年は籍を入れていなかった。普通に考えれば、そんなことありえないわけで。

お父さんは本当にね、後年になってからは一回だけ怒られたけど、「お前、なんでこんな貧乏だってわざわざ宣伝するんだ」って、それまでは、俺は叱られたことは一度も

わずかに残っている写真。
幼少期

ありません。名前で呼ばれたこともありません。一度もないです。記憶している限り。
お母さんはたぶん多少はお父さんのことを好きだったんじゃないかなと後で思うんですが、おばあちゃん、母方の、この人が相当頑固な、大正女の典型で、お父さんを近づけさせなかった。考えられます？　農家だから母家とは別に納屋があった。お百姓の道具とか、ムシロとか、脱穀機とか、そういうものが置いてある掘っ建て小屋みたいなものね。お父さんとお母さんが同衾していたのは、妹が生まれる一年前ぐらいに結婚して、ごくわずかな期間だけです。あとは全部納屋。納屋に布団敷いて一人で寝てた。寒いのにねぇ……。後でストーブとか入れたんだろうけど。

――お父さんをお母さんに近づけさせないように、おばあちゃんが離したわけですね。

邪険にしていた。条件だったんじゃないですか。たぶん僕は、母親が東京に出ていたときの間違いでできたんじゃないかなっていうふうに思います。それは聞いたことがない。怖くて聞けなかった。

しょうがないから産んで育てたけども、やっぱり父親が必要。稼ぎも必要。間違いなく、その昭三郎さんは被差別部落の人間です。一回だけ行った実家では、父方のおばあちゃんが「よく来た、よく来た」なんて言って。目が白かったです。昔よくいたんです。目がつぶれちゃって。うちもそんなきれいな家じゃなかったけど、トイレなんか、外に穴を掘ってムシロをかけただけで、板を敷いて。もう怖くてできなかった。「早く帰ろ、

家族環境のこと

「いくつかの夢のような記憶の断片が刻のきざはしに引っ掛かって揺れている。わたくしがこの世に生を享けて数年の後に入婿として、貧しい半農の屋敷にきた父は半年ばかり新妻と同衾を許され、母が妹を身ごもると同時に離れの納屋に居をうつされた。姑とどのような口約束がなされていたのか、そのあとの歳月は農業のかたわら糀職人、短期の出稼ぎ労働者、鉄道の臨時工夫など牛馬のように働きづめて家族をやしなった。……」（『横浜寿町公演 FishBone 特別編集号』二〇一七年、桃山邑「道窮まり命乖くも」）。

桃山は、水族館劇場機関誌『FishBone』に折々、家族や親族、田舎の環境のことなどを書きつけて

帰ろ」って言って。なんか子どもがいっぱいいてね。貧乏人の子だくさんで。臭いしね、ベタベタしてるしね。一回だけです。もう親父もわかったんでしょう。もう二度と俺をそこに連れて行こうとは思わなくて。俺が距離を置くようになって。かわいそうだと思います。

いる。父と母と祖母のこと、父の実家へ行ったときのことなどは、前出の「道窮まり命乖くも」に詳しい。

父の納屋での暮らし

親父は一人で納屋で寝てたからおふくろは心配で、ときたま夜食を持って行ったりしてあげていたけど、ごはんを食うのも別。一緒に食卓を囲むとかはなかった。だから、扱いがひどいですよ。

俺、高校一年ぐらいになったときに、一度おばあちゃんに文句を言ったことがあるんですよ。誰のおかげでこの家は食っているんだ。そうしたらね……ごめんね、ちょっとこれを思い出すとね……〔と涙ぐむ〕、そうしたらね、おふくろが泣いて止めるんだよ、俺を。「やめてくれ」って。なんか理由があったんでしょうね。俺なりに考えると、支度金か何かを援助したんじゃないかなと。その代わり、一生奉公だよって。

だから、おばあちゃんが死ぬまで、家の実権は一切握らせてもらえなかった。田畑の権利から何から全部。まあ、そんなにお金持ちじゃないから、本当に雀の涙ほどだけど。

と言っても、東京の家屋敷よりは多いからさ。田舎の広いところだから。おばあちゃんの遺言で、俺と妹に半分ずつ畑を……その頃は、畑はもう宅地になっていたんです。さっき言ったように町で駅に近いから、条件としてはよかったんですよ。おふくろから「おばあちゃんの遺言だから」って言われて。呼び戻したかったんでしょうね、俺と千代次を。俺は「いらない」って言って。「親父にやってくれ」と。だって、もう相当な年だから。おふくろは「そのうちなくなっちゃうよ」って、なんか遺産相続の関係であるものもなくなっちゃうから代をまたいでお前にって言うから、「いや、俺は、それは嫌だ」って言って。最後は結局、妹に全部いったみたいだけど。それぐらい。父親はかわいそうだったな。

こたつに入っているでしょ（その頃は練炭のやつ、知ってるかな、丸くて穴が空いている）、そうしたら、消しちゃうんですよ、おばあちゃん。親父はプロレスが好きで、ジャイアント馬場が大好きでね。夜八時からのテレビを最初のうち見ていたのね、ところが、おばあちゃんが消しちゃうので、寒くて見ていられなくて。かわいそうだったねぇ……。

母とおばあちゃんの関係

——ちょっと立ち入ったことを聞くようであれですけど。

全然いいです。座って入ってきてもいいですよ。

――はい（笑）。お母さんのお母さんが要するに実権を完全に握っていて、お父さんは納屋で暮らしていた。それで、お母さんはどういう思いだったんでしょう？

それがねぇ、難しいんですよ。実の娘じゃないんです、母親とおばあちゃんの関係は。あのね、母親はおばあちゃんの姪っ子なんですよ。おばあちゃんは要するに昔で言う石女《うまずめ》だった。昭和の初期、戦前だったら、嫁にきて石女だったら離縁ですよ。おじいちゃんが優しい人でね、鳶とかやっていた。

そうやって血縁をみていくと、鈴木家とは、僕は一滴も血がつながっていない。鈴木はおばあちゃんが嫁にいった家で、篠原という家の出なんです。鈴木家は、おじいちゃんのお母さん、ひいおばあちゃんがもともと実権を握っていた。毎日仏壇に線香あげていたから、俺、写真だけでは知ってるけど、本当に厳しい顔をした人で、おばあちゃん、よっぽどいじめられたんでしょうね。昔の日本によくある典型的な嫁いびりのね。

要するに、姑が死ぬまで何一つ触らせてもらえない。家の中でも、よその家なんかでも、あの人は嫁にきたからねって差別されるから。あそこの部落（被差別的な意味ではなく、田舎の田んぼやっている人は部落というの）の誰々さんは嫁にきてまだうちのことなんか何もわかってない、っていう。三代ぐらい続かないと、その人の家も「家」と認められない。東京でもよくいうじゃない、三代ではじめて江戸っ子っていう、みたいな。そういう気っ風があったんでしょうね、田舎なりに。

鈴木家
桃山邑の本名は「鈴木正芳」。鈴木姓は祖父の家系。養父の昭三郎は入婿で元は星野家。母は、篠原家から鈴木家へ嫁いだ祖母の姪にあたるため。六九頁の家系図参照。

やっぱり姪が可愛くないわけはないと思いますよ。お兄さんの娘だから。大正生まれの厳しいおばあちゃんにしてみれば。だけど、結局そういう形で、家を保つことに腐心していったんだと思います。戦争前のあの時代の、田舎の貧乏な「家」を。それが戦後、ある程度日本が豊かになっていくにつれて、どんどん、自分たちも周りと同じように。といっても、半農半商っていうか、それではなかなか成立しないから、しょうがなくて、余していた被差別部落の俺のお父さんを。昔の役場はそういうことができたんですよね。書き換えができたんですよ。「頼むから」って言えば。世間体みっともないから、っていうんで。

吃りのこと

鳶だったおじいちゃんは吃りでした。小学校に上がってからなんですが、おじいちゃんの影響を受けたんでしょうね、つげ義春的な赤面恐怖症と極度の吃りが。これがやっぱり人との接触を避ける原因に。吃りではかなり苦労しましたね。犬と吃り。嫌で嫌でしょうがなかった。

先生は指すわけですよ。「はい、鈴木くん、これ答えてください」って。もう嫌でね。答えをわかっているんだけど手を挙げない。指されるのが嫌でね。まるで『銀河鉄道の夜』みたいですね。

あまりに僕がくよくよしているので、高田馬場に、なんか、吃りの矯正施設があったんですよ。それで、母親が一回だけ連れて行ってくれたんです。おばあちゃんがもう自分で電車に乗れないから、お前、連れて行けって言って。結局、田舎者だから、お金がたくさんかかるということを知らずに行って。一か月間「なんとかバンド」みたいなものを巻いて（笑）。今思えば禍々しいことこの上ないんだけど。だって、その広告が載っていたのが『週刊ゴング』っていうプロレスの雑誌だから。昔、エジソンバンドとか、頭に巻くと、頭がよくなるバンドっていうのがあったんです。あれみたいなものですよ。高田馬場から這々の体で逃げ帰ってきましたね。

――雑誌の広告でしょ？　身長が十五センチ伸びるとか、そういうやつ。

そうそう！

――記憶力が途端によくなるとか。行く人、いるんだね。

でも、本人は真剣に悩んでいるわけだから。なんとか普通にしゃべりたいって。今でも吃っちゃいますよ。後遺症はあります。なんかいつの間にか、大きくなってから性格が……もともとそういう性格があったのか、途中から変わったのか、入れ替わったのか、わからないですけど、どちらかというとしゃべくり倒すほうにいっちゃったので、ほとんど気にしなくなって。気にしなくなると、吃りって出ないんですよね。気にするとダメなの。当てられたらどうしようとか。「か行」と「た行」が出ないんですよ。でも、歌を歌うときは絶対吃らないんです。だから、『書を捨てよ町へ出よう』は、やっぱりちょっと痛かったですね。佐々木英明の役が、吃りでね。

母との記憶

そういう家庭環境で育ったので、幼少期の記憶がないんだろうと。一つ残っているのは、保育園にあがる前だけど、おふくろが浅草に連れて行ってくれたんです。浅草でポンポン船、蒸気船に乗ったのを覚えています。浅草は今どうなっているかわからないけど、東武浅草のところから、今はクルーズ船になって横浜のほうまで行くようになっているのかな。あれに近いのが出ていたね。煙がポンポン、ポンポンって。

まあ、浅草に連れて行ったというのは、東北の玄関口は上野ですから近いし、繁華街だったからということのほかに、自分が若い頃にいたので行きたかったんじゃないかな。たぶん同じときだったんじゃないかと思うけど、そこから上野動物園に行って、俺が大泣きした。とにかくお母さんと二人でいたっていう記憶は、数えるほど。

あと、雨の日に家の中であやとりしてもらって遊んだっていうのは鮮明に残っています。雨が降っていて仕事が休みで、俺ももちろん外に出られないから。それは、小学校

浅草
桃山邑編『水族館劇場のほうへ』（羽鳥書店、二〇一三年、一七一一八頁）でも、母との浅草の記憶について触れ、明治にできた「浅草水族館」や昭和初期の「カジノフォーリー」という軽劇団のことなど、生まれる以前の「幻の浅草」に想いを馳せている。

にあがる直前だったか、もっと小さかったか、わからないけども。それは、俺にとっては非常にうれしい思い出。だから、恨んでいるわけでも、何でもないんですよね。そのぐらい愛情はもらったので。

もう一つ覚えていることでいうと、保育園から逃げ出したこと。半年も行っていなかったくらいだと思うけど。逃げ出した以外のことは、養鶏場に忍び込んで卵を盗んで（昔は卵が貴重品だったので）、ピンか何かでつついてズルズルするという画を覚えているぐらいで、あとはほとんど覚えていないんですけど。とにかく臆病だったんですね。人が集まるところがダメなんですよ。「はい、並んで」とか言われた瞬間に、泣き出しはしませんけども、後ずさりして、脱兎のごとく家に帰っちゃった。

家に帰っても、見つかると連れ戻されると思って、お父さんが押し込められていた裏庭の納屋に。百姓家ですから二階も梁が通っていて、その上にいろいろな道具が置いてあるわけですよ。そこに忍び込んで、ずっと暗くなるまで見つからないように。それで、家の者みんなが心配して「どこ行ったんだ」って大騒ぎになったというのは、これは記憶がはっきりありますね。

今からは考えられないでしょうけども、もう、そのぐらい人と接するのが苦手。だから本さえ与えておけば、どこへも行かないでじーっと一人で遊んでいるから、育てるのは楽だったんじゃないかな。おばあちゃんとしては。

おばあちゃん子

おばあちゃんは、とにかく俺がほしいと言うものはわりと何でも買ってくれた。一日中ベタベタですよ。

――お父さんに対してすごい邪険に扱ったりしたけど、おばあちゃんを恨んでいるとかはなく？　好きだったんですか？

話したように、ひどいんじゃないかって怒ったことはあったけど、でも、大好きでした。叱られたことはほとんどないから。こんなこと言うと手前味噌だけど、成績がよかったから、いい子、いい子ってされて。成績がいいと何か買ってくれるんですよ。もので釣られていた。本が一冊もなかったお家だったので、本がほしいっておばあちゃんに言うと、本は好きなだけ買ってくれました。好きなだけって言ったって、子どもがほしい本なんて、『日本の歴史』とか、あるじゃない？　学研で出しているやつとかさ。風邪をひくと、特に。注射をうって我慢して。そうするとね、お医者さんの前が町で一軒だけある本屋だったので、「じゃあ、何か好きな本」って言って。

ただ、俺は大きくなってからは、自分の家がどういう経済状態にあるかをある程度知っていたから。予備校の問題でも、何でもね。友達がみんな、エレキやるでしょ。オートバイ買うでしょ。そういうの自分から頼んだことがない。買える状況かどうか、わかっていたからね。それを言われたのは、彼らと付き合ってからですよ。「お前ん家、こんなに貧乏だったの?」って言われて、「え? 俺ん家、貧乏?」って。そういえば、俺、麦飯だな、白いごはんじゃないよなとか。そんな感じで、だんだん自覚していったけど、そのことで家を恨みに思ったりしたことはまったくないですね。

レコードもわりと買ってくれました。どうやったら中学だか高校生にね、あんな、『日本の放浪芸』なんていうの、あれ、当時でも一万ぐらいしたはずだから。たぶんね、お年玉とか何かを集めて買ったんじゃないかなと思うんだけど。一万円ぐらいのものだったらあんまり嫌がらなかったですね。オートバイとか、エレキとか、何万円もするようなものは「これ、ほしい」とか、一切口にしなかったし。

だから本を買う分には、もう喜んで買ってくれましたね。本当はオートバイよりこっちのほうがやばいんだよって、俺は心の中で思いながら。「また読みたいんだけど、いい?」なんて言って。だから、本は大事にカバーをするようにして。

「家族」というもの

そんなように家の環境は血のつながりが単純じゃないんですよ。だから僕は後年、曲

『日本の放浪芸』
小沢昭一『ドキュメント「日本の放浪芸」』。一九七一年~七七年に発売されたシリーズ全四部作のレコード。小沢昭一が自らの足で日本各地を歩き、高度経済成長のさなか滅びつつあった放浪芸人による、門付け芸、大道芸、路上の商い、流し、香具師、僧侶による節談説教、ストリップなどを約十五年の歳月をかけて現地録音した音源の数々を収録。本書「こんな音楽で舞台をいろどってきた」(二一六頁)も参照。

馬舘なんかに影響を受けるのも、それがあったと思う。家には、裕仁《ひろひと》と良子《ながこ》が万世一系の家族であるみたいなのが飾ってあって、その脇に、表紙に赤い模様のついた神社の運勢本（家にある本はこれだけ）があるようなね。自分は、自分の家族がそういうふうに完全に擬制家族だというのは物心ついてから思っていた。それはショックだった。だからタンスの風呂敷の話に戻るけど、俺は口にできなかった。「俺の本当の父親はどこにいるんだよ」っていうのは、もう死ぬまで言わなかった。母親にも言えていない。

——それは間違いないのかな。要するに結婚したのが後で、血がつながってないかもしれないっていう。

間違いないです。それはね、ＤＮＡ鑑定をしたわけではないので、一〇〇パーセントとは言えませんが、完全な状況証拠ですね。親父は、妹にはきついんですよ。怒鳴るんですよ。あと、これも手前味噌なんだけど、親戚を見渡しても俺みたいなの、いないんだよ、一人も。本が好きっていうの。だから、おばあちゃんはびっくりしたんだと思う。だって、妹にはいっさい習わせなかったものを、俺に習わせるんだよね。それもほら、田舎者の浅知恵だよ。保育園にあがった瞬間に、本当に半年だけだけど、大山先生っていう先生がついてくれて、かわいがってくれたんだよね。だからそれぐらい、はしこかったんでしょうね。オルガンを習わせて、習字の塾にも入れたの。今でいう、詰め込み主義ですよ。おばあちゃんからしてみれば。全然受験勉強のもとになってないけどね。

万世一系の家族
「戦争が終わってもなお焼き棄てられず、神棚に飾られた御真影が家という観念を国家に二重写しに炙りだす妖気を残していた時代でしたが、錯綜した、擬いものの族譜のうえに育てられたわたくしは、国家という観念に抗う感性をしらずしらずのうちに研いでいたのかもしれません。……この地上のさまざまな場所で負け続ける者たちがうみだされ、誰にも顧みられずにひっそりと消えてゆく無情のなかにひとの生は在るのでした。」（『FishBone』五二号、二〇〇八年）。

先生の中では大山先生がいちばん優しくて、オルガンを教えてくれたんです。音楽の才能がまるっきりないから、どうにも全然上達しなくて。小学校にあがってからも続いていたんだけど、そのうちに一、二年したら、大山先生はお嫁に行って。そのときは、なんていうか、感傷的になりましたけどね。よくあるでしょ？ 昔、ほら、好きとかそんな感情が芽生える前なんだけど、お姉さんみたいに思っていた人が、どこか遠くにいなくなっちゃうっていうね。

　これも状況証拠の一環なんだけど、真岡高校に入学したときに、かなり成績がよかったみたいなんですよね。俺、中学校の総代だったから。大山先生に怒られました。「なんですか、この成績は」。大山先生が結婚した相手が、俺の入った高校の先生だったんです。成績が全部ばれて、「二十番じゃないか」と。二十番だったらいいだろうと思うけど、怒られましたね。一番になりなさいって。厳しい。それから勉強しなくなりましたね。どんどん、どんどん、あっという間に、二五〇人ぐらいいるうちの、二三〇番とか二四〇番ぐらいに。

　わりと算数とか数学とか得意だったんだけど、理系のものは一切手を付けないようにして、本ばっかり読んでいた。でも、その頃はまだ人文系のものとかは読んでいなくて、いわゆる近代小説みたいなもの。

　あと、やっぱり高校時代に影響を受けたのは、音楽の世界の、今で言うサブカル的な

大山先生

「厳しかったですね。だからオルガンなんて、とてもじゃないけど弾きたくないし、弾けなかったんだけど、俺に吃りをうつしたおじいさんが、なんでもこの子に教えてやってくれって預けちゃったものだから。保育園だけじゃなくて、学校に行ってからもちょっと教わったりして。一年か二年のときにお嫁に行っちゃったのかな。この人のことも、今でも顔を思い出すけどね。

　あれと一緒ですよ。それこそ俺が最初に好きになった、あがた森魚の名曲『佐藤敬子先生はザンコクな人ですけど』。あがた少年の小学生時代に佐藤先生っていう……よくあるパターンだよね。若い女の先生、『二十四の瞳』みたいなやつ。モ

ものですね。中村とうようさんとか、竹中労さんとか。反逆の時代っていうか、日本が戦後ようやく到達した経済的成長で振り返る時期だったんでしょうね。そういうのに飲み込まれていましたから。

鈴木家の天童

ただ、子どものときに話を戻すと、記憶がない中でも、状況証拠として間違いないというのは、周りをどう見渡したって、俺は突然変異なんだよね。はしこいやつがいないんですよ。どこにもいないんです。千代次もそれはわかっています。何回も家族と会っているから。あんたはおかしいって。まあ、人間って突然変異があるからね。一〇〇パーセントとは言いませんけども、どう考えたって。いちばんびっくりしたのは、おばあちゃんでしょうね。だからかわいがったのかなって気もするんだけど。もう目の中に入れてもってぐらい。

俺が朝起きるときに、おばあちゃんが据え膳っていうの？　寝ているのに運んでくれるのよ。「食べなさい」と。俺は布団の中でごはんを食って、「ごちそうさん」って。天童ですよ、鈴木家の。ただ、天童の権力は行使しなかった。千代次がびっくりしてた。後になって「あんたはひどい」って。縦のものを横にもしない亭主関白の典型的だって

ダンな感じの先生が来て、「君たちね」って言って、「俺らのことを『君たち』って言ったよ」みたいな感じ。」

言われたけれども、本人はまったくそういう意識がなかったので、普通の人間だと思っていました。

だから付き合う人間も、近隣のいわゆる頭のいい子がいっぱいいるし、一応、名ばかりとはいえ進学校だったし、友達に京浜安保共闘とか、そういうときに加担するような社会問題をちょっと田舎者なりに意識する、みたいな人がいたので。それと矛盾しているようだけど、一方では何事もない市民的な生活に憧れも。

女系家族

——女系だったんですね。今の話を聞いてやっとわかった。

まつ毛の上にマッチ棒を何本乗せられるか、とか、小さいうちからスカートを履かされていました。

——誰が？　え!?　あ、そうなの？

かわいかったからなぁ。

——女系って、そういう意味なの？

女にいじり倒されていたんだよ。だから女の人が怖くて、怖くて。本当に怖かったもん。スカート履かされて「ちょっとまあちゃん、座っていなさい」って言って、まつ毛にマッチ棒を何本乗せられるか。まつ毛が長くてかわいい子だったからね。新宅（分家）の乳母のはっちゃんと。女系家族っていうか、親戚も含めて女が町内にたくさんいて。うちは本家で。そこも女ばっかりなんだよ。親戚で集まっても、俺のいとこも全部女。そういうことだから、もう俺はおもちゃ。大変な思いで育てられました。スカートを履くのは嫌だったけど、ものすごくかわいがってくれたからね、みんな。だから、女の人に対する免疫はそこでついたのかもしれないですね。

――女の人に対する免疫っていうことの意味がよくわからないけど？

いや、俺はもともと奥手だからしゃべれない人だったんだけど、とりあえず子どもの頃にいじくり回されているもんだから。中学ぐらいになると、ませてくるじゃん？　そうすると、テニス部の女の子とかがかっこよく思えたりして、一緒に帰ろうか、とかってなるんだけど、俺、そういうのはまったくなかったですね。学校が終わると、さっさと逃げ帰ってきましたね。それで自分の世界に没頭する、みたいな感じが大きくて。

真岡高校っていうのはひどいんですよ。電車に乗るにしても、こっちは男、こっちは女の車両と分けていた。栃木県って教育後進国で、共学っていうのはなかったんです。俺が高校を出てから、公立校で共学ができたの。電車といってもディーゼルカーなんだけど、女はこっち、男はこっち。だから、思いつめちゃうと心中しちゃうんですよ。それか、駆け落ちしちゃう、好きになっちゃうと。自由があまりにもないから。制約をかけすぎる。

藤一郎はその中でも、唯一平気で女の車両と男の車両を行ったり来たりしていて。俺はそういうものに奥手だから、本来はそこでトラウマが起こるはずなんだけどへっちゃらだったのは、たぶん子どもの頃に沈殿していたそういう……それを俺は今、たまたま「免疫」って言っちゃったんだけど、まったく気にならなくて。東京に出てきてデザイン学校に入ったときに、初めて女の人と同じ教室に入ったんだけど、普通にしゃべれたしね。

——なるほどね。

その間はまったく空白ですからね。高校時代の三年間、思春期のいちばん大事なときに、女の人と話をしたことはほぼゼロですから。同世代の女の人とは確実にゼロです。だから恋が芽生えるわけもない。みんな『プレイボーイ』とか『平凡パンチ』とかを買っていたけど、アイドルとかそういうものに俺はまったく興味がなかった。そんなの、どこがいいんだろうって。なんかお面みたいな顔をした……「麻丘めぐみっていうんだ。なんだこれは」と思ってた。藤一郎とかジュネとかは好きなんだよね。

ただ、そういう環境で、女性に対しての複雑な。いじくられて嫌だな、遊ばれて嫌だなっていう気持ちと、憧れみたいなものも育っていたのかもしれないですね。でも、性的な意味ではほとんどない。それよりもノスタルジックな甘い響きみたいな感じかな。バスガイドがかっこよかったんですよね。バスに乗って隣町に行くんですけど（大きくなってからは自転車で）、昔はバスで踏切を渡るときに、バスガイドさんがドアを開けて、電車が来るかどうか、こうやって確認するんですよね。それがかっこよくてね。

だから、そういう意味で年上の人への憧れっていうのが強くなって、千代次さんに騙されたのかもしれません。やっぱり愛憎半ばする……「憎」はないな、あんまり。

――面白いですね。いわゆる戦後の日本社会に典型的な家父長的な空気は、家では全然なかった。

むしろそれを俺自身が嫌がっていた。だから左翼思想の翠羅臼《すいらうす》に持っていかれちゃったんじゃない。リベラルも嫌いだから。

――桃山さんは本質的にマッチョじゃないと思うんです。描く世界のつくり方とか、あんまり家父長的な感じがしないんですよ。描き方ですよ、内容じゃなくてね。

あんまりマッチョって感覚もないです。ほら、手を比べればわかるでしょう。これ、職人の手じゃないです。大きさを見ればわかります。女の子なんですよ。

――本当だ。ちっちゃい。あんな、ボンタン履いて、手ぬぐい巻いてね。

だって、うちの職人と比べたら、俺の手、第二関節ぐらいまでしかないんだから。これでみんなと同じものを持つのは大変ですよ。俺こうだから、努力しないと無理ですね。

翠羅臼
劇作家。一九七二年に鬼河原屍とともに「曲馬舘」を創設。八一年の曲馬舘解散後は、「夢一簇」「ルナパークミラージュ」を経て、二〇一〇年パレスチナキャラバンを敢行。

桃山は曲馬舘最後の新人として八〇年に入団し、翠と出会う（一二〇頁参照）。

水族館劇場には『漂流都市』（一九九〇年）を

だから、まったくマッチョではありません。
太ったのも、体がもたないから。昔、曲馬のときはこんなもんだったね。真っ先に、耐えられないだろうと言われたから。

――なんか、的屋《てきや》をやっていたうちのおじさんにちょっと近い感じ（笑）。

的屋は影響を受けているかもしれないね。それこそ小沢昭一のレコードとか、聴きまくっているから。自然だね。でも、それもやっぱり後天的なものかもしれませんね。

うちにいた入方勇《いりかたいさむ》、あれは本物ですよ。翠さんは後から安田里美さんに付いて、火吹きを習った人っていう感じがやっぱり知識人。だけど、入方はそういうのが一切ない、本当の本物の馬鹿。でも、俺は好きだったんだよね。他の役者には、「あんなもの、入れて」って言われたけど。

だから、そういう意味で好きなのは、俺は藤井七星（二〇一一年に入団した水族館劇場役者）。あの「純粋なみなしご」。ああいうやつのほうが、もしかしたら可能性が。もちろん間違いも起こすと思うよ。だけど間違いを起こさないようにさ、育ててやるんじゃんかよ。あんな子を、うちが引き取らなくてどうするんだよって言って、入れたんだよね。案の定、心配している通りだけど、まあ、間違いはね。まだ十九でしょう。いいんじゃねえの。あとは、彼女の人生のためにも、水族館に何年かいてよかったと思えるような形で送り出せばいいよ。それぐらいしか存在意義はないですよ。

書き下ろし、近年では役者としても出演。二〇二三年の野戦攻城では桃山邑追悼公演『新漂流都市』が上演され、作演出として参画。

入方勇
見世物師。第七病棟の役者でありながら、水族館劇場にも多数ゲスト出演した。二〇一〇年秋、自ら此の世を去る。

安田里美
芸人（一九二三―九五）。「四歳の時から岐阜の興行師に育てられ、六歳で初舞台。漫才、奇術、浪曲、踊りとさまざまな芸を経て、十六歳で〝人間ポンプ〟の芸をマスター。ガソリンを呑んで吹き出す火吹き芸やナイフを呑み、胃の中で折り

男はみんなダメ

本当に男がいなかったんですよ。男はみんな酒飲みで、くたばっていたので。よく面倒みてくれたのは、はっちゃん。まつ毛の上にマッチ棒をのっけたりしてた親戚ね。僕より五つぐらい上かな。なんか、かわいがってくれて。周りのお姉さんたちにいじめられたっていうのはなかったですね。いじられたっていう意識はすごく強くあるけど、かわいい、かわいいって撫で回された感じ。

ここからは暗くなるんですが、「サダちゃん」と「真弓ちゃん」のこと。この真弓ちゃんという人も、親戚の家の人。裏の家だったんですよ。親が首吊り自殺しちゃった。自殺する人ばっかりなんだよ。真弓ちゃんのおじさんが、サダちゃんっていう人。ただの酔っ払いに成り下がって、台風で家の屋根が飛ばされて、結局誰からも相手にされなくなって、アル中ですよ。俺が小学校に上がったくらいかな、くたばる前に、朝来てね、「俺の似顔絵を描け」と。僕は絵ばっかり描いて遊んでいる子だったので、どこかで聞いたんでしょう。

やることがないから魚を釣る。俺の田舎は筑波山ぐらいしかない平らかな田舎だったので、林があって、ちょっとした小さな沼みたいなのがあって、そこに魚釣りに連れて

畳んで出す、胃の中の碁石を白黒に出すなどの芸を見せ、一座を引き連れて日本各地を移動。最後の見せ物小屋芸人といわれた」（日外アソシエーツ『新撰 芸能人物事典 明治〜平成』二〇一〇年より）。

真弓ちゃん
「水底に吸い込まれるようにつるべ井戸の石垣をのり越えようとしたわたくしの小さな身体を抱きとめ、地上にひき戻したのは近所に幾人もいた「姉」たちのひとりだ。貧乏所帯ばかりで構成された隣近所の子供は、偶然にも少女ばかりだった。わたくしはそんな「姉」たちに囲まれて育てられた。

行ってもらったんですよね。一回だけナマズが釣れたことがあった。そのことを「ナマズの泪」という文章に書いたことがある。

似顔絵を描いてあげたら、それをうれしそうにして、その日の夜、夜っていうか明け方ですね、鉄道に飛び込んで。もう、人生に行き詰まっていたからね、完全に。いや、今はそう思うけど、子どものときはわからない。

必ず俺の手を引いて酒屋に行くわけですよ。一杯焼酎を飲むために。コップが升に入ってて、昔の酒屋は焼酎を升のところまで入れてくれるんだよね。小沢昭一が言ってた（あの人は酒を飲まないけど）、「酒飲みはこうやって飲まない。口から、こう」（と言って、口をコップに寄せる仕草をする）。サダちゃん、そうだったなあと思って。そういう思い出があったんだけど。

その一家はもう、ほとんど自殺してる。真弓ちゃんとお姉さんも。いくつぐらい年が離れていたか、覚えていないんだけど。はっちゃんよりは下だったような気がする。

人が死ぬこと

人が死ぬっていうことを、地方によってどう呼ぶのかわからないけど、僕らの田舎では「じゃんぽん」って言うんですよ。お葬式のことを。お金を撒くんです。家の上棟式

ある事件が杏の木の下であった。夢魔に閉じこめるように、わたくしはその出来事を忘れたが（精確には忘れようと務めたが）、刻印のような残像は完全に消すことはできなかった。水紋のひろがる井戸の底の鏡には杏の枝の下に吊るされた二体の奇妙な果実が揺れていたのだ。……死の眩暈にあてられた幼いわたくしの毀れやすい精神をしっかりと抱きとめてくれた「姉」は彼女に違いないと考えている」（『水族館劇場のほうへ』所収「生まれる前に見た景色」、初出『FishBone』四三号、二〇〇四年）。

サダちゃん
同書所収「ナマズの泪」。冒頭、「故・永山則夫の自伝的小説群を暗渠に

のときもお金を撒くんだけど、あれと同じようなことをお葬式でもやるんですよ。六文銭だかがたまに混ざってたりするのかわからないんだけど、普通の十円玉とか、百円玉とかを撒いていた。

本当にじゃんぽんが多くてね。

まず、おばあさん方の篠原という家のおじいさん、俺を育ててくれたおばあさんのお兄さんが死んだときに（アル中で）、その頃、ドライアイスとかっていう知恵がなかったのよ。今ぐらい暑いときでさ、あれはもう、いまだに覚えています。あの甘酸っぱいね、人の体が腐っていく。もう畳まで滲みちゃっているんですよ。二日とか三日とか置いておくと。暑くてね。甘酸っぱい、なんか、変な匂いだった。こんなことを自分で言うのは変だけど、ちょっと似てますね。今、薬漬けになっていて、薬で自分の体が臭いのと。「ああ、これは死の匂いかなあ」とかって、ちょっと思ったりもするんだけど。まあ、あまり文学的にとらえないように。なるべく知らんぷりしていますけどね。

うちのおふくろがいちばん長く、ずっと女工さんをやっていて、最後までまともに生きた。三人姉妹の真ん中だったんですよ。上の姉は男に騙され続けてくたばったね。下の妹さんはいちばん器量がよかったんじゃないかな。これのダンナもアル中で死んでね。みんな、男はまともなのがいないのよ。

おじいさん方の鈴木家の墓は、貧乏だけどある程度立派な、それこそ明治時代からちゃ

舞台をつくる（『夜の果ての旅』一九九八年）と決めてから、そこに描かれた世界と自分自身の共通項を探ろうとして思いだした人間がひとりいる」と書き始めている。

「あの日のナマズの泪もまた、昭和を生きた市井の人々が流した膨大な「無知の涙」のなかの一粒だったように思える。人間の生と死が強さも弱さもひっくるめて身近にあり、死者のまわりに暮らす者にも強い感情をかよわせていた遠い昔の話である」（初出『FishBone』二八号、一九九八年）。

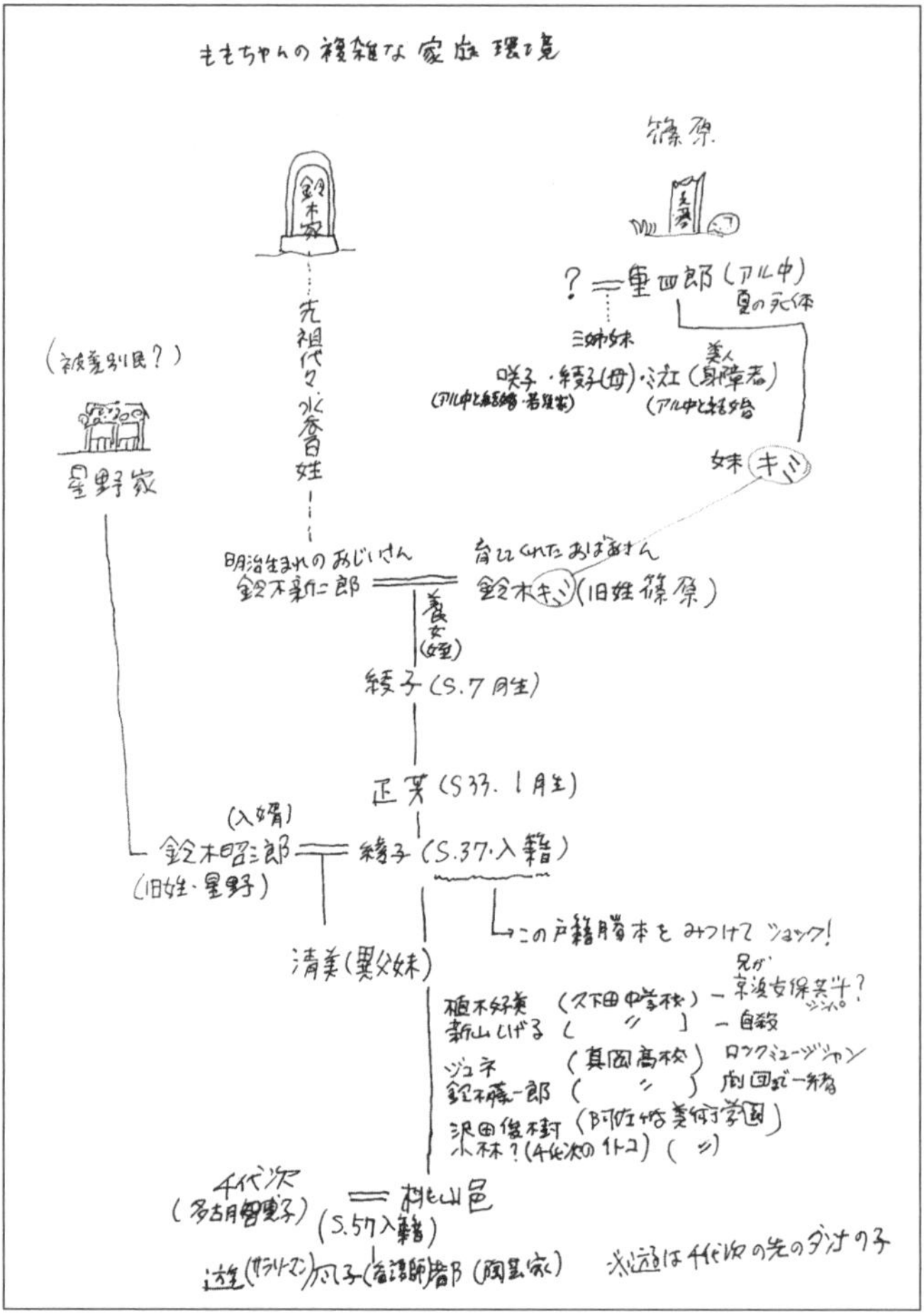
ももちゃんの複雑な家庭環境
篠原
鈴木家
先祖代々水呑百姓
(被差別民?)
星野家
妹キミ
明治生まれのおじいさん
育てくれたおばあさん
鈴木キミ(旧姓篠原)
綾子(S.7月生)
(入婿)
(旧姓・星野)
(S.37・入籍)
この戸籍謄本をみつけてショック!
自殺
ロックミュージシャン
千代次
(S.57入籍)

鈴木家の墓

んと墓があって。昔の墓だからそんな大きなものじゃないけども。

おばあさん方の篠原家の墓は、母の姉が亡くなったときに、俺、一回だけ線香をあげに行ったんだけど、どこだかわからなくて聞いたら、もう墓石がなくて、卒塔婆じゃないけど、四角くて先がとんがってる角材が、もう腐っててね。

雷神さまの秋祭り

おじいさんと同じくらい影響を受けたのが「つうちゃん」。つうちゃんは、おじいさんの弟だったんですよ。いい人でね。つうちゃんは頭がポンなんですよ。フーテンの寅さんをもっと純粋にした感じ。フーテンの寅さんって頭の回転が速いじゃない？ 全然頭の回転が速くなくて、人に騙されちゃうタイプ。つうちゃんも吃りだった。何回か遊びに行ったりしていますね。小学校に上がるか、上がらないかぐらいの頃。

血縁関係がわかりにくいけど、複雑な家庭に育ったから性格がゆがんだとかいうことは、まったくないですからね。まったくないの。だから東京に出てきても、素直だ、素直だって言われて。飯場の社長にもかわいがられたぐらいだから。人を疑うことを知らないから、人から騙されると、もう怒りが倍加して暴れちゃう。疑うことを知らないっていうのは嘘ですけどね。

つうちゃん
「つうちゃんは不思議なひとだった。いでたちはいつも洗晒の印袢纏。坊主頭にちょこんとハンチングを冠せ、どんぐり眼をいっぱいに開いて口笛を吹きながら、黒い大きな自転車でやって来る。……境内の巨きな樹にスルスルと登っては、器用に枝打ちしていたが、時々不思議な仕草をみせてくれた。茜空を寝ぐらへ急ぐ烏の影をみつけたりすると、突然自らも烏になって親愛のエールを送ったりするのだ。その仕草がおかしくて下から見上げていた子供達が囃したてると顔を真っ赤にして怒るのだった。生来の強い吃音で、なめらかに言葉を並べられないつうちゃんはどっどっどっどと、焼きついたエンジンのように空廻りする感

「雷神さま」という神社があって、これは僕が藝能と触れた原点ですね。小学校一年とか二年ぐらいのときに秋祭りがあって、お神楽。昔はね、樒《しきみ》（葬儀や法要などの仏事で使用される植物）かな、釜茹でみたいな大きなものでお湯をグツグツ煮て、それでお湯をバーッ、バーッとやると、天狗の面か何かをかぶった人らが舞うんですよね。それが狂言だったんだか、なんだかわからないけども、要するに歌舞音曲。盛大だった。僕らも子どもながらに楽しくてね。ほら、的屋が来るから。やっぱり的屋が来るところは楽しいじゃないですか。お小遣いをもらって、みんなで遊びに行く。そのお祭りに参加する。

雷神《かみなり》社って言っていた。栃木県は有名なんですよ。夏、雹とか雷で。つうちゃん家は、神社の隣だったの。そのつうちゃん家で、痴情のもつれがあった。俺は子どもだったから、こうやって耳をそばだてて大人たちの話を聞いていただけなので、断片しか覚えていないんだけど、どうも刺したらしいんだよね。女のほうが、妻子ある男性を。

だから、これは俺に引きつけて言うと、田舎は絶対にそういうスキャンダルはダメだ、っていう。うちのおばあさんは身持ちが固かったですね。ものすごく固かった。俺にもずっと「とにかく人より目立つな」って、もう小さいうちから。田舎者は何で後ろ指さされるかわからないから、とにかく人に後ろ指さされないように生きろって。真面目に、真面目に。固く、固く、固く。

情を持てあまし、子供たちにからかわれるまま、枝の上にぽつんと立ち尽くしている。その姿があんまり寂しくて、つうちゃんの馬鹿と大声で怒鳴ったことを覚えている」（『FishBone』四〇号、二〇〇二年）。

雷神さま
「わが消滅した雷神の社には、神々の凋落とともに離散—ディアスポラ—した一群のひとびとがある。みどり児の癇を鎮める呪法をとりおこなったものたちだ。〈虫封じ〉と称する祓いの儀式は、彼らの棲む一般の家屋でとりおこなわれた。夜泣きの執拗さに疲れはてた母が咒者の前にいとけなき掌を開き、その芯部に何やら妖しげな筆を走らせる。……かろうじて思い起こすのは、裸電球の多かった「じゃんぽん」

「まめきよ」も、オートバイを買ってもらった途端に死んじゃった。これは仲良くはなかったんだけど、歩いて二十メートルぐらいのところに住んでた子で。「まめきよ」は綽名ね、脳みそが豆ぐらいしかないから名前の一部をとって「まめきよ」って。ひどいよね、これも。子どもはね、差別の権化だから。俺は参加しませんけど。

余談ですけど、俺らの子ども時代のエピソードは、すごいよ。小学校六年ぐらいのとき、理科の先生がいて、「明日は実験をするから、みなさん、砂糖を持ってくるように」って言ったの。先生はグラニュー糖のつもりで言ったのよ。サラサラの。でも、誰もグラニュー糖を持ってくるやつはいなくて、あのビチャビチャなスプーン印の砂糖（上白糖）を持ってきたんだよ（笑）。「これじゃ、実験にならんだろう。お前らん家に砂糖はないのか」「先生、これ、砂糖ですよ」って。ろくでもない。

他にも、検便のときはその先生が「マッチ箱にちょこっと入れてくれればいいんですよ」って言って、マッチ箱を糸で小枝に吊るして、みんなで持って行くわけ。汚いから。だけど、一人、バカな子がいて、お徳用のマッチ箱（爆笑）。びっちり入れて。いじめられてた、その子は。小学校だから並んで行くじゃない？　一人だけ、でかい（笑）。

灯の下、むずかる幼子をとりかこむ大人たちの不安に刻み込まれた深い皺の陰影である。……咒者たちの……たつきの業はさまざまであったが、総じて地上からあしうらを浮かす職に就く貧しきひとびとであったような気がする。彼らの家々にはそれぞれ鼓やら笙やらが匿されていた。彼らは鬼人の宴を司宰するまれびとにも転生したのだ。遙けき昔日への直感だけで断定はできないが、離散したまれびとたちは今も姿をやつして、海山のあいだを放浪しているような気がしてならない」（『FishBone』三三号、二〇〇〇年）。

最悪だよね。

電信柱のこととか、ノスタルジックな話をちょっとしたと思うんですが、それは、まめきよの家ですよ。馬とか牛とかを飼っていて。まめきよの兄弟が小さい頃に、馬車に乗っかって田んぼから帰ってきてた。

まめきよの家はそこまで貧乏じゃなかった。だって、農耕馬とか農耕牛とかがいたぐらいだから。瓦屋根で。瓦屋根は町に何軒かなんですよ。あとはみんな、トタン屋根なので。岡山とか山陽地域に行ったとき、俺びっくりしたもん。みんな瓦屋根じゃん。みんな塀がある。塀がある家なんて、あんまりなかったからね。うちは最後までトタン屋根だった。

まめきよは、農学校の入学祝いに買ってもらったその日に死んじゃった。喜んで走っていたら、滑って転んで。一応、線香をあげに行ったら、お母さんが「私が言うことを聞かなきゃよかったんだ」って。俺はまあちゃんって呼ばれていたから、「まあちゃんみたいに大人しい子に育てればよかった。そうしたらオートバイなんかほしがらなかった」。俺はオートバイはほしがらなかったけど、本をほしがったから。俺もだいぶ思春期になっていたから、「本のほうがやばいんだよ」って、心の中でつぶやいた記憶がある。

高度成長で町は変わった

でも、うちだけが貧乏じゃなくて、みんな貧乏だった。町に床屋があったんだけど、美容院ができ始めて床屋は流行らなくなっちゃったんだよね。そしたら泥棒を始めたんですよ。それで、なんか勘違いして、うちにも入って、米を盗っていったのね。米がそっくりなくなっていて。でも、うちのおじいさんたちは、誰がやったかわかるんですよ。協議していたのを子ども心に覚えてる。「あの家のせがれだ。これ、やったのは」と。「どうしよう」って言って。「まあ、米だから。やっぱりあそこも大変だから、警察に届けるのはよそう」って言って、許していたのは覚えてる。それから、その一家は夜逃げしたと思う。

そういう家が何軒もありましたね。食っていけないっていうお家が。お百姓をするほど土地が肥えていないし、土地自体を持っているのは、まめきよの家とか、何軒か。瓦屋根を持っている家も、それこそ町内に十軒もあったか、なかったか。うちが特別貧乏だったというよりは、みな貧しかった。洞穴に住んでいたやつもいたよ。俺、給食費をもらってこいって言われて。そうしたら、洞穴に住んでたの。たぶんね、一家で流れ者だったような気がする。物貰いはいっぱいいたよ。神社に行くと、寺山修司に出てくるような赤襦袢のお姉さんがいた。子どもらが裾を捲り上げたりして。あれ、本当に寺山修司の子どもの頃の記憶だと思うけど、それとほぼ似たような風景が俺の時代にもまだ残っていた。

それから急速に、田中角栄の日本列島改造論が始まって、舗装されて。今はもうベッドタウンになっちゃいました、俺の町は。

行方不明の水神姫

俺の記憶では、その洞穴からちょっと離れたところに神社があって。ここがね、狛犬じゃなくて蛇なの。みんな信じてくれないんだけど、神社でふつう狛犬がいるところに、蛇がとぐろを巻いているの。そういう神社があるんだよ。

――それはめずらしいね。

めずらしいでしょ。だけど、子どもはやっぱり記憶がねじ曲がっているんでしょうね。水族館やりはじめてから一度行ったの。俺の中では洞穴もそうだし、鬱蒼とした森の中に、その神社が佇んでいた。まるで中上健次の世界みたいに思っていたんだけど、行ってみたらなんの変哲もない、わりと拓けたところにあるちっちゃな神社ですよ。でも間違いなく蛇だった。白蛇神社って言ったかな。小さなお堀があって、一辺が二十メートルぐらいしかないような小さな。コの字型にこうなっていて、ここに蛇がいるわけです。
ここの一人娘っていうのが、アルビノなんですよ。それで俺はそういうのを好むようになっちゃったんじゃないかな。蛇とか、いっぱい芝居に出しているもんね。強烈だったんじゃない？　その子は大人しくて、いるかいないかわからないような子どもだったんだけど、あるときフッと（たぶん転校したか何かだと思うんだけど。消えるわけないので）、急に家の事情か何かだったと思うけど、いなくなっちゃった。子ども心に強烈に覚えてる。そこは白蛇だったから。

――神話みたいですね。その人、白蛇だったんじゃない？　でもアルビノって、小さい頃、わかりました？

いや、アルビノっていうのはわからないですよ。ただ、色が異様に白いっていうことだけで。毛もたぶん染めていたんじゃないかな。ちょっと赤毛がかった感じだったんです。やっぱり目立つから。ある日……それも俺の記憶の捏造かもしれないけど、俺の意識の中では、ある日忽然と消えた。

宇都宮病院としげるちゃん

それと、しげるちゃんの話を。しげるちゃんは本当に親友と呼ぶほどの仲でしたね。

白蛇神社

これも奇縁としか言いようがないんです。本当に仲が良かったんです。中学時代から仲良くなって、一緒に勉強しようぜって、お互いの家に行ってお勉強するぐらい。だけど、だんだん、だんだん俺を遠ざけるようになって。というのは、俺は勉強しなくても平気じゃん。別に成績が下がろうが全然気にしなかったので。しげるちゃん、やっぱり高校に無理して入ったんだろうね。寝ないで勉強していたから。進学校だったせいもあって、詰め込み式だったので、とうとう高校の勉強についていけなくなって、ノイローゼになっちゃったんですよ。ノイローゼになる直前ぐらいから、俺を遠ざけるようになったので、俺も追いかけなくて。

焼きそば屋さんをやっていたんですよ。お互いの家にごはんを食べに行くぐらいの仲だったんだけど、だんだん大人になっていって、趣味嗜好で子どもの頃はそんなに差がなかったのが、俺は音楽を聴くようになったりして。向こうは勉強一筋だから。あそこと遊んでいると追いつかなくなるぞ、みたいなことを家の人に言われたのかもしれないし。

宇都宮病院って、大事件があったんですよ。宇都宮病院の石川っていう院長が、患者を閉じ込めて強制労働させたり電気治療をやったりしたっていうんで。それが発覚して大問題になって。しげるちゃん、最後にはそこで首吊り自殺した。

——いくつのときですか?

高校二年か、三年。

――（ウィキペディア情報ですが）事件が発覚したのは八四年ですね。

そっか、事件そのものは後で明るみに出たんだね。高校のときにそんなことが発覚していたら、しげるちゃんも絶対賠償問題になっていたはずだから。そう。思い出した。山谷の闘争とかぶってた。山谷に来ていた人が、宇都宮病院の先生で、手塚さんっていう人なんだけど。

――東大医学部との癒着って書いてありますね。

あ！（山谷で殺された）山岡強一《きょういち》さんの奥さんは東大病院の看護師だったの。あと、鬼海《きかい》弘雄さんの奥さんも同僚だった。それで鬼海さんの奥さんは、山岡さんの奥さんに誘われて山谷の越年越冬闘争に参加していたっていうから、もしかしたらそういう問題をいち早く耳にしていたので、「じゃあ、宇都宮で闘っている人を山谷に呼ぼう」ということで、その手塚さんっていう人が呼ばれたのかもしれないですね。手塚っていう名前と、ごつい、恰幅のいい、俺よりちょっと上の人だったっていうのは覚えてる。山谷と宇都宮病院を結びつけるみたいな活動をしていた。

――この事件、ひどいですね。国際的な問題になったって書いてあります。

そうでしょう？ そういうことがあったって、忘れちゃうんだよね、日本人は。精神病院つながりでいうと、もっとあとの時代ですが、驪團のときだったから八五年か六年

山岡強一
社会運動家、山谷争議団リーダー（一九四〇－八六）。北海道雨竜郡沼田町に生れ、同町昭和炭鉱にて育つ。六八年に上京し、山谷の活動へ。八四年十二月、寄せ場の手配師の悪行をとらえたドキュメンタリー映画『山谷（やま）やられたらやりかえせ』を製作していた佐藤満夫監督が手配師側の組員に刺殺され、山岡が製作を引継いだ。しかし、八五年十二月の映画完成直後の八六年一月に、国粋会金町一家の凶弾に斃れた。桃山は、山岡の遺体の引き取りに行っている。千代次にとっては山谷に関わるきっかけとなった人だった。

鬼海弘雄
写真家（一九四五－二〇二〇）。山形県寒河江市

かな。たぶん宇都宮病院の直後ぐらいだったんでしょうね。宮崎県の一ツ瀬病院というところで芝居をやったんですよ。精神病院で、開放治療をやっているところで、何をやってくれてもいいですよって。

――病院の敷地内でやったってこと？

敷地内で。病院でやるんだったらって、鈴木藤一郎っていう役者に今だったら言えないような台詞を言わせたんですよ。そうしたら、拍手。喜んでさ。院長先生も喜んじゃって。みんな、手伝いたいって言っているからって、バラシを手伝ってくれて。そこまではよかったんだけど、困った。ある程度仲良くなって、「じゃあ、パイプ運んでください」。そうしたら一人ね、なんか特殊能力を持っている方がいらして、高いところが好きなの。パイプの上に登って、そのまま降りてこないんだよ、ずっと。「あの、もう降りてくださーい」って言ってもね、じーっとしていてね。バラシができなくてねえ。「藤一郎、お前があんまりウケすぎるから、こんなことになったんじゃないか」「お前があんなセリフを書くからだろう」って。

その先生、町に患者を出しちゃうんだよね。開放治療だから。宇都宮病院と真逆のことをやっていて。あんまり迷惑をかけて事件になったっていうことは覚えていない。その先生が何度も連絡くれてね。

――向こうから連絡があったんですか？

生れ。肖像写真や風景写真などを中心に数多くの作品と写真集を発表する。とりわけ浅草では長年にわたり肖像写真を撮り続けた。水族館劇場のヨコハマトリエンナーレ2017「アウトオブトリエンナーレ 盗賊たちのるなぱあく」に参画し、横浜寿町労働センター跡地の巨大廢園で「人間の海 肖像写真展」を開催した。

そう。俺ら、全国、旅をしていたでしょう。そうするとほら、例えば中原（蒼二）が水俣のところで制作をしたりとかしているから、地理的に近いと横のつながりっていうのは多少あって。「なんか、宮崎のここの病院の院長が、君らに興味を示していて会いたいって言っているよ」みたいな情報があって。そうしたら病院でやっていいって言うので。俺は「いいんじゃない？」とか言って、やった覚えがある。

中原蒼二
後出（一四五頁参照）。

藤一郎やジュネとの出会い

高校時代のことを話しておきましょうか。

鈴木藤一郎は、のちに水族館劇場を一緒にやるわけだけど、とにかくいい役者だったね。津川雅彦そっくりなんだよ。特に女性問題で困っているときの。一回おきに旅（芝居）に行かないんだから。もう、めちゃくちゃだよ。「お前なあ、そういうの、やめてくれ」って言っているのに、「いや、俺も反省してるんだ。俺は旅に行くとね、どうしても女性にモテちゃうから、問題起こすでしょう？　だから罰としてね、僕はやっぱり、一回旅を諦めようと思うんだよ」って言うからさ、「お前、ふざけんじゃねえ。お前がいなかったら大道具が建たないじゃん」。今ある仕掛けは全部、藤一郎が考えたやつなので。天才的ですよ。あっという間に建てちゃうからさ。だから、ほぼ座長的な役割。俺はもう、

鈴木藤一郎
桃山の高校の同級生で、曲馬舘時代の最後、解散後の驪團、水族館劇場の旗揚げまで、桃山の芝居の獣道の最初期から長きをともにした。

藤一郎がいる限りは、好きなようにやればって任せていたからね。

いちばん最初の出会いは高校の合格発表のとき。馴れ馴れしいやつでさ。本当に。「ペン貸して」って。最初、俺にかけられたんじゃないと思ったのね。知らない人にそういうふうに声をかけてくる人って、俺は会ったことがないから。そうしたら、俺なんだよね。みんながワーッとすずなりになって、自分が合格しているかどうか番号を見ているなかで、「ペン貸して」っていうところから縁が始まって。

それで、クラス替えってあるじゃない？「やあ」とか言って。俺も藤一郎も鈴木じゃん。ジュネの本名は島内っていうんだよ。だから三人並んでいるの。島内、鈴木、鈴木で。この三人が揃いも揃っておバカさんだから。落ちこぼれだよね。

水族館の制作をやったりしてた片岡（一英）も同級生。片岡は別のクラスだけど。あいつは優等生だったから。ディーゼルカーで通って越境入学した。

高校時代、いちばん早熟だったのがジュネです。お金持ちの子だったから、しょっちゅう東京に行っては最新の文化を仕入れて来るわけですよ。それで、みんなに自慢するわけ。「お前ら、唐十郎って知ってるか」って。「『蛇姫様』っていうのをやるんだよ。俺らもやらないとダメだろう」「じゃあ、誰が台本書くんだよ」「俺が書くよ」「じゃあ、書いてみ」って言ったら、『蛇娘様』。「なんだよ、これ。パクリじゃねえかよ」って。それで、『蛇娘様』っていうのをやってた。

ジュネ（GENET）
桃山の高校の同級生。後に演劇的かつ耽美的なステージで八〇年代日本のアンダーグラウンド・ロック・シーンを牽引したバンド、AUTO-MOD（オート・モッド）のフロントマンとなる。
バンドは伝説的なシリーズ・ギグ「時の葬列・終末の予感」を開催し、八五年十一月の〈最終夜〉をもって解散するが、九七年に再結成。現在も精力的に活動している。

——でも、やったんだ。

俺はやらなかったよ。だって、芝居なんかにまったく興味ないもん。音楽にしか。でも、そういう活動をすること自体が絶対厳禁な高校だったから。だって、今だったらありえないけど、なんか節の固まった竹の棒で頭をひっぱたくんだよ。担任がパーンって。

今でも覚えているけど、体育は前田っていう、いけ好かないやつでさ。相撲部の顧問なんだよ。だから、必ずまわしを締めて体育の授業に来て。俺は体育苦手だって言ったでしょう？　プールで溺れたんだから。だって、プールなんか入ったことないんだもん。小学校のときはなくて、廃品回収をやってお金貯めて、ようやく三年後ぐらいに町の援助金ももらってプールができて。

高校に入ったらびっくりしましたよ。だって、プールの深さが二メートル近くあるんですよ。溺れちゃったよ、俺。だって、泳げないんだから。跳び箱は一段も跳べないでしょ？　逆上がりできないでしょう？　縄跳びダメでしょう？　なんでそんな体育音痴のやつが泳げる？　泳げるわけないじゃない。お風呂だって溺れちゃうのに。

なのになんで水を使うんだろうね。あっ！　水族館劇場のプールでも溺れそうになった。俺、死ぬかと思ったもん。「誰だ、これ考えたの」「俺だ！」と思ってさ。あれ、閉まっちゃうと真っ暗なのよ。どう行ったら出口なのかわからなくてさ。そうしたら、臼井が泳いで助けに来てくれて。「桃山さん、こっち、こっち」って。でも、わかんねえ。

片岡一英
桃山の高校の同級生。水族館劇場の制作や舞台監督も務めるなど、桃山の芝居を裏方で支えた。鈴木家の墓と白蛇神社の写真を、本書のために撮ってくれた。

桃山邑　十五歳
高校一年生、生徒手帳の写真。

水がいっぱい入っているから、どこだ、どこだって言いながら引っ張ってくれて、這々の体で。それ、津田（三朗《みつお》）が悪いのよ。だって、津田のために台本を書いたのに、「俺、だいたい全部出られるけど、ももちゃん、一日だけ頼む」なんて言うから、一日ぐらいだったら代わりに出てもいいだろうと思っていたら、あいつ一日しか来ないんだよ。結局俺がやる羽目になっちゃって。それで、溺れそうになった。高校のときも溺れたし、水族館でも溺れて、最悪ですよ。

そうやって高校生活が始まったんだけど、僕は最初、美術部でした。

——本当に文化系ですね。舞台では、あんな拡声器持って。

あれは仮の姿。これも仮の姿ですよ。大人しい。

津田三朗
造形・装置作家。九州大学芸術工学府工作工房技術スタッフ。一九八七年の旗揚げ当初から水族館劇場に関わり、造形、役者として参加。

仮の姿

バレーボール部の思い出

藤一郎はアクティヴで、とにかく、じっとしていないタイプね。瞬発力がすごい。単管パイプをスルスルッと登っちゃうんだから。ただし、持久力とか持続力は極端に弱い。マラソンとかはまったく。俺はマラソン得意だから。マラソンだけは速かったんですよ。正反対。俺は、コツコツやるのは強いです。藤一郎は瞬発力のみ。なんでもそう。台詞もそう。瞬発力のみで、覚えないんだよね。

藤一郎はバレーボール部のキャプテンだった。三年間バレーボールをやったけど、一勝もしたことがない。練習試合も含めてね。だって、あいつで一六七センチだよ。それがエースだからね。強豪校は一八〇とか一八五とかあるじゃん？ ある大会の一回戦、國學院栃木と当たっちゃったんだよね。みんな、でかい。俺は最初、美術部だったんだけど、藤一郎に感化されて、バレー部に入れさせられた。だって、俺がいちばん身長高いほうだから。でも運動音痴だから、スパイク打てないじゃん？ だけど國學院栃木に一矢報いたいわけですよ。一瞬でも冷や汗をかかせたい。

それで、俺が知恵を使って、「できる。一瞬でいいんだったら、あいつらに勝てるぜ」「ちょっとメンバー表をよこせ」って言って、一九八とかって嘘を書いた。そしたら、

高校時代
左から二番目。

メンバー交替の表を出した途端に、向こうの監督、青ざめたね。こいつら、なんだ？ 三軍か？ 真岡高校はどこにいるんだ。出てきたのは、ちっちゃい一九八センチ（笑）。一点はとったかな。

――よく一点とれたね。

向こうのミスだったと思う。ドライブサーブの練習していたんじゃない？ それでうっかり。高校三年間、一回も勝てなかったね。でも、やっぱり楽しかったね。

俺は泉鏡花ばりの潔癖症で、それは今でも。自分のお茶碗と自分のお箸は、自分のものじゃないと嫌な人なんですよ。泉鏡花も異様な清潔好きだったみたい。生物《なまもの》は食わない、煮沸、自分の箸を持ち歩いていたみたい。そういう人だったんです。でも、鍛えられたね。なんでもありだから。

音楽へののめり込み

――ジュネさんが東京から芝居とか「新文化」を持ってくるけど、感化はされなかったんですか。

全然されない。俺はまったく芝居じゃなかったから、勝手にやってろ、みたいな。

――音楽は？

俺は自分で本をつくっていましたね。とにかく島内くん（ジュネのことね）はグラムロックの人。俺はどっちかというと、アーシーなザ・バンドとか、ボブ・ディランとかアメリカのロックが好きな人だったんで。今でもジュネと喧嘩になるよね。向こうは「俺が教えてやったんじゃないか」って言ってくるし。「お前のあの変態的な音楽を誰が聞くか」とかさ。

――音楽の影響も受けなかったの？

受けてない。彼らはバンドをつくっていたから。藤一郎と。とにかく藤一郎はなんでもやっていたんだよ。熱しやすく飽きやすい典型だからね。瞬発力のみだから。でも、ジュネはやっぱり音楽にはこだわりがあったんじゃないかな。あいつ、明大に入ったんだけど、明大でもずっと音楽をやっていて、若い頃は一柳慧《いちやなぎとし》のところに出入りしていたのかな。工作舎の『遊』っていう雑誌にいちばん先に取り上げられたんですよ。カラー写真で。

――桃山さんは、ポール・モーリアからどうやってボブ・ディランにいったんですか？

ポール・モーリアは音楽として聴いていたんじゃなくて（苦笑）。

――わかってますよ（笑）。

生活形態ね。中産階級、町役場の一職員が、日曜日にポール・モーリアを聴いて悦に入っている図を見て、ああ、こういう余裕のある生活をしたいなあと。

朝暗いうちからさ、人の家の田んぼの水をこっちに堰き止めて、うちの田んぼに水が流れるように。そういうせこいことをみんながやるわけですよ。水呑百姓たちが。何時間後にはまた誰かが来て、順番こに変えていくから、何時間後にはまた行って、みたいな。一日三回ぐらいやっているんだよね。一応ルールがあって、明るくなるとやらないんだけど。それもおじいちゃんと一緒にやっていたから。だからもう、田舎が嫌で嫌でしょうがなかった。

やっぱりジュネはそこを批判したかったんだろうけど、俺も高校のときはもう、『ミュージック・マガジン』を買うようになっていたから。真岡には一応『ミュージック・マガジン』が入る本屋が一軒だけあったんです。二冊入っていたのかな。ジュネ様はどっちかというと実践するほうだから、「そういう頭でっかちな」って、よく文句言われた。「お前、そんな音楽評論なんかどうでもいいから、バンドやろうぜ」って。バンドやろうぜって言ったたって、エレキギターも買えないんだから、バンドできるわけないんで、「お前がやればいいじゃん、それは」って。

そんなこんなで、結局ジュネだけが、最初から意識的に東京に出て音楽をやるっていうことは決めていて。俺とか藤一郎は何も考えずに一九八センチの世界に浸っていたから。高校を出てからどうするのかっていうのは何も考えていませんでしたね。

一応、進学校だから、成績でA、B、C、D、E、Fまであって、一年のときはまだ

『ミュージック・マガジン』 一九六九年に、中村とうよう、飯塚晃東、田川律らによって『ニューミュージック・マガジン』として創刊。中村とうようの人脈もあり、評論家からアンダーグラウンドまで錚々たる執筆陣を揃えて「音楽ジャーナリズム」を提起した。

いいほうだったんだけど、藤一郎に感化されて、Ａクラスだったのがどんどん落ちて。Ｆっていうのは十何人しかいないんだよ。これは、もうどうにもならないっていう。だって、答えを書かないいんだから。俺、覚えているもん。社会かなにかの答案用紙に、一切答えを書かずにデヴィッド・ボウイ論とかをズラーッと書いて０点をもらったのを覚えてる。こんなふざけた真似をすると進学できないよ、って。別にしないからいいですよ、みたいな感じだった。突っ張っていたんだろうね。

中村とうようの影響

——反逆の男だった。

いや、それが芽生えてきたのは中学の終わりから高校。

——音楽にすごくのめり込んだのも同じぐらいの時期ってことですか？

そうですね。最初はやっぱり、御多分に洩れず、岡林（信康）から入ったかな。フォークだよね。でも、岡林とはっぴいえんどを聴いているうちに、こいつらは嘘くさいと思ったから。こいつらはボブ・ディランとザ・バンドの焼き直しじゃんって。

それは中村とうよう先生の感化ですよ。でも、岡林を山谷に連れて行ったのは、中村とうようと竹中労だからね。高校に入ったら、やっぱり『ミュージック・マガジン』を

中村とうよう
音楽評論家、編集者（一九三二－二〇一一）。『ニューミュージック・マガジン』『ミュージックマガジン』の編集長を務めた。ジャズ、ロック、ラテンと幅広く聴きあさり、アジア、アフリカまで視野に収めて、意欲的な評論を展開した。
　桃山が本書の造本イメージとしてオマージュを捧げた『大衆音楽の真実』は、「長年の主張を

読むようになって、だんだん社会的な姿勢みたいなものにも影響を受けていく。そうすると、音楽もどんどん変化していってブルースだのなんだのを聴き始める。ブラックミュージックを。

音楽に対する態度というか、何が俺にインフルエンスを与えたのか。それは、やっぱり中村とうようでしょう。中村とうようの評論から入っています。俺、自分が好きな音楽というよりも、評価の高い音楽を聴いていったので。分け隔てなく、ブルースだって、ヨーロッパのロックだって。だいたい、ちょっとませた子が最初に好きになるのって、プログレッシブ・ロックなんだよね。だけど、中村とうようがプログレッシブ・ロックは大嫌いだったから。背負った音楽じゃないほうがいいっていう考え方だったので、やっぱり影響されました。

その頃はＬＰ一枚、二八〇〇円だったんだよ。今より高いんじゃない？ 今でいったら一万円以上のお金を払っている感覚じゃないかな。高校生のお小遣いだと、何か月に一枚買えるか、買えないか、ですよ。だからみんなで分担して、一回だけ聴いたら、録音して取り替えちゃおうぜって。よくジュネとやったよ。じゃあ、俺はニール・ヤング聴きたいから、お前はロキシー・ミュージック買ってこいよって言って。あいつはブリティッシュ・ロックの人だから。俺はアメリカの人だから。

――評論が大きな影響力を持っていたんですね。

集大成し、大衆音楽に関する基礎理論を樹立すべく、全力投球で取り組んだ全篇書きおろし」の、コンパクトでありながら（B6判変型）五二八頁にわたる大著。

そうだね。やっぱり言葉のほうに。あと、その時期っていうのは、麻疹《はしか》みたいなものだけど、宮沢賢治とか、そういうのは読んでいた。文学作品、詩人といわれるもの。今から思えば、宮沢賢治の本当のすごさというのは別のところにあるということがわかるけど。ただ、雨ニモマケズっていうのはあまり好きじゃなかったね。そうじゃない詩のほうが好きだった。

だから、やっぱり僕は「言葉の人」だったんだろうね。徹底して。絵もたいした才能がないし、音楽をやる才能はまるっきりないし。まあ、言葉は多少自分が好きなのと、音楽は本当に好きだったから。

デザイン学校で出会った人々

でもそうやって何も考えていないで卒業しちゃったから、じゃあ、どうするのよ、っていう話になって、自分で探し当てたのが商業デザインの道なんです。先に少し話しましたが。就職率一〇〇パーセントだと。これだったら親も認めてくれる。

——デザイン学校に行くっていうことで上京するんですね。

そのとき初めておばあちゃんに怒られました。出したくなかったんでしょう。わかっていたと思いますよ。この子は、手放したらもうこの家には戻ってこない。怒られたことがなかったんだけど、初めて怒られましたね。そんなに家を出て行くのがうれしいのかって。あれはちょっとキツかったですね。まあ、出ていけるのはうれしかったんだけど。

阿佐ヶ谷美術専門学校、安かったんですよ。

人の縁《えにし》の綾なんですが、高校時代には同じクラスで机を並べていたのがジュネだったり、鈴木藤一郎だったりしたんだけど、阿佐ヶ谷美術専門学校では、同じクラスにね、千代次さんのいとこがいたんですよ。

――へぇー。

その彼女が「小林」さん。僕がほら、鈴木でしょう？ もう一人、沢田俊樹くんっていう人がいた。青森の人で、この人はちゃんと出世してイラストレーターになったんです（沢田としき）。青林堂に漫画を持ち込むようになって、ちょっとポップな絵を描く人でね。原田宗典とたくさん仕事してる。この人のお兄さんという人がやっぱり絵が上手くて、宮谷《みやや》一彦っていう伝説的な漫画家のアシスタントをやっていたんですよ。宮谷一彦って、僕らにとってはわりとヒーロー的な、ものすごく細かい線を描く人で。宮谷さんのアシスタントをやっていた縁で、あがた森魚が『永遠の遠国』っていうアルバムをつくったときに、沢田くんの家にあがたさんが泊まっていて、俺があがたの大ファンだっていうのを沢田くんが知っていたものだから、あがたさんのスナップショットをいっぱい送ってきて。「君にあげるよ」とかいって五十枚ぐらい送ってもらった。そういう人

沢田としき
イラストレーター（一九五九―二〇一〇）。青森県生れ。阿佐ヶ谷美術専門学校ビジュアルデザイン科卒業。月刊『ガロ』でマンガ作品を発表。作品が黒田征太郎の目にとまりデザイン会社K2勤務を経て独立。イラストレーター、絵本作家、ステージ美術など幅広く活躍。

の縁っていうのはありましたね。

よく沢田と遊んだなあ。アルバイト先も一緒だったからね。阿佐ヶ谷の妙法寺のすぐ近くにある「白馬」っていう喫茶店でね。昔のよくある、狭い階段をトコトコトコッと上がっていく、二階建ての喫茶店だった。パフェのつくり方がわからなくてさ。沢田に教えてもらって。「こうやるんだよ」って。

その後、曲馬舘に入ったときまでは沢田くんとも付き合っていたんだけど、だんだん疎遠になって。イラストレーターとして活躍する人なんていうのはもうひと握りで、ほとんどが新聞のチラシとか、そういう広告デザインともいえないような雑多なものも含めて、仕事を紹介していくみたいな学校だったのかな。昔はいろいろ自主講座みたいなものをやっていたようですけども、僕らが入ったときはもう、政治的な季節を過ぎていたので、普通の専門学校で就職率が高いというところだったんです。

ただ、映画館をはしごするうちに、そういう堅いかたちで、田舎の家族が納得するようなかたちで、普通の真っ当な人生を歩もうという気が少しずつ薄れてきて。

ＡＴＧ映画の衝撃

——映画の学校に入るんですよね？

その前に葛藤がありました。要するに、そもそも、街の印刷屋で事足れりとしていたんですよ。そんなこんなで、東京に出てきて、阿佐ヶ谷美術専門学校を二年で卒業したらターンバックして、家で慎ましく暮らそうと思って行ったんでしょうね。

ところが最初の何か月かしか、もたなかった。東京はあまりにも刺激が強すぎて。最初のショックは、今村昌平の『人間蒸発』(公開は一九六七年)でした。当時、デザイン学校に入って、中野に住んでいたんです。材木屋の二階に間借りして。安いところだったので。家に帰る通り道に看板があって「今村昌平、来たる」と。中野公会堂でしたね。誘惑がいっぱいあるじゃないですか。まず第一波がATG映画だった。なにせ観たことがあるのは『東海道四谷怪談』とか『進め!ジャガーズ敵前上陸』ですから。一応、黒澤明とかチャップリンぐらいは「さよなら、さよなら、さよなら」っていうおじさんのテレビで見ていました。でも、それらは「名画」といわれるもので、自分が心惹かれるものではなかったです。「こういう世界があるんだ。立派な映画だね」で終わっちゃう。

でも東京に来てすぐに、ちょうどATG映画特集上映っていうのが大々的にあって、腰を抜かしましたね。大島渚、なんじゃこりゃと。俺が心の中で思ってたことを、みんなやってるじゃん、って。これはデザインなんかやっている場合じゃないと。だんだん、だんだん、眠っていたものに火がついた。そうこうしている間に、芝居に目覚めていった。衝撃をうけたのはATG全般だけど、具体的にはやっぱり大島渚かな。『少年』とか。

ATG映画特集
一九七七年四月〜五月、三百人劇場(文京区千石)で開催された全貌シリーズ「ATG映画の全貌」。四十本が特集上映された。

僕が東京に出てきたときには、アートシアター新宿文化がもうなくなっていたので。蠍座とか、昔の六〇年代のアングラ文化というのがなくなっていた。

あともう一つは、文芸坐地下で溝口健二とか、小津安二郎とか、鈴木清順とか、監督特集っていうのをやっていたんです。土曜日の夜はほぼ通って、五本立て。当時は三〇〇円で観られた。あと、銀座の並木座に行ったりして。だから、年間三〇〇本ぐらいは観ていたのかな。それぐらい映画が好きでした。

今観たら、たぶん小津安二郎の映画なんかに惹かれる部分が強いのかもしれないけども、なにせまだ十九とか二十歳でしょ。衝撃を受けたのは、やっぱり渚ですね。お金をかけないでうまく美術セットをつくりあげる天才美術家が、大島渚さんのところにいた。戸田重昌って人かな。

あと、ジャン=リュック・ゴダールの『ヒア&ゼア（こことよそ）』。パレスチナかなにかのドキュメンタリーを上映していましたね。

この頃のことで余談だけど、ブラジルのグラウベル・ローシャ（『アントニオ・ダス・モルテス』など）は中村とうようさんが直接教えてくれた。いつだったか、東大の五月祭にとうようさんが来たんですよ。片岡と二人で行ったの。そうしたら片岡はなんかしょうもないことで中村先生に喧嘩をふっかけて。ニール・ヤングが好きだったのね。中村とうようはそういうの嫌いだから。シンガーソングライター系のものは。そんなくだらない音楽を聞くのはやめろ、とは言わなかったけど、俺はどっちかというと先生の言うままに。「ブラックミュージックを聴け」って言われたらブラックミュージックを聴いて、点数の高いレコードを買っていたからさ、その頃は。

そのとき、なんの拍子か、「何やってるの？」って聞くから、そのときはまだ映画学校に入っていなかったけど、「ゆくゆくは映画をやりたいんです。今、すごいんです。ATGに凝っちゃって」とか言ったら、「だったら君、あれを観たほうがいいな。グラウベル・ローシャ、知ってるか？」「知りません」って。俺、田舎者だっていうのがイントネーションでもわかるから、たぶん親近感をおぼえてくれたみたいで、親切に教えてくれました。「これで勉強しなさいよ。『ミュージック・マガジン』は買ってね」「ずっと買っています」とか言ってさ。

東京へ出る前の一年

——ATGを観たのは一九七六年くらいですか？

七七年。僕、田舎で一年、薪割りをやっているんです。

——薪割り？　それは、学校に行くためのお金を稼ぐためにですか？

じゃない。人生考え直そうと思って。宮本武蔵の影響を受けていたから。宮本武蔵の

ブラックミュージック　二〇二二年夏、桑田がコンゴ共和国（旧フランス領、首都ブラザビル）へ出発する直前、桃山さんはリンガラミュージックのCDと大林稔著『愛しのアフリカン・ポップス』（ミュージック・マガジン社）をプレゼントしてくれた。「パパ・ウェンバ&ビバ・ラ・ムジカは知ってる？　来日公演すごかったよ」と言っていた桃山さんがくれたのは、フランス「&T.P.O.K.ジャズの八〇年代後半の音源と、『旧ベルギー領コンゴ地方の伝統音楽』だった。後者は一九三〇年代にザイールの山中で録音されたフィールド・レコーディング（Ⅰ・）。二枚ともお隣のコンゴ民主共和国（旧ベルギー領、首

修行時代ですね。「青春二十一、まだ遅くはない」。立派になってお城から出てきて、お父さんとすれ違うときに言う。内田吐夢なんですよ。

中村錦之助が、吉川英治の原作のことごとく真逆を言うんですよ。よく吉川英治は怒らなかったな。槍の宝蔵院っていう僧兵がね、宮本武蔵をだまくらかして、京の浪人を、悪い奴らを全部一掃するって。それで、宮本武蔵が全部叩き斬って、槍の宝蔵院は「やっぱりおぬしを騙して悪かったけど、本当はこの町衆に迷惑をかける奴らを一掃したかったんだ」って言う。中村錦之助がね、「殺しておいて、なんの供養ぞ」「お前ら、坊主とは付き合わない」って、どっか行っちゃうんだよね。

——それ、いつ観たの？

何十年前かな。

——それ、薪割りの後でしょ？

だから、宮本武蔵に憧れていたの。結びつけたのは今だけど。昔、吉川の『宮本武蔵』読んでて、今言ったのは内田吐夢監督の映画。それがことごとく違って。昔は国民文学に憧れていた右翼だったんだよ。やっぱり宮本武蔵。「青春二十一、まだ遅くはない」。本にもそう書いてあるし、内田吐夢も言っているんだ。それに俺が感化された。まだ僕は青春十八だ。青春18きっぷはまだないが、薪割りで武蔵みたいに修行しようと思って。

——すごいね。薪割りで人生考え直したはずなのに、東京出てきてATG映画一発で「お

都キンシャサ）のもの。フランコもパパ・ウェンバも、ブラザビルで耳にしましたよ！

（桑田光平）

「青春二十一、まだ遅くはない」
内田吐夢監督、中村錦之助主演、宮本武蔵シリーズ全五作の第二作目『宮本武蔵 般若坂の決斗』（一九六二年）の冒頭シーンでの台詞。白鷺城（姫路城）の暗黒蔵に三年こもったのち、名を宮本武蔵と改め、剣の旅に出る。

お！」ってなっちゃったんでしょ。

だから、そういうのがね、影響を受けやすいんだよ。ポール・モーリアも一発でもっていかれたんだけど。

——僕ね、なんで桃山さんのことがすごく好きなのか、よくわかった。いや、なんかすっごくよくわかる、その感じが。人ってそういうもんじゃないですか。自分にないものに憧れて、ここじゃないどこかに行こうとして。

吉川英治の「魚に河は見えない」って言葉があって、その影響を受けて、高校卒業のときに何かひとこと書くじゃない？「魚に河は見えない」ってそのまま書いた。バカだからね。お調子者なんだよ。

ジュネも藤一郎もみんな、高校卒業して、予備校に行くわけですよ。俺は、そんなお金は逆さにしたって家から出ないとわかっていたから、薪割り一筋ですよ。自分を見つめ直さなければいけないと。とにかく、自分の逃げ場所っていうか、逃げ口上がほしかったんじゃない？どこにもいけないわけですよ。かといって、就職する度胸はなかったわけ。そうした後、デザイン学校に入るため上京した。

映画学校の学費を稼ぐ

話を戻すと、そうやって映画の世界にもっていかれて、もうこれこそ俺の進む道だ、これは吉川英治どころじゃない、薪割りどころじゃない、ってなった。

それで、新宿のＡＣＢ《あしべ》会館の裏で屋台引いてラーメンをつくるバイトをして、学資をためて映画学校に行こうと思って、お金をつくりました。そうしたらスカウトされちゃった。「利しり」っていう高級ラーメン屋に。いいところでね。

――君はラーメンの才能があるって？　めっちゃ面白いじゃない。

本当に「ラーメンの才能がある」って。「こんなところで働かせるのはもったいないから」「明日来てくれたまえ。社長に会わせるから」って、近藤さんと姉崎さんっていう人に。社長の名前だけ忘れちゃった。今でも「姉崎」は芝居で使ってる。

「利しり」って北海道の利尻昆布をもとにしたラーメンで、その当時、四十何年前ですよ、一杯八〇〇円だからね。今でもありますけど、名前だけ残して、もう全部変わっちゃったらしい。その「利しり」の姉崎さんと近藤さんからスカウトされて、「今の給料の倍出すよ」って言われて。次の日、早速行ったら、社長がまた本当にいい人でね。

――行ったの？

行った、行った。ひと月ぐらい働いた。だって、学費稼ぎのアルバイトだと思っているから、条件がいいほうがいいでしょう？　一生懸命働いた。だから、社長がすごく喜んでくれて。「鈴木くん、うちの正社員にならないか？　もう寮は用意した。家賃は、とりあえず今はいいや」。やっぱりラーメン業界の風雲児たる人だったんじゃないの？

それで俺、困ったね。二、三か月働いた気もするんだけど、もしかしたらもっと短かったかもしれない。結局これはちょっと、この人の言うことを聞いていたらやめられなくなるなと。それで、俺、社長に頭下げて、「すみません。僕には野望があります。実はラーメンやりたくてやっていたわけじゃなくて、学校に入りたいんです。だから、申し訳ないけど……」。だって、寮なんかに入れられたらさ、もう監禁状態になっちゃうじゃない。性格からいって、その店のために働いちゃう人だから、俺は。そうすると、もう映画どころじゃないと思って、ただ稼げるだけの普通の世界に戻りました。

そのあとは何やったかわからないけど、親からもいくらか借りたような気がするの。こういう状況だから、もう家の敷居はまたがないから貸してくれ、みたいなことを言ったのかもしれない。

ちなみに、この頃、永山則夫のことも知ったんだけど、彼は新宿のＡＣＢ会館のボーイをやってたんですよ。のちに芝居をやるようになってから、彼のいろいろな本を読むようになって（僕が勝手に思っているだけなんだけど、自分との親和感っていうか、実際には彼

永山則夫
元死刑囚、小説家（一九四九−一九七）。北海道網走生まれ。八人兄弟の七番目、四男。家庭崩壊と極貧に加えて、幼いころは兄姉から虐待を受けつづけた。母親代わりに慕っていた長姉は心を病み離れた病院に入院したため孤立を深める。青森の中学卒業後、集団就職で上京。店員、自動車塗装工、日雇労働者等を経て、六八年、四件の連続射殺事件を起こし、六九年逮捕。七九年に東京地裁で死刑判決。八一年、東京高裁で無期懲役に一旦減刑されるが、九〇年に最高裁で「被告人同様の環境的負因を負う他の兄弟らが必ずしも被告人のような軌跡をたどることもなく立派に成人していることを考え合わせると、環境的負因を特に重視す

はもっとひどい境遇におかれていたわけだけども）。タイガースとか、そういうグループ・サウンズが全盛の頃に。ビートたけしもやっていて、永山と同僚だったって、どこかに書いていた。コメディアンになる前かな。あと、中上健次が出入りしていましたね。人の縁て不思議なんだけど、水族館劇場を取材してくれたＮＨＫ関係の人がドキュメントを撮っていて、「僕の仕事はこういうものです」って紹介がてらに見せてくれた番組に、「利しり」の姉崎さんが映っていた。「俺、この人知ってるよ。ラーメン屋の店長だよ」って。びっくりしました。勝手に「姉崎」っていう名前を後々芝居に使っててね。

いよいよ映画学校へ

そうこうして、今村昌平がつくった映画学校に入ったんです。今村さんは詐欺師に騙されて、厚木に学校を開く予定だったのがゼロになっちゃって、横浜のボーリング場を借りて横浜放送映画専門学院を開いてた（一九七五年。のちの日本映画学校、現日本映画大学）。入るときに葛藤がありました。今村さんが「君たち、僕と一緒に映画をつくろう」って言ってそんな言葉で騙されるほど無垢じゃなかったんだけども、ただ、やっぱり『人間蒸発』にはもっていかれましたね。フィクションだか、ノンフィクションだかわからないこの映画はなんだ、って。

ることには疑問がある」という理由で、死刑判決が確定。九七年八月一日執行。永山は、すべての原因は無知であり、貧乏であると訴えつづけた。他の兄弟については、けっして立派に成人しているとは言いがたい状況であったことを指摘する声もある。八三年、小説「木橋」で新日本文学賞受賞。獄中で本を貪り読み、字を学びながらつづられたノート『無知の涙』には、「金の卵たる中卒者諸君に捧ぐ」と銘打たれ、自らを徹底的に問いつめつつ、世界と自己へと目を開いていく魂の軌跡が記されている。

桃山は永山則夫を題材にした芝居を書いている（『夜の果ての旅』、さすらい姉妹『無知の涙 根雪の還る海』など）。

俺は映画監督になると思って、今村さんの門を叩いた。ところがそこは、今村さんの世界じゃなかった。もう今村さんは、借金に汲々として学校にも出てこない。本当に俺に教えてくれたのは、山根成之《しげゆき》さんと田中登さん。田中登さんの話はもう涙なしに語れないので。『㊙色情めす市場』、名作です。この人らと、あと前田陽一先生。この三人だけが俺をかばってくれて。

今村昌平塾では、俺はもう、本当に鬼っ子扱いで。学校に入って三日目に学校批判をした。何が就職率一〇〇パーセントだ、ふざけんじゃない。詐欺もいいとこじゃないか、この学校は、って書いたものだから目をつけられて。だから、ちゃんと卒業していないと思います。

葬式にも行けなかったんだよね、三人の。あんなによくしてくれたのに……。ごめんね。ちょっと涙もろいんですよ。

——もう三回目の涙の波が。

おしんを見たときはもっと大変でしたよ。一週間ぐらいかけてね、何年か分のやつを一気に見たの。ティッシュが何箱もなくなったんだけど、内容はほとんど記憶してないんだよね。今村昌平は泣かなかったけど、やっぱり今でも衝撃的だったもんなぁ。寺山修司の『田園に死す』とかも。今はもうちょっと冷静に見られるけどね。

あと、やっぱり吐夢だね。吐夢はすごかったな。『自分の穴の中で』とか。『血槍《ちやり》富士』

山根成之
映画監督、脚本家（一九三六－九一）。松竹に入社し、高橋治、小林正樹、中村登、篠田正浩、野村芳太郎らの作品の助監督につく。コメディや青春もの、アイドルものを多く手掛けた。

田中登
映画監督（一九三七－二〇〇六）。日活に入社後、日活ロマンポルノ路線の一翼を担い、神代辰巳と並び称された。耽美的で凝った演出で知られる。『㊙色情めす市場』（七四年）は、大阪の旧赤線地帯を舞台にドヤ街の近くで客を引く十九歳の売春婦トメ（芹明香）を主人公にした作品で、初期ロマンポルノの歴史的傑作とされる。

はすごかった。今でもいいね、あれは。『鳥居強右衛門《とりいすねえもん》』っていう国策映画を撮っているんだよね。それに対する反省なんだよね。

　映画学校入って、一つだけわがまま言いましたね。横浜だからだいたい綱島とか、ああいうところに下宿を用意しているわけですよ。新入生はこの辺に住めって。俺は一切そういうところには世話にならずに、浅草にしました。最初から浅草。横浜まで東海道線で上野から一発で行けるから、それはあんまり苦にならなかったのね。ちょっと交通費がかかるけど、っていうことで、わがままを。学割があったからできたんだけどね。やっぱり浅草に住みたかった。というのは、沢田も俺も中央線（沿線）に住んでいたので。やっぱり沢田はオシャレなんですよ。青森のいなかっぺだから。俺も栃木のいなかっぺだけど、やっぱりそういうオシャレなものはよくないって、中村とうよう先生の感化を受けているから。

飯場にはいる

——涙ぐんじゃってあれだけど、映画学校の話、どうでしょう。

　そうだ、飯場に入るところからしゃべってないから、先にそれから行こうか。

　飯場に入ったのは、映画学校に入ってからで、大船に飯場があったので近かったのと、

前田陽一
映画監督（一九三四−九八）。松竹大船撮影所に入社し、吉田喜重、渋谷実に師事。喜劇映画を中心に作品を手掛けた。
　桃山が小学生の時に観て記憶している作品『進め！ジャガーズ 敵前上陸』（六八年）を監督。

内田吐夢
映画監督（一八九八−七〇）。俳優として日活に入社し、のちに監督へ転進。四五年に満州へ渡り、敗戦後も五四年まで残留。復員後、東映に入社し、『血槍富士』（五五年）で監督復帰。代表作に、『大菩薩峠』三部作、『宮本武蔵』五部作、『飢餓海峡』など。

大船に俺の同級生が住んでいて、お金持ちの坊ちゃんなんだけど、そいつが俺らを誘ったのね。「いいところ、あるからさ」「なにがいいところなんだ」「酒飲み放題」「俺まだ未成年だし。俺、飲まないよ、酒は」。なにより「これ」（報酬）がよかった。それはそうだよね、肉体労働だから。沢田くんとやっていたアルバイトより倍ぐらい違ったから、「それはいいね」って言って。

最初はどんなところかわからなかったんだけど、飯場だと言われて、肉体的にはきついんだろうなと。俺は痩せ細っていたから。でも、今村昌平が「映画は肉体労働だ」って言っていて。痩せているとはいえ、子どもの頃から農業をやっていたので、力仕事というか体を使う仕事は慣れているから、嫌気がささないだろうと思って入ったんです。

寝泊まり自由だし、飯はその頃、全部社長がもってたのよ。ビールまでもってたからね。ビールひと口飲んで、一吸でタバコ捨てちゃうバカな職人がいっぱいいたので、さすがに社長が怒って。「いくら金があったって足んねえじゃねえか」って言って、それはやめさせた。あと、賭け麻雀もやめさせた。社長が「ギスギスするからダメだ」って。

そこは特殊で、ほら、早稲田を出た活動家崩れとか、文学者崩れとか、本当はジャーナリストになりたかったんだけど、横道にそれちゃったから手っ取り早く日雇い労働をやっているうちに、やっぱり頭がいいから親方にさせられて、結局それが自分の生業になっちゃった、みたいな人が一人いて。社長は社長で変な人で、なんか面白い人で、いちばんかわいがってくれた。最後には、その社長も首吊るんだけどね。首吊った部屋に行ったら、最初に俺が描いたポスターが飾ってあったな。よくしてくれた。

そこはね、その二人以外は、ほぼ全部が津軽人だった。出稼ぎで来ていたんですよ。中でも、三上さんね、何を言ってるか、全然わからないんだもん。本当に。でも、怒っているのとか、これはどうも図面と違うっていうのはなんとなくわかる。「ああ、ダダダダ、もも」って。途中から曲馬舘に入って「桃山」になったから。

入ったときは三上さんの弟しかいなかったんだけど、その宿舎っていうか飯場が、人あたりのやわらかい社長の人となりで楽しいっていうのと、あと、あんまり給料を下げたりしなかったので、みんなが集まってきて。三上さんは中学を出て蟹工船に乗ったっていう人だから、俺がやっていた頃は七十近かったかなあ。ガッチリしていてね。津軽弁しかしゃべれないから、同じ津軽の人が大船の魚屋さんとか市場に行くと恥ずかしくて、って言うぐらい。

後年、永山則夫の芝居をやったときは、その三上さんに全部しゃべってもらった。他の人だとダメなんですよ。津軽弁ではこう言うのっていっても、ちょっと標準語が混じってるから。純粋じゃないの。三上さんは純粋なのしかしゃべれないから。まず蟹工船に行って、十七、八ぐらいでダムの工事。ダムの工事っていうのは、まさに山の中の飯場だからみんな津軽弁で、うちの飯場に来るまで他の言葉を使わないできてたの。

飯場の社長

「ふり返ってみれば自分たちのニュースペーパーである紙面にも、この世を去った人間の記憶ばかり書き連ねて来たようにおもわれる。過ごしてきた年月がそうさせるのか、芝居表現をおしすすめて辿りついた仮設が生死のあわいに想いを追い込むのか。横浜と鎌倉のあいだ、丘の頂にある小さな飯場の社長が昨年、錆びついたプレハブの一部屋で自らを縊った。浅草での芝居のあと駆けつけた私の前で、骸はあたりまえのように何も語らず、残された者らは感情を砂に埋めるように黙して酒を流し込んだ。皆、あるべき姿、虚飾のかなしみを衣に纏い、きたるべき酷薄にたちむかっていた」（『FishBone』四八号、二〇〇六年）。

来たときが六十ぐらいで、七十を越したぐらいまで、十年ぐらいいて辞めていったのかな。「三上」だよね。青森だから。そういう人らがいっぱいいたんです。入れ替わり立ち替わり。三上さんは後のほうから来た人だけど。

その人らが俺をかわいがってくれた。その飯場に入ったときはまだ芝居をやっていなくて、映画でやっていこうと思ったわけだけど、途中から今村昌平にがっかりして。田中先生、前田先生、山根先生、この人たちはやっぱり今村さんともうそんなに仲良くなかったので、逆に、見切りをつけたんですね。

映画学校に通いはじめたものの

そうやってお金は飯場で稼いで、でも、学校の授業にはあんまり出ていません。なぜかというと、今村さんは詐欺師に騙されて開校の場所を失ったから、学校は横浜のボウリング場を借り受けて使ってたんです。ピンとかボールとかが転がっているところで授業をして。それで、結局、授業はシナリオですよ。シナリオは教えるのにお金がかからないから。シナリオ、いっぱい書かされてさ。本当はやっぱり専門学校なんだからキャメラの扱い方とか、技術を身につけないとダメなのに。だからその当時の卒業生はみんな能書きばっかり。ドラマツルギーがどうしたこうした、とかさ。

俺はそういうのに嫌気がさしていたので、授業には真面目に出なかった。それだったら自分で台本を書こうと思って。その当時から当て書きでしたね。まず一年の最初の夏休みに課題が出るんです。長いシナリオを書け、と。映画の場合はペラって言うんだけど、二〇〇字詰めの原稿用紙なのね。ペラで二〇〇枚の中にまとめろと。それで一時間半ぐらいのものだったかな。俺は四五〇枚ぐらい書いてきたんだよね。もういきなりオーバー。

——当時から？

そう。四五〇枚書いて、しかも生意気にね、「これは中村錦之助でなければダメだ」とか「これは浅丘ルリ子で」。ほら、『2丁目3番地』が好きだったから。さらに、「映画に五社協定があるのは知っているけども、これを超えて製作に乗り出す竹中労みたいな人が必要だ」って書いたもんだからもう。「君は何を考えているんだ。シナリオというのはそんな権限がないんだ」って言うから「だって、台本って映画のためにあるんでしょう？　シナリオだけ読むバカがどこにいるんですか」って。もう、学校と喧嘩だよね。だって、そうじゃん。

それが処女作。それまでは漫画を描いたり、デザインとか詩を書いたりしていたけど、いわゆる「物語」を書いたのはそれが初めて。落語から影響されたシナリオをちょこちょこ書いていました。でも、本格的なものは『浅草ワルツ』っていう。浅草のアナキストの群像を書いたやつで、ギロチン社のね。
　実習っていうのがあるんですよ。俺が言うとちょっと口幅ったいけど、田中登先生が「実力は認めるけれども老成しすぎている」と。「十九の子どもが書いたとは思えない」って言うから、「十九の子どもが書いたとは思えないっていうのは、何のマイナスになるんですか?」って。だって審査員が『ケンちゃんチャコちゃん』のシナリオライターなんだよ。そんなシナリオライターに評価されたって、うれしくもなんともねえわって思ってた。

山根成之の教え

　そうやって逆らいに逆らい続けていたら、副校長の馬場当《まさる》っていう『復讐するは我にあり』を書いたシナリオライターから、「君ね、こんなことばっかりやってると、まともに卒業できないよ」って言われて、「まともに卒業すると、どっか就職口があるんですか。ないじゃないですか。今村さんのエキストラとして、手弁当でこき使われるだけでしょ」って言ったら「その通り」って山根さんが近づいてきた。「お前、わかってるな」って言って。「こんなところにいちゃダメだよ。俺が教えるからついてこい」って、何回も映画館に連れて行ってもらった。あの人が技術的なことは全部教えてくれた。

ギロチン社
古田大次郎、中浜哲らによって一九二二年に結成された結社。資本家や支配階級からの資金強奪や、襲撃などのテロルを起こし、ギロチン社事件と呼ばれる。二人は二十代で死刑に処された。

まず、技術的なことでカメラマンに負けるなっていうことを教わった。監督っていうのは誰でもできる。いいか悪いか、言えばいい。村上龍でもできるぞって（いや、その頃流行っていたのよ）。パンフォーカスとか、被写界深度っていうんだけど、加藤泰の得意とする、どこまでもパンフォーカスでバーッといく、そういう画を撮りたいんだったら、どうしたらそれが撮れるかという技術を勉強しなさい。ただ、絶対にカメラマンを立てろと。これが映画の現場をうまく回していく。カメラマンより自分が知っているって顔をしちゃダメだよ。ただ、知らないとバカにされるぞ。みんな、技術は別の、編集者は編集者のものを持っている。カメラマンはカメラマンのものを持っている。そりゃ、大島組みたいに、よっぽど思想的にみんなが合致して、ここでやるっていうんだったらいいけども、そんな現場は稀だから。そうじゃなければ、どうしても仕事としてみんな集まってくる場所で食っていきたいんだったら、商業映画を撮りたいんでしょ？　ジガ・ヴェルトフ集団じゃないんでしょ？　ど素人の映画を撮るんじゃないんでしょ？　それだったら、それをやらなきゃダメだよって。

前田陽一の教え

前田さんは俺の憧れの映画人で、シナリオを書いたときに前田さんが一人だけ俺を

ジガ・ヴェルトフ集団
一九六八年から七二年にかけて活動した、フランスの映画作家集団。ジャン＝リュック・ゴダールが匿名で参加していた。

守ってくれたのね。俺が面と向かって丁々発止やったんじゃなくて、「前田さんがそう言ってるよ」というふうに聞いて。前田さんとしては「桃山を落とすな」と。「首席にしなくていいから、なんか入れろ」と。「老成しているからダメだっていうのは理由にならん」ということで。その当時、学校には四十ぐらいの人がいたからね。俺なんか若いほうですよ。薪を割って一年、デザイナーに迷って一年。二年を無駄にしているけど、二十歳になるか、ならないかで入ってる。だっておっさんが来ていたからね。ずっと映画界が閉ざしていたから。今村さんが学校を再開したっていうので、二年ぐらい働いて、入学金を持って、ようやく入学したっていう人が多くてね。

田中登の教え

いちばん衝撃的だったっていうか、いちばん感謝しているのは田中先生で、直接指導してくれました。実習はいくつかのグループに分かれてあるのね。俺は『共犯幻想』っていう真崎守《もり》さんの漫画から友達にシナリオを起こしてもらって、俺が監督で。そのときに指導監督っていうのがつくんですよ。無償でついてくれるんです。その指導監督が誰になるかで、まったくちがう。だから、「田中登しかいない」と。「他の監督なんかになったら、俺、喧嘩するから、田中登を引いてこい」って言って。ドラフト会議みたい

『共犯幻想』

斎藤次郎原作・真崎守作画。『週刊漫画アクション』で一九七二年から七三年にかけて連載された、地方の高校生の学生運動を描いた作品。校舎へ籠城し、機動隊による強制排除の前日まで残った四人が、なぜこの四人だったのか自らを問う。

なものですよ。学年でグループが五つぐらいあって、監督が五人ぐらいいて、好きな人を選べない。ズルしてもいいから田中登にしろ、ってくじ引くやつ（俺を飯場に誘った友人）に言ったら、引き当ててきた。「やったぞ！」って言って。

田中先生は、映画作品だけじゃなくて、やっぱり人柄がすごかったね。弱い人の味方。本当に弱い人の味方。娘さんを亡くしてるんだよね。その『㊙色情めす市場』のとき。完成できなくて、日活からお金がおりなくて、娘さんの病院代とかをフィルム代にしちゃったんだって。

すごかったですよ。釜ヶ崎にカメラ入れて、ちょっと暗黒舞踏的な、鶏を引きずり出して、通天閣に登っていくんだよね。そこに「浪花の春団治」かな、演歌がかかってね。白黒とカラーと、芹明香《せりめいか》っていう、当時の日活ロマンポルノの名女優だよね。なんか投げやりな、すっごく気だるい感じの雰囲気を、粗い粒子の中で出して。もう、ほぼ実験映画に近いような。ロマンポルノだから何やってもいいのね。セックスシーンが十分に一回ぐらい入っていれば。田中さんは好きな台本を書いて。尺はちょっとオーバーしたんじゃないかな。日活ロマンポルノは決まっているんですよ、七十二分って。

実習のとき、俺がうまくいかなくてね。やっぱり生意気だったのもあるし、監督としてみんなをまとめられなくて、ちょっと苦しんでいて。クルー自体が……。だって同学年でいえばライバルじゃない？「なんで桃山が監督やるんだ。俺のほうが優れてるのに」みたいなのが多少あったと思うよ、みんなの中に。結局、軋轢があって。学生時代っていうのは、そんなに差がついていないからさ。ただ、どっちが台本を書けるか。俺はあえて台本は違う人に書いてもらったんだけどね。

田中先生は本当に自分のことを話してくれて、「自分は本当に人非人だ」と。そのときの話が残っているから、自分の母親の葬式は即断しましたね。大事なのは芝居だ、俺は行かない。千代次に行ってもらった。もう、親戚連中は大変ですよ。「なんで来ないんだ、正芳は」。千代次は一応、嫁として行っているからさ。針のむしろ。田舎の人は、もう別れたなんて知らないから。あれは大変だったと思います。

一応、そんなこんなで、俺は最初から当て書きをやっていた人で、それはなかなかみんなに認めてもらえなかった。かつ、飯場で津軽の人たちの、いわばずる賢いところもあるし、純粋なところもあるし、決して自分と同じような価値観を持っているわけではないけど、その映画の世界にいたら出会えないような人たちとの日々。これは、最終的には俺にとって得難いものになった。漢字が読めないから、俺が教えてやったりとかさ。

とにかくとんでもない人らだから。「ももちゃん、ももちゃん、ビデオが壊れちゃった」「何やったんだ」って言ったら「いや、出てこねえんだよ」。見たら、逆さまに入れているんだよね。「どうやって入れたの、これ？」「いや、足でこうやって入れた」って。「そういうことやっちゃダメだよ」って言って。それぐらいわけのわからない人らだからね。

次の竹中労の話題に移る頃、インタビューを行っている二階へ千代次が上がってきて、扉の脇の廊下に座った。

桑田　千代次さん、こっち来たら？

千代次　ううん。冷房がダメなのよ。

桑田　そうなの？　じゃあ、ここにどうぞ。

千代次　いいよ、そんな。

桑田　本当？　これから「千代次との出会い」っていうのを。

千代次　やめて。そうかなと思って上がってこなかったのに。

桑田　これからよ。

千代次　やーめーてー。

塩辛、自分でつくるの上手なやつがいて。でも、塩辛に醤油かけて食わせるんだよ。やめてくれ、って言って。ろくなやつ、いなかったよ。でも、みんなやさしくて、田舎に行くときは連れて行ってくれたりしたから、三回か四回行っているんですよ。田舎に戻れる人はね。戻れない人が大半なんだけど。ギャンブルでもう田舎には帰れないとか。だんだんそういう出稼ぎの人がいなくなっちゃって、今はもう外国の研修生に変わりましたけどね。

竹中労への傾倒

映画学校に行って、飯場で働いて。いろいろなところへ出入りして、そんななかで影響を受けた一人が竹中労さんです。竹中さんの本は、高校時代から読んでいました。読みやすいんだよ、この人の本は。

わがまま言って、俺は浅草に住んだって話したでしょ。その前は高円寺だったので、阿佐ヶ谷、中野、高円寺界隈を根城にしていた。で、感じたのは、俺はここに住むような人じゃない、と。上野なんだよね、やっぱり。浅草、上野。あっちに行くと、なんかホッとするのよね。人種が一緒。財布は必ず腹巻きの中に入れる。紐でしばっておくっていうタイプ。

竹中労
ルポライター、アナキスト、評論家（一九三〇ー九一）。ルポライターの草分け的存在。山谷解放運動を支援。芸能、宗教、政治など幅広い分野で活動し、映画やレコード制作も手掛けた。父親は画家の竹中英太郎。『黒旗水滸伝』『山谷・都市反乱の原点』『琉球共和国』『世界赤軍』『ビートルズ・レポート』『にっぽん情哥行』など著書多数。

――中央線は、当時からやっぱりちょっと文化系というか。

そうそう。沢田俊樹くんは、当時の言葉で言えばナウい。アメリカンな、フォークスタイルのイラストを描いて、ギターを爪弾いて、シンガーソングライターの流行りの歌、ブルースがかった歌を歌って。

――それは違ったのね。ここじゃないなと。

違ったね。曲馬舘のほうが肌に合ったんでしょうね。それで、浅草でしょ？　浅草に竹中さん、来るんですよ。浅草が大好きな人なので。俺も浅草が好きだったのは、お話したように、お母さんの記憶がどうも浅草にあるらしくて。それもたいした根拠はないんですけどね。それで、やっぱり浅草に住んだんですよ。

そうしたら、浅草に木馬館っていうのがあって、木馬館で竹中さんが毎月、高座にあがっていたんです。『黒旗水滸伝』をちょうど『現代の眼』に連載していた頃で。だから、俺はダブってこっちにも顔を出して、横浜のほうでは田中先生なんかと一緒に映画をつくったりしていたんですね。そのうち竹中さんと合流できればいいかなあと思っていたんだけど、やっぱり竹中さんのところに行っちゃうと、子ども心に戻ってこられない気がしたんじゃない？　竹中労のダメさはね、やっぱり若者が育たないんですよ。中村とうようと一緒。あまりにもワンマンだから。やっぱり互角のやつが育てられない。俺は付かず離れずだった。


『黒旗水滸伝』

竹中労著・かわぐちかいじ画。一九七五年から『現代の眼』に連載された作品。革命家、テロリスト、美女、妖女、大陸浪人、快人・怪人らが織り成す大正アナーキズムの世界を描く。ページ三分の二をかわぐちの画、三分の一を竹中の講談のような文章で構成している。

両義的な在り方

竹中労は　白夜プロダクションっていうのをやっていたんですね。五木寛之と仲が良かったので『戒厳令の夜』を映画化するプロダクションをつくって、銀座にあったんです。そこに俺が訪ねて行ったら、ちょうど竹中が宮崎博さんという、東映の大部屋の俳優さんで、労働争議の委員長がいて、その人が山科の市会議員に立つので応援に行ってくれって言われて。ていのいい下っ端、小間使いですよ。横浜の学校に入ってまもないころだから、二十歳から二十一の間。その後、すぐ曲馬舘に入るので。

それで京都に行って、必死になって選挙運動をやりましたね。ポスティングとか、ポスター貼りとか。その頃から竹中さんはとにかく……俺と一緒ですぐに激昂する人だから、すぐにキレちゃう人なので。

「キネマ旬報裁判」っていうのがあって、俺はそういうのにも通っていたのね。『キネマ旬報』で打ち切りになった「日本映画縦断」は本になってる。日本映画の黎明期からを歴史的に追った、聞き書きをもとにしたもので、竹中の名著。なかに團徳麿《だんとくまろ》というおばけ俳優が出てくるんですよ。三巻の山上《やまがみ》伊太郎っていうのは、フィリピンで戦争に従事して日本に戻ってこなくて、ジャングルに消えた人。この人のためにお地蔵さんをつ

「キネマ旬報裁判」
竹中労が『キネマ旬報』に連載していた「日本映画縦断」が一九七六年に急に打ち切られたことに抗議するためおこされた裁判（一九七七年に始まり、八七年に和解）。

「日本映画縦断」
竹中労『日本映画縦断』全三巻「1 傾向映画の時代」「2 異端の映像」「3 山上伊太郎の世界」（白川書院、一九七四—九六年）。

くって、布川徹郎さんの右腕だった井上修さんっていう人と二人で映画を撮りに行くんだけど。

　そういういろいろな映画にまつわる企画を竹中さんがやっていて、若者を巻き込むわけですよ。選挙運動にも巻き込んじゃうし。僕はやっぱり感化されていたんでしょうね。だから付かず離れずと言いながら、やっぱり行くんですよ。そうすると、同じような若者がいるんだけど、どうもこの人たちとは肌が合わない。なまっちろいインテリが多いんで。男はつらいよじゃないけど、さてはおめえ、インテリ。俺は飯場で暮らしているからさ、やっぱり差が出ちゃうわけですよ。はっきり言って見劣りするのね。それをそのまま山谷の奴らが言うんだよ。「能書きだけじゃん」とか。玉三郎が。「お前らは来たくて山谷に来たんだろう。おいらは来たくて山谷に来たんじゃねえ」とかさ。

　まあ、そんな感じで、竹中さんに惹かれた最大の理由は、両またぎってことかな。いわゆる左翼ラディカリズムね。相当なものがあるのにもかかわらず、かたや芸能プロダクションの最前線の記事、マッチポンプ。悪いこともやっている。悪いことというのは、「女優の告白シリーズ」というのを『女性自身』でやったりして。そういうことを両方やれたというのが、惹かれた原因でしょうね。

　裁判に行ったときに、実際、びっくりした。竹中労、裁判長より偉いんだから。ぐうの音も出ないいんだから。すごいよ。すごかった。今でも覚えているのはね、いきなり裁

布川徹郎
後出（一一八頁参照）。

山谷の玉三郎
後出（一二三頁）。

選挙運動中の京都で右端。

判長に食ってかかったんだよね。すぐ退廷になったけど。「裁判長、その黒いネズミみたいな服、なんであなたはそんなものを着ているんだ」って言った。裁判長は唖然として。これは法的にどうたら、こうたらって言って一生懸命説明しているけど、法律的な知識もあるから、それをことごとく打ち返しちゃう。もう忘れちゃったけど、「それはどこの国の法律に基づいて」とかね。結局、生半可な裁判官だと論破されちゃうようなね。そういう魅力はありましたね。両方の価値観をうまくとる。だから禍々しいよね。

やっぱりその両面性、両義性。左翼ラディカリズム、それだけじゃない。どっちとでも渡り合える。いわばこの世の灰汁《あく》を愛おしむような部分もあって。ただ、筋が曲がると、もう俺と一緒。バーンって爆発しちゃう。そういうところに惹かれたんでしょうね。だからその後は、「あ、この人と離れたほうがいい」って自分で判断しました。

――心酔しなかったんですね。竹中さんから離れるとき、どういうふうにして？

自然に、ですね。選挙から帰ってきて「そこまではちょっと」というのがあって。やっぱりすごいんですよ。鶴田浩二や大島渚とか、次から次へと大物を呼んでね。竹中の名前で、きらびやかに寄付だの、応援演説だのが来るんです。来るんだけど、そんなもの票にならないじゃない。団地の人の票固めをしないと。だって、団地出身ということで、竹中さんはこういう本を出しているでしょ？『団地七つの大罪』。日本の経済社会が高度成長のときに団地というものを大量につくった。郊外の問題ですよ。フランスも今、

『団地七つの大罪』
竹中労『団地七つの大罪――近代住宅の夢と現実』（弘文堂、一九六四年）。

そういう問題を孕んでいるけど。日本の郊外のことは、原武史さん、団地育ちの学者が書いているけど、そういうものの先駆だから。もう半世紀以上前にね。

次第にこれはちょっと地道な運動じゃないよね、と。一種のパフォーマンスだよね。本当に宮崎博さんを当選させたいのかというと、そもそも一人しか当選しない、だから徒手空拳もいいところで、すべてが竹中労のパフォーマンスですよ。宮崎さんは感謝していたけどね。俺のために動いてくれたって。真面目な人でね。みんな手弁当ですよ。みんなで支えましたけど、案の定、通りませんでした。虚しかった。

映画で知った曲馬館

それで、応援を終えて東京に帰ってからはもう、映画の世界に真面目に行こうと思いきや。竹中さんのマブダチで布川《ぬのかわ》徹郎さんっていう人がいたんです。引きずって布川の映画を観ちゃったのが……。『沖縄エロス外伝　モトシンカカランヌー』なんだけど、これ、独特のリアルな肌触りがあってね。

たまたまね、一緒に上映してた『風ッ喰らい時逆しま』を観たんです。それで曲馬館というものを初めて知るわけ。ジュネとか俺の高校の同級生は、みんなませているから、高校時代に曲馬館を観ているんだよね。それぐらい有名だったのよ。あそこは火炎

布川徹郎
ドキュメンタリー映画作家（一九四二－二〇一二）。福井県生れ。NDU（日本ドキュメンタリストユニオン）の主要メンバー。主な作品に『鬼っ子　闘う青年労働者の記録』（六九年）、『倭

瓶を投げるだの、なんだのって。めちゃくちゃな劇団だっていうので。俺はもう、そんなもの全然。当時は、チャップリンですから、黒澤明ですから。「それ、なあに?」って。ATG映画の衝撃まではまだ遠いですし。

結局どっちつかずの状態で悶々とする日々があって。でも、僕を心配してくれる横浜放映学院の、もう一人、沼田先生（俳優座の演出家だった）っていう人がなぜか俺の行く末を心配してくれて。あんな跳ねっ返りじゃ、今村さんも匙を投げているし、どこにも行けないだろうっていうんで、現場で今村さんのいちばんの右腕だった人と、もう一人、藤田傳さん（これは有名な、本もいっぱい出している演出家です）のところに行けって言ってくれた。「藤田傳って舞台の人じゃん。俺、嫌だよ」って言ったら、『神々の深き欲望』のチーフ助監督をやったりもしていたんですよ。「ちょっとヤクザみたいな面白い人で、今村さんがいちばん頼りにするタイプだから、お前にぴったりだ。とにかく藤田のところに行け」って言われて。

それで藤田さんのところに行ったら、書生扱いですよ。「小遣いやるからよ。お前、いくらほしいんだ」って言うから「五万円」って言ったら、「これで一か月食いつなげよ」って。「いざとなったら俺のために動けよな。そのうち劇団を旗揚げするからな」みたいな感じで、ずっと藤田さんの給料取りとかね（宝田音楽事務所とか、いろいろなところで講師をやっているから）、一応、書生として藤田さんについたんです。卒業したかどうかも

奴へ 在韓被爆者の記録』（七一年）『アジアはひとつ』（七三年）など。『沖縄エロス外伝 モトシンカカランヌー』（七一年）は日本から沖縄へ密航し、コザ吉原、Aサインバー、ヤクザのたまり場、全軍労ストなど復帰前沖縄の底辺を描いた作品。水族館劇場『月と篝り火と獣たち』には本人役でワンシーン出演した。

『風ッ喰らい時逆しま』監督布川徹郎、一九七九年十月公開。伝説の芝居集団・曲馬舘の『地獄の天使』（七七年）旅興行を記録したドキュメンタリー作品。山谷、釜ヶ崎、沖縄コザ、網走、横浜寿町など日本列島を疾走する旅を続ける姿を追った。

わからないままに。

そういう流れの中で曲馬舘と出会うんだけど、その前に僕、渋谷の東邦生命ホールっていうところで、藤田さんの演出助手をやっているんです。なんか、足袋を履いて、黒子の格好をして、雪を降らせたりして。なんで俺がこんなもののためにやらなきゃならないんだって。やっぱりお金になる仕事っていうのは、つまらないですね。

藤田傳さんを毎年、作演出として呼んでいた劇団がいて、座長が女に手をつけるのが早いんだよね。外しちゃ、まずいんだよ、そのときの愛人を主演にするっていうこと。藤田さんも聞くに聞けないから、俺の役目は潜入して、「正芳、お前、わかってるだろ?」「わかんないっすよ」「今、誰と付き合っているのか調べてくれ。それで台本書くからよ」「当て書きじゃないですか」「お前だってやっているだろう。今村さんもやるだろう」そんな感じですよね。「それで書くの?」とか言ってさ。それで面白いのが出ればいいよ。つまんないの。

映画から芝居の世界へ

そんな感じで、いつ辞めようかと。もう弓がキリキリと絞られている状態で、曲馬舘と出会っちゃったんですね。『風ッ喰らい』を観ちゃって。俺と同じようなことを考え

曲馬舘
一九七二年に翠羅臼と鬼河原屍により創設。旗揚げ公演『贋作・荒野のダッチワイフ』には千代次、市川米五郎が参画。曲馬舘にはのちに桜井大造(一二六頁参照)も合流する。アングラ第二世代のなかでも傑出した政治性と怪物的な役者群をもって全国を席巻。伝説の芝居集団と噂される。旅・芝居・生活を標傍しながら野晒しテントで全国を旅巡行。八〇年、桃山が入団して最初の旅興行『海峡外伝 修羅と砦』を最後に、八一年解散。

ている劇団があるんだっていう、ATGほどの衝撃じゃないけども。だって俺は「ヒロヒトコロセ」みたいな映画をつくっていたから。卒業制作で『無頼風』っていうのを撮ったんだけど。二重橋でテロリストが段平《だんびら》振りかざして刺されるっていうやつ。

その当時、赤尾敏《びん》っていう右翼の（もともと日共だったんだけど）先生が銀座の数寄屋橋で演説していたの。それで、俺のスタッフが騙くらかして、「赤尾先生の素晴らしいご演説を撮影したいんですけど」って言ったら、「君は見どころがあってよろしい。事務所に来たまえ」って。「事務所に来たまえ、だって」「いや、とにかく撮っちゃおうぜ」って、黒ずくめの主人公のテロリストが、赤尾敏が演説しているところを通るところの画がほしかったのね。次は二重橋だって言って、パクられ要員も俺、考えていたの。おもちゃでもね、血糊をつくったりすると……いくらなんでも、って思うじゃない。でも誰も来なかった。ガードマンすら来なかった。惨めでしたね。ただ、無事に撮影を終えて。相手にされなかった。ガキが遊んでいるんだろうと思ったんじゃない？

だから、映画ってそうやってつくるものだと思って。その雰囲気に曲馬舘がちょっと近いと思ったんでしょうね。でも、すぐに入るほど俺もおちゃらけじゃないから、ホイホイついていくようなことはしませんでした。時間が経ちます。じりじり、じりじり。いまの仕事が本当に一生やりたいことなのか。藤田さんに認められて、そのうち劇団の作演出にしてやるって言われて、実際になっている人もいたから、まあ、ついていけば、

映画学校時代
『無頼風』製作の頃。

人間関係はそれなりに豊かに持っている人なので、やってけるのかな。

藤田さんはとにかく人付き合いがうまい人で、面白いし、人間的には素晴らしい人ですよ。だけど、とにかくつまらない。役者がつまらない。芝居がつまらない。台本がつまらない。演出がつまらない。ここで演出助手としてやっていけないよな。……生意気だったんでしょうね。

でも、もともと今村さんが原点だったんだけど、そうではなくなってきちゃった、というのはありました。思えば遠くへ来たもんだ。そうしたら、『日本読書新聞』（その頃の左翼の牙城みたいな媒体）に曲馬舘の新人募集が入っていた。実際は、曲馬舘じゃなくてもよかったんです。俺はそこまで曲馬舘に入れあげていたわけじゃないので。「ああ、同じことを考えている劇団だな」ぐらいの認識だったんですね。

ちょっと惹かれたからといってホイホイいくのは竹中労で懲りているし、とりあえずいろいろな劇団を観たんですよ。白虎社っていうのもあった。暗黒舞踏ですね。ただこっちはアジアキャラバンなんだよ。曲馬舘がいちばんハードルが低かったわけ。日本列島南下興行だった。パリなんとかセンターで凱旋公演とかじゃなかったわけですよ。アジアキャラバンでもなかったわけです。真面目でしょ？ ここがいちばん合格率が高いんじゃないかと踏んだわけ。「曲馬舘は知ってるぞ」と、でも本当はどんな劇団かも知らずにふらふらと行っちゃったんですね。

梅ちゃんのこと

地獄でしたね。入ったら地獄でした。だって、お芝居の関係者みたいな人が来ないんだから。いないんだから。大変ですよ。あのね、梅ちゃんが来たんだよ。

〔千代次〕募集で来た桃山を迎えに行ったのが梅じゃない？

梅本功光《いさみ》っていって、沢田研二の同級生ですよ。

〔千代次〕（笑）

本当に。京都の知恩院の前で生まれたから。ジュリーも京都でしょ。「沢田、梅本、立て」って言って、バケツ持たされてたりしてたって。俺、梅ちゃんからかって「芸能界で生き残ってるの、梅ちゃんとジュリーだけだな」って。「馬鹿野郎。ふざけんじゃねえ」ってね。梅ちゃん、勝手なんだから。パクられて、「何したの？」ってきいたら、「車の中で寝てただけだよ」「人の車で寝たらダメだろう」「何もしてないよ。俺、車の中で寝てただけだよ。鍵が開いてたんだもん」。

翠さんがね、かわいがって大事にしてた、梅ちゃんのことはね。やっぱり自分の手放しちゃならない原点だと思ったんじゃない？　いい迷惑だよ。梅にしてみれば。ただの労働者なのに。怠け癖の強い労働者でさ。煙に巻いて。玉ちゃん（山谷の玉三郎）はちゃ

梅本功光
釜ヶ崎の日雇労働者であり、曲馬館の役者でもあった。翠羅臼を慕い後半生は彼の芝居現場に顔をだした。一九九一年、泪橋近くのドヤ、山谷パレスハウス前の路上で行路病死。翌九二年十二月に一周忌として催された山谷パレード「風流三昧」に水族館劇場も参列。

山谷の玉三郎
山谷の労働者。熊本県高森町生れ。長年、夏祭りなどで踊りを披露してきた人気者。さすらい姉妹には『無知の涙　根雪の還る海』（一九九八年）に初参加。以降、水族館劇場の本公演にも、踊りだけでなく役者としても登場した。二〇一六年七月八日、山谷のホスピス「きぼうのいえ」で息をひきとった。

んとした職人だからね。梅ちゃんとは違う。口癖が「俺、ちゃんとやってるよ」とか言うんだよね。

とりあえず芝居の人ではないからね。翠さんと桜井大造さんに留守番を任されてたんだよ。それで「ちゃんと留守番やってるよ」っていうのを、初対面の、新人募集で来た俺といきなり会って、言葉足らずに「俺だってちゃんとやってるよ」って。びっくりしたね。この人についていくと、まずいんじゃないかって。

ひどい。ジッパーは開いているし、ジャージにしょんべんちびった跡がこのへんにあるし、裸足に近いようなサンダルだし、どう考えても職質受けるよねっていう。

その梅ちゃんについていったのが運の尽きで。入ったら、今度は北島っていうパンチパーマのやつがいてさ。ボクサー上がりの。自分のことしか話さないんだよ。俺が会ったこともないやつの批判ばっかりするんだよ。千代次のことは好きだから、「千代次はかわいそうだ。千代次はかわいそうだ」「千代次って誰ですか？　会ったこともないんですけど」「お前、なんで神田のことも知らないんだ。あいつは千代次のことを呼び捨てにするんだ。自分の女房はゆうこちゃんって言うくせにさ」。そんなこと、いきなり言われたって訳わかんないし。こいつはね、タバコを吸って退廷食らったやつ。

――衝撃じゃない？　よくついていったね。

でも、やっぱり高円寺よりは浅草。なんかあるんじゃないかな。多少、ほら、布川さ

サンダルの梅ちゃん
「サンダルばきのグルーに導かれて曲馬館の稽古場に飛び込んだその日、翠さんも誘って三人で銭湯にいった。……唯一、うめちゃんと共演したその年の芝居が、焼け跡の銭湯の排水口より、筑豊の斜坑につながり、海峡をくぐり抜けていく水脈をたどろうとした試みだったことを思い出すと、銭湯の湯けむりの記憶の中にいた三人も、既に時間を取り換える夢想に浸っていたのかもしれない。あれから十数年、うめちゃんは寄せ場に還り、寄せ場の生を生き抜いた」（追悼集『ウメちゃんと泪橋を渡った⁉』一九九三年所収、桃山邑「制度の外のけものみち」）。

んの映画とかで、こういう人たちの世界に慣れていたっていうのもあるかもしれないね。俺自身はそういう境遇であったことはないんだけれども、酷薄な生を生きてきた永山則夫とか、そういう人にも影響を受けていたから、どうもそっちの領域に住む人たち……でも、そっちの領域に住む人たちだけで劇団はできないよなって。

曲馬舘の新人として

行ってみたものの、『風ッ喰らい』に映っていた人らがいないじゃん。みんな辞めちゃったのかなと思っていたら、「翠〜!」って。翠さんが来た。翠さんが今の翠さんだったら、「また同じような人が来ちゃった。もうダメだ。ここの劇団に入るのはやめよう」って思ったかもしれないけど、その頃の翠はもっとかくしゃくとしていたから。まだ三十いくつだからね。翠さんはちゃんと丁寧な言葉遣いだし。ようやく話ができるまともな人が来たって、ホッとして。夏で暑かったから「お風呂に行きませんか?」って。それでお風呂に行って。そうしたら、翠さん、今でも覚えていてくれるんだけど「あのとき新人にコーヒー牛乳を奢らせてしまった」。おかしい。昔の話ですよ。

俺は稽古場に先に入ってたんだけど、みんな遊んでるから遅かったんですよ。それで、そのうち千代次も来るわね。役者は十人ぐらいいたから。まあ、千代次さんはきつかっ

梅ちゃんの後ろ姿

梅ヶ丘の公演場所で。隣のヘルメット姿が桃山。

たですね。「あんた、何しに来たの」みたいな。今とほぼ変わっていない。
徐々に劇団らしき人が集まってくるわけですよ。最後に大物の桜井大造が来るわけです。それで、なんとなく、この人たち（梅ちゃんと北島）は曲馬舘の中でも特殊だったんだなあっていうのがだんだんわかってきて。でも、この劇団の本質はあんまり変わらないなって、すぐ思ったけど。

俺、大造に言われたこと、覚えているんだよね。「君、何を見てきたの？」って言うから「『日本読書新聞』です」って言ったら、「読書新聞か。まあ、いいか」。自分で読書新聞に新人募集を出してるくせに。「『ぴあ』とか見てくるやつ、いるんだよ」。『ぴあ』にも出しているんかい。「そういう商業主義のやつは、うち、いらないからね」とか言ってさ。よく言うよ。自分で出してるくせに。偉そうな人でね。

「明日から試験だな」って言うから「はい」って言って。試験なんだ、と思ってさ。「じゃあ、俺と大道具つくってくれる？」って言われて。どこでつくると思う？　よその駐車場だよ。当然、車、来るじゃない？　でもなぜか通用したんだよね。大造が「今、邪魔だから入れない」。車は自分の月極めの駐車場なのに、入らないで帰っていくんだよね。俺、いいのかなと思いながらやってたけど。大造さんはやっぱりそういう星のもとに生まれたんじゃない？　ひどいよね。

桜井大造
一九七三年、曲馬舘に入団、翠羅臼と並んで集団を牽引する。曲馬舘解散後、「風の旅団」を旗揚げ。キテレツオペラを経て、九四年より「野戦之月海筆子」。

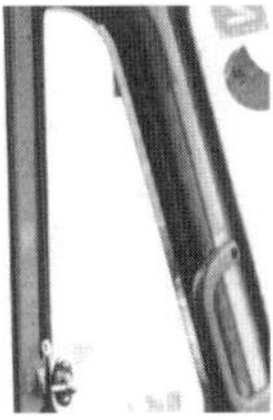

曲馬舘入団
移動のトラックの中で。

『日本乞食オペラ』（一九七六年）

写真＝黒田康夫

『贋作 荒野のダッチワイフ』（一九七三年）千代次と市川米五郎。「千代次」は、米五郎がつげ義春『もっきり屋の少女』に登場する少女の名をとって名付けた。

千代次との出会い

千代次さんは偉そうでしたよ。ね？

〔千代次〕覚えてない。

――オーラはありました？

俺にそんな余裕ないですよ。もう、目をパチパチさせて。誰が誰っていうのはもっと後。でも、俺、打ち解けるのはわりと早かったんでしょうね。すぐ呼び捨てにされて。かわいがられて。二十一だったのかな、曲馬舘に入ったときは。同年代がいたっていうのも大きかったですよ。二、三人いたよね。「くぎお」とか。頭に釘を刺したっていうんで「くぎお」って名前にしたとか言ってたけど、よくわからない。

歩道橋をオートバイで上がっていって逃げちゃうっていう、箕輪くんとか。ろくなやつがいなかった。あと、今は岩手でディスクジョッキーをやっている赤埴研士郎。かっこいいよね。本名なんだよ。その人らが同じ仲間としていた。でもね、次から次へやめていく。稽古場の醜悪さ、不潔、そういうものに耐えられなくて。俺、最初に稽古場に行って食器洗いをしたから。ね、千代次。

〔千代次〕覚えてないよ、私。

「桃山邑」の由来
「桃山邑っていう名前は、制作担当の人から「正芳お前早く芸名つけろよ」って急かされて。俺は試験だって大造さんに言われているから、まだ合格しない。桜井さんの試験って長いんだなと思ってた。一週間ぐらいたってたかな。「いや、まだ合格していないんです」「え？ なんのこと言ってんの？ チラシつくらなきゃならないから、名前を決めろって言ってんだろ」「いや、だから、まだ曲馬舘の入団許可が出たかどうか、わからないんですよ」「誰がそんなこと言ったの」「桜井さんです」「大造、またそんなことやってんのかよ。お前忘れてるんだろう。試験とか嘘つきやがって。うちは来たら即入団だよ。鍵かけてでも出都合の悪いことは全部忘れちゃう。そうやってみんな逃げるから、俺に役が集中するわけですよ。そうすると、一生懸命がんばってきた川崎さんっていう人がいたんだけど、川崎さんが「桃山くんは」（その頃、桃山になったばっかりだったのかな）って。だんだん稽古が進むと、出番が増えるわけですよ。「僕はずっと曲馬舘のために二年間総括にも耐えてがんばってきたのに、ぽっと出の君がなんで僕よりもセリフ多いの？」。いや、多いって、俺、やりたくないのに。夜逃げするんだから、みんな。楽器担いで逃げたりとか。ね、千代次（都合の悪いことは何も覚えていない？　素晴らしい記憶力です）。

それで結局、俺が三つぐらいの役をやることに。「壁」って役。それから、セロ弾きのゴーシュ。もう一つあったよ、梅ちゃんたちと出たやつ。死体置き場の。大造の子分で。だんだん明確になってくるんです。千代次さんというのはどういう人だ。怖い人だ。もう本当に怖い。「何しに来たの」って言われて。「あなたは不勉強だから、我々がどういう劇団かわからないでしょうけども」、今でも一言一句言えるもん、「あんたの役はね、『壁』って言ってね、これ、いじめで自殺した在日の。在日って言ってもわかんないか。まだその年じゃ」みたいな。

――すごい怖いじゃないですか。

怖いですよ。それで新聞記事を一枚渡されて。それは覚えてる？

〔千代次〕新聞を渡したことは覚えてる。

さないよ」「ああ、そうですか。じゃあ、合格ですね」「合格とかじゃないし」って。

前に、映画を撮っているときに桃山邑という名前は使ったことがあるんです。みんなで台本を書いたので、みんなで桃山邑っていう名前にしようって。竹中労を気取って。竹中労は、スタッフで書くときは夢野京太郎（チョンダラー）っていう名前で書くんです。、沖縄の傀儡使い。ウチナー語だとユミヌチョンダラーっていうのかな。それにあやかったんだけど。

「早くつけろ。印刷屋にぶっこむぞ」って言われて思いつかないので「じゃあ、桃山邑です」。そこから曲馬舘でも正式に桃山邑になったんですね。夏に入って、一、二週間経ってから。」

「これでも読んで勉強しなさい」。この野郎と思ったけど。俺を誰だと思ってるんだ。俺は台本書きだぞと。でもやっぱり芝居になると違う、やっぱり劇団の看板女優ですよ。看板女優というのはこういうものかなっていうふうにも思ったね。だから、一種、憧れるような。ほら、この前言ったじゃん。年上の人に弱いんだって。小さい頃いじられてるから。

――ああ、そういうことか。女系の。

たぶんそれ、影響あるんじゃないかなと思っているんだけど。

曲馬舘の解散

みんな、やっぱりやっていて苦しいわけですよ。俺じゃなくて。俺は何もかも初めてだから（一九八〇年旅興行『海峡外伝 修羅と砦』）、楽しくてしょうがない部分もあったわけ。旅するでしょう？ 知らないところを次から次へ行くでしょう？ いろいろな人が来るわけですよ。みんなまだ若かったから。劇団をやっている人って、ほとんどいなかったけどね。アクティビストばっかりで、しかも、非合法も辞さないような人ばっかりだったけど。

そういうところを回りまわって、旅から帰ってきて、解散ですよ。そのときに「総括」っ

『海峡外伝 修羅と砦』曲馬舘、最後の旅興行（一九八〇年）。右が桜井大造、風呂の中の一番左が桃山。

ていうのがあって、かなり激しく、自分らがやったことはなんだったのかを問い、問われた。それは翠さんというか、曲馬舘の流儀だったんでしょうね。でも、半分、もぬけの殻だったよね。みんな辞めていった。

その前も一回、大勢が辞めていったことがあった。『風ッ喰らい時逆しま』のときで(一九七七年旅興行『地獄の天使』)、三十人くらいいたのがあっというまに七、八人になったんだよね。総括が始まった途端に。その人らは曲馬舘に入りたくて来たんじゃないの。ただで沖縄に行きたくて。

――「総括」っていう言葉を使ってたの?

使ってた。今でも総括って言うよ。あのね、「総括」って言葉は、むしろ我々の側に奪還しないといけないと思ってる。あさま山荘とか、あれ以来「総括」っていうと、なんかリンチみたいなイメージがあるでしょう?

――そういうイメージしかない。

でしょ? 自己否定の論理ね。むしろ自分を棚に上げて、人を槍玉に挙げてって。違うって。「総括」は、来年の芝居をよくするために、あんた、ここが間違っていたんじゃないの? ってやるものなんですよ。

曲馬が解散になったときに、もう翠さんの世代、桜井大造、神田十吾《とうご》、千代次……まあ、千代次は女優だからそんなにめげてはいなかったけど、やっぱりもうボロボロになって

いたんですね。前の旅から二年間総括をやって分裂して。

それは、つまらない理由で分裂したんじゃなくて、要するに「ヒロヒトヲコロセ」という芝居をやっていて、なぜ殺さないのかっていう。まあ、翠さんと一緒につくった人たちだよね。それと、「いや、それはあくまでフィクションなんだ。芝居なんだ」っていう。「芝居なんて箱庭の暴動じゃないか」と。箱庭の暴動論っていうのが出てきて。翠は苦しんだと思うよ。自分がよかれと思って書いた台本が、結局、現実に火をつけることができずに、光州（八〇年五月に韓国で起きた民主化要求の蜂起）に先を越されてしまった。

総括が始まったときというのは、ちょうど東アジア反日武装戦線が実際に爆弾をつくって（未遂に終わったけど）、三菱（重工爆破事件）で御用されてとんでもないことになっちゃった。その総括を大道寺（将司）が始めていた。じゃあ、自分らは芝居でどういうふうに呼応できるのかって。彼らは一生獄外に出ることはないだろう。一生自分で責任をとっていくしかない。その総括を始めた。自分らはどういう総括ができるのかということで、やっぱり解散に向かわざるを得なかったんじゃないのかな。

曲馬舘はパンクロックみたいなものだから。結局、ギューッと圧縮するのは早いけど、破裂するのも早かったっていうのが俺の見方ね。ただ、俺は、若かったからなのかな。相互批判し合う話しあいに、みんなが耐えられないわけですよ、やっぱり。暗い話だからさ。出口がないようなことを、みんなで延々と話しているわけなので。俺はそういう

曲馬舘上演記録

『贋作 荒野のダッチワイフ』第一回野晒しテント興行（72年）
作演出＝翠羅臼
千代次、創立メンバー

『ザ・サーカス』第二回野晒しテント興行（73年）
作演出＝翠羅臼

『絶景佐渡情話〜恨みの水子地蔵編』第三回野晒しテント興行（74年）
作演出＝桜井大造

『愚者の謝肉祭』第四回野晒しテント興行（75年）
作演出＝翠羅臼
音楽＝坂本龍一

『日本乞食オペラ』作演出＝翠羅臼／『五輪外伝 踊る一寸法師』作演出＝桜井大造　第五回野晒しテント興行［二本立て］（76年）

九月二十五日、東京外国語大学日新寮。逮捕十五人。起訴六人。

のにわりと耐えられたんだね。嫌にならなかったんだよ。結局最後まで元気だったのが俺かな。解散は、一介の新人の二十一歳ぐらいの子が何言ったって、ダメだよね。

最後は俺も千代次と一緒になるような形で、もう劇団が破裂していくっていうか。俺と千代次が一緒になったことすらも、桜井大造なんかに批判される。なんで若いやつを奪うんだ、って千代次が怒られたんじゃないかな。結果的には翠さんが白旗を上げて「もうできない」って言って。「解散。もう無理だ」と。次は無理だということで解散になって、みんながそれを了承せざるを得なかった。

驪團《りだん》旗揚げ

俺だけは元気だったので、すぐにやる準備は整えていた。周りは桃山だったらいいだろうって。ただ、曲馬舘はそういう総括を経ても、二年も三年もやった上で、もう一回旅をやってダメだったから、千代次なんかは、「おいそれと、もう芝居なんて言うなよな」っていう空気があったのね。でも、俺はすぐ言い出した。「じゃあ、あんたらがやらないんだったら、僕はやりますよ」って。

——それはいくつぐらいのとき?

二十二歳くらいだったと思いますよ。曲馬舘には一年ちょいだね。だって一回しか旅

『海峡傳説 道化と鞦韆(ブランコ)』第六回野晒しテント興行(77年)
作演出＝翠羅臼
『地獄の天使 昭和群盗伝』第七回野晒しテント興行(78年)
作演出＝翠羅臼
『四谷怪談』
横浜寿町 生活館
作演出＝野崎六助
『海峡外伝 修羅と砦』第八回 野晒しテント興行(80年)
作演出＝翠羅臼
桃山邑、初舞台

していないから。旅したら総括が始まって、総括を半年ぐらいやって解散。二十三になっていたかもしれない。

――曲馬舘に入って一年ちょっとでしょう、それまで芝居の世界にいたわけじゃないのに、よくすぐに旗揚げって。

映画の仲間がいたでしょ？　俺は当時はそんなに飲まないけど、たまにみんなで集まって話をして、それとなくだけど「俺は曲馬舘に行くぞ」「俺はどこ行くぞ」みたいな、「いつかやる日が来たら」みたいなのがあったの。そういう梁山泊的な発想。だから、ある意味、俺としては既定路線だったかもしれないね。もう映画の世界には戻れないと思っていたから。だって、藤田さんとか、みんなを裏切ってきているわけだから。「あんたらのはつまらなすぎるから、曲馬舘っていうところでやる」って手紙も書いたなあ。

――解散して、すぐにやろうと思ったんだよね。

すぐ呼びかけた。もう解散になったから堂々とやるぞ。俺に呼応できるかっていう感じで。みんな、同じぐらいの年だから。一年ぐらい準備して、二十四ぐらいのときにみんなデビューかな。もっと若いやつもいたよ。小林虹児なんか俺の二年後輩だから、二十二歳ぐらいでやってる。みんな若かったですよ。桜井大造だって、二十八歳で曲馬舘を全部仕切っていたんだから。二十八っていったら、今の左門（七ツ森左門）の五つ下だよ。よく一人で耐えたよ。翠さんがもうボロボロになって、今以上に頼りない状態

驪團
一九八一年、曲馬舘の解散後、桃山邑、千代次、鈴木藤一郎らによって結成。「アナーキック・バイオレンス・スペクタクル」を標榜し、曲馬舘の「旅＝芝居＝生活」理念を引き継ぐような形で、過激な政治性を孕んだ作品を上演。全国を旅興行する。八六年解散。

になっていて。千代次はあの通り、何もせんでしょう。役者をやるだけだから。

旅に行くっていったってお金もないし。どこかで借金しなきゃならない。途中で回らなくなる。小さいテントだって全国縦断したらお金かかりますからね。三か月ぐらい飯食って芝居やっていくんだから。客が入るところばっかりじゃないし。学園祭はドル箱だった。先にお金もらえるから。学園祭で、例えば三十万でバーターするとかね。

だから、もう終わったときは躊躇なく芝居の世界ですね。「驪團」っていう劇団を立ち上げるぞと俺が呼びかけて。すぐに集まってきた。それぞれいろいろなことをやっていたけど、散っていたのが元に戻った。いよいよ桃山と一緒にやるぞ、みたいな感じ。そいつらも曲馬舘の手伝いに来させたりしていたので、何をやるかはある程度わかっていた。ただ、映画だから、役者の経験がない人らばっかりだったので、どうしようかなと思ったけど、曲馬舘を見ていたら、なんとかなるだろう。梅ちゃんを見ていたらって。

はじめての挫折

という感じで始めたのが驪團だったけど、これはものすごく短命に終わりましたね。俺自身が曲馬舘でできなかったことをやってやろうという気負いにつんのめっていた時代で。やっぱりまだ二十三、四でしょう。

驪團の宣材写真

一九八一年、寿の夏祭り。千代次、二十九歳。

俺と翠羅臼の違いはどういうところなのか。曲馬舘は何を言おうとしてダメだったのか。そういうことをじっくり考える余裕はなかった。ただ単に全国を旅まわりして、「越境疾駆テント」（曲馬舘は「野晒しテント」だけど）で垣根を越えていく、境界を越えていくということでやっていたんだけど、そういうスローガンみたいなものに振り回されていて、結局やっぱりもたない。

そうやってつんのめればつんのめるほど、余裕がない受け止め方しかできないので、一〇〇のうち一〇〇合っていないと、一でも違ったら敵だ、みたいな感じの雰囲気。わかるでしょ？　五一対四九でいいんじゃないのって、今なら思うよ。それぐらいのバランスがいちばんいいんじゃないのって。九対一で勝つと、ろくなことになんねえぞ、みたいなことは、今なら思うけどね。そのときは一〇〇対〇でもっていかなきゃダメだって、みんな思い込んでいた。それで、みんなが同じことを思い込んでいたら、また逆に気持ち悪い。思い込んでいないんだったら、それはそれですぐに火を吹くよね。

——じゃあ、もう袋小路じゃない。

四年間やったけど、旅するごとに苦しんでいって、人が辞めたり。

——作演出は全部桃山さんが？　違うの？

俺のなかには、翠が元凶だっていうのがあったんじゃないかな、曲馬舘と違うことをやろうと。元凶というと失礼だけど、作演出というものを口では否定しておきながら、

驪團公演記録
越境疾駆テント興行
『越境天使』（82年）
『最暗黒の東京』（83年）
『嗤う摩天楼』（84年）
『仮睡の煉獄』（85年）
『死風街』（86年）

ヒエラルキーを全部粉砕するぞって翠さんとか大造さんとかは言っておきながら、結局旅に行けば、「翠、大造、来い」って二人を呼ぶ人らばっかりなんだよね。俺とか神田とかは(神田さんは中堅どころだったから)、「なんで俺ら呼ばれないんだろう。なんで留守番なんだろう。曲馬舘ってヒエラルキーを失くすんじゃなかったの?」とか言っていたんだよ。

それも今だったら、旅公演で一年に一回会うような地方の人だから、翠さんとも話をしたいだろうし、劇団員全員と飲み屋に行くほど金はない。だったら親分二人連れて行けばいいんじゃないのって考え方になるのは、理解はできるよ。俺はそういうことはしないけど。だけど、こっちは不満だよね。口で言っていることと違うじゃない。

それで、俺は自分たちで自由になる劇団をつくったら、俺より年長者は千代次しかいないんだから、俺は作演出はなくそうと思った。俺が書いていたんですよ。俺が書いていたんだけども、自主稽古をもとにして(自主稽古っていうのは役者がそれぞれ考えて一人芝居をやるのね)、俺が台詞を書き直したり、構成し直したりする。野戦之月は今でもその方法をとっている。だから、つまらない。やっぱりその人の世界観が如実に出ちゃうわけですよ。それを数珠つなぎにやっても、ただの発表会だから。

そこに作者が介入していくわけですよ。この言葉はこっちのほうがいいとかね。でも、面白い自主稽古をやった人ほど、台本になると再現性を求められるから、つまらないん

翠羅臼と桃山
『出雲阿國航海記』(二〇二一年、羽村公演)の現場で。

ですよ。自主稽古というものは、そもそも一過性のものなんです。その瞬間、輝くだけのものなんです。そのことに気がつくのに、俺は五年かかった。

——驪團のときはその方法をとっていたわけ？

そう。それで、作演出は一切出さない。だから、すごくバカな話をしていた。ヒエラルキーをなくすんだったら、役者の序列はどうするんだ。ヒエラルキーじゃん、ねえ。あいうえお順にすれば済む話じゃないでしょ。あいうえお順って、それ自体がヒエラルキーじゃんっていう話になって、どんどん袋小路に入っていくわけですよ。役者の名前自体がおかしいんじゃないの？　じゃあ、役者の名前を……そういうしんどいことを毎日集まって、二時間も三時間も話しているわけですよ。じゃあ、そういうのやめようか。チラシ、やめようか。ポスターもやめようか。そうしたら、劇団名を名乗ることないんじゃない？　他と区別したくて劇団名を名乗っているけど、別にどうでもいいんだったら、全部が無価値の世界にいくんだったら、すべてが平等の世界において……。こうなったら、もう哲学じゃん。

——そうね。

じゃあ、芝居やることないんじゃない？

——めちゃくちゃ面白いね。でも、つらかったでしょ？　当人たちは。

最後はもうあれだったね。俺、（水族館劇場旗揚げの）大八車のとき、誰にも教えなかっ

『嗤う摩天楼』（上）
（一九八四年）
左端が桃山。
『仮睡の煉獄』（中・下）
（一九八五年）
下が桃山。
写真＝和田康

たのは、それはあると思うんだよね。俺は先に驪團を辞めちゃったんだけど、残ったやつらは最後に解散興行って、トラックに乗って当て所なくさまよって、やれるところでやるって、二回ぐらいで解散した。やれるところでやるっていったって、そのこと自体、成立するのが大変難しい状況に。大八車だったらまだ無人駅とかに泊まれるけど、トラック二台も連ねて行って、やるところがなかったら、どこに泊まるのよ。トラックでみんな寝てるの？って感じで。

俺はもう徹底してそれを意識した。自分が上に立たない。ポスターも俺が自分で描いていた。台本も俺が書いていた。演出はしていない。みんなでやればいい。台本も気に入らなかったら、みんなで書き直せばいいよ、みたいな提出の仕方だったね。

結局、驪團はそれで、もたなかったわけですよ。曲馬舘の縮小再生産だね。曲馬舘はまがりなりにも世の中から喝采を浴びたけど。一瞬ね。驪團は喝采を浴びることもなく、「なんだ？　こいつらは」っていう感じで終わっちゃった。注目を浴びたのは『最暗黒の東京』っていう芝居で、俺がヒロヒトの首が転がるポスターを描いたので、公安当局に目をつけられて公演中止に追い込まれた。許可が下りていた公演にもかかわらず「中止だ」って言われて。それぐらいかな。

——四年続いたんですよね。話を聞いている限りしんどそうだけど。

最初の二年ぐらいは明るいですよ。そりゃ、希望があるから。旗揚げでね。旗揚げで失敗しても、次はうまくいくぞ。また同じ失敗を繰り返すわけですよ。また同じ失敗を繰り返したら、何かが間違っているんじゃないかって、バカでもなけりゃ思うよね。そもそも根幹の考え方が間違っているんじゃないの？　っていうので俺は離れていく。離れた俺に対して、つぶてを投げるような真似をする。あいつは裏切った、みたいな。

――それが「初めての挫折」っていうことなんですか？

劇団に関しては初めての挫折ですね。曲馬舘のときは、はっきり言って挫折していなかったと思う、俺は。どこか他人事だった。

――芝居すらできなくなったっていうのは、そういうことか。

そうそう。だって、道具がないんだから。俺が集めてきた道具と灯体《とうたい》（照明のことね）、全部ないんだから。燃やしちゃったの、あいつら。

――その話そのものが、不条理劇みたいな芝居になりそうだけどね。ヒエラルキーをなくそうというのをずっと突き詰めていったら、全部なくなっちゃった。

それで今も苦しんでるよ、そのときのやつらは、やっぱりそれなりに自分なりの思想的な展開とかを考えるやつらだったから。ある意味、ミニ曲馬舘で、苦しいながらも価値っていうか、やりがいはあったけど。今の水族館劇場の人らは、楽しければいい、みたいなところがどこかあるから。

水族館劇場への転位

ここでやっと水族館劇場ですよ（一九八七年）。初めて自分がどうやって生きていくのかということを、まともに考えはじめたわけです。要するに、芝居は自分にとって必要なものか。今まで流れの中で生きてきていない？　だって、デザイナーになろうと思って来て、デザインから映画へいこうとして、映画から芝居にいって、流れ、流れで、その度に自分がいちばん共感できたものにただ飛び乗っているだけで、本当に心の底から「これがなかったら俺はダメなんだっていうものなのかどうか」ということを考え、捉え直しをせざるを得なかったのね。その上で決めたんです。水族館でもう一回芝居をやろう。だから動転していません。かなり意識的に、自分が全責任をとる、と。千代次とはずっと一緒にいたから、千代次に相談して、俺はこういうつもりで今度は作演出をやるけど、何か問題あるかって言ったら、千代次もそっちのほうがいいと思うって。千代次はあんまりこだわらないんだね。そういうヒエラルキーだとか、そういうことには。そのくせ俺の言うことは聞かないけどね。作演出は必要だって言っておいて、私に「違う」と言うのは百年早いとか思っている人だから。矛盾の塊。

——よくわかった、それは。

水族館劇場
一九八七年、桃山邑、千代次、巌基次郎の三人で網野善彦『無縁・公界・楽』を芝居にひきつけて読み解くことから活動を始める。旗揚げ公演『星澄ム郷へ 筑豊暗黒星巡り』で、大八車をひき、筑豊炭鉱跡地を巡演した。
　水族館劇場の創立経緯や活動、思想については桃山邑「野戦攻城の旗――水族館劇場精神史」（桃山邑編『水族館劇場のほうへ』所収）に詳しい。同書には、前史も含め、旗揚げからの四半世紀が詰め込まれている。

大八車
「破れかけた一枚の旧い鉱山地図をたよりに忘れ去られてゆく記憶の縁を辿る冥界下りが旗揚げで

わかってください。じゃあ、その芝居というのは、自分が独自のものを打ち立てないといけない。それまでは、やっぱり立場も、どこかカウンターカルチャー的な、アングラ的な、曲馬舘的なものが多かった。だから「翠さんの縮小再生産だ」って言われても反論できないようなところは、たしかにあった。だから俺はあまり相手にされていなかったよね。「桃山の芝居を観るんだったら、翠の芝居を観たほうがいいよ」って感じ。俺はここで本当に自分の位相を取り替えなきゃならない。別の場所に行かなきゃならないというふうに思ったので。

俺が今までやっていないのは演出なんだよね。演出において、どれだけのものができるのか。演出というのは総合的な仕切りだから。美術もそうだし、野外劇だったらことさら劇場の建て方とか、そのへんの段取り。資材を借りるところから始まって、場所の交渉からすべて俺がやるようになったんです。

やっぱり助けてくれる人が出てきました。今回も光平さんが出てきたように、上井草の御嶽神社というところが助けてくれたり、千駄木の駒込大観音光源寺で島田（昭博）さんという人らと会って十年間お付き合いしてやり続けることができたり。

そうやって水族館劇場を軌道に乗せようとしたんです。要するに、ただ反演劇的な、アングラ的な、曲馬舘の流れの中で再復活するんじゃなくて、演劇的なパラダイム自体を取り替えるというふうに、わりと大きな志を抱いて、自分もそういうふうになれるよ

した。二本の足だけで荷車を押しながら、蟻のように路地から路地を歩きました。ゆっくりと流れることで、場所や風景の中に沁み込んだ固有の物語をたずねあて、摩滅していく事物に言霊を宿すように自分たちの舞台に呼び戻しました。頭上には常に天体の星が輝き、彼方には長い年月の間に樹木が共棲したボタ山が黒い森と映っていたのです。そこには何やら大きな意思が動いているような気配すら漂っていました。わたくしたちが野外に拘わり、公演をする劇場を必ず自分たちの手でつくり上げてきたのは、そういった名状しがたい野性に対して常に応答する想像力を持ち続けていたいからです」（『特別編集号　月と篝り火と獣たち』二〇〇五年）。

うに作演出としての努力は惜しまない。

それからだね。お金が許す限り、全部芝居に投入していったのは。これだけ大好きだった音楽は一切聴かなくなった。金がないから。全部、本。今まではバランスとって好きな音楽（音楽って、俺にとっては快楽だから。音痴だから。苦しみなんかないから。ただ聴くだけ）もだったけど、やめた。お金がもたない。CDもこんなボックスセットだの、なんだのを買っていたら、もうとんでもない。全部、本にした。本に特化した。給料はほとんど本に使った。それでも足りないよね。やっぱり援助してくれる人が現れたり、いろいろな人が現れて、その人らの援助も全部本に替えた。

今は全然違うよ、翠さんと俺の台本は。俺は昔、翠さんのモノマネだって言われたんだから。どこまで翠のモノマネをするんだって驪團のときに怒られた。俺らは俺らでやっていくんだろう、って。曲馬舘の幻影なんて振り払えよって言われてた。曲馬舘の幻影じゃない。翠の幻影だよ。俺にとっては。

だから、さっき言ったみたいに、俺は考えたわけ。翠さんと違う道を歩もう。アンダーグラウンド的な発想から、唐十郎の影響をものすごく色濃く受けた発想を全部やめる。まったく新しいテント芝居をつくる。やっぱりそれが原点だね。作演出を引き受けたときの。それまではあんまり深く考えなかった。同じようなものをやればいいんだろうぐらいの、わりとラフな感じで考えていた。でも、そこから考えた。そのためには人が読まない本を読んで。それは芝居の本じゃない。俺はバカだから、語学がわからないから、全部詩として読みます。いったんは。哲学書は全部詩として読む。一行でも使える言葉があったら、自分の中で発酵させる。

中原蒼二の再登板

それぐらい崖っぷちのところで勝負するしかないと思って。嫌だったけど、中原蒼二にも再登板を要請した。曲馬舘の制作だったのね。中原さんのことは一回会わせたかったけど。気が合ったかもね。あの禍々しいおっさんと。悪徳プロモーター。

最初、中原に断られたの。「俺は悪いけど芝居から足を洗った人間だから」。当時、北九州のプロジェクトをやってたね。偉いんだよ。北九州の黒い飛行機があるじゃないですか。「スターフライヤー」。北九州空港ができて。あれ、中原さんがしかけたんだよね。この『雲のうえ』っていう機内誌も中原さんがつくった。やっぱり文化的なんだよ。

——書いてありますよ。企画制作室参与って。

そう。参与。偉いんだよ。いちばんてっぺんまで行かないと会えないんだよ。行政は適当だよね。要するに北九州市のシンクタンクですよ。

こういう冊子をつくる人だから、やっぱり文化精度は洗練されています。中原蒼二は。

中原蒼二
プロデューサー、ヒグラシ文庫店主（一九四九—二〇一九）。東京都生れ。演劇・舞踏のプロデュース、都市計画・都市文化施設等のプロデュースを多数手掛ける。北九州市の情報誌『雲のうえ』立ち上げに携わる。水族館劇場では制作代表。立ち飲み屋「ヒグラシ文庫」（鎌倉・大船）主宰。

北九州市の飛行機は成功ですわ。最初に熱弁を振るったらしいよ。市長、本当にやりたいのかって。飛行機なんかやったら福岡に負ける。新幹線で来たほうが早いじゃんって。我々がつくったって絶対ダメですよって。

じゃあ、どうすればいいんだ。「博多にない飛行機を」って。博多まで行くよりも時間はかかるんだけど、この飛行機に乗ってみたい。逆に言えば、博多まで行くのに一回小倉まで飛んでも、飛行機を見るだけでも、飛行機の中の雰囲気を味わうだけでもいいかなっていうレベルの高いものを出さなかったら勝負になりませんよ、と。そう言ってうまいこと話をもっていって、工業デザイナーを選んだのも中原。

時も味方しているの。二〇〇六年第一回のワールド・ベースボール・クラシック。あれ、王監督がイチローの奇跡的なヒットで優勝したんだけど、。決勝まで残っちゃったから、王監督が成田空港から福岡のソフトバンクに合流するのに福岡便だと間に合わないんだよ。どうしようっていうときに、スターフライヤーの小倉便があった。深夜に。小倉からだったら福岡まで地続きだからね。「王監督、日本に凱旋」というのと同時に、黒い飛行機が映ったわけ。華々しいデビューですよ。真っ黒の、見たことのないかっこいい飛行機。

水族館劇場の拡大路線

行政にはいないんですよ。そういう文化人とか、デザイン関係とかに直で話をできる人が。例えば、山口県の町おこしを横尾忠則がやっているのね。山口県と小倉は近いから、それを見て、横尾忠則と直接取引できるような行政の人間がほしいと思ったんじゃない？　中原が呼ばれて外部招聘になるんだよね。

でも、人を飽きさせないよね。しゃべる言葉においては。それが真実かどうかっていうのは別だけど。今では尊敬してるよ。死んでから評価が上がった。

――最近ですか？　亡くなったの。

三年ぐらい前かな。だってヨコハマトリエンナーレ（二〇一七年）は制作だったから。トリエンナーレも禍々しかったけどね。中原さん、「長瀬（千雅）と淺野（雅英）はすごい交渉力だなあ」って褒めてるの。それはあなたがやる仕事でしょう。でもね、そういう人が現れると、一切任せてしまうっていう引き際の良さ、その判断力、それはあったんじゃないかな。

あと、台本には一切口出ししなかった。俺、たまに「中原さん、ちょっとプロットを言うからさ、意見ちょうだいよ」って相談するでしょ。そうすると「いや、お前の芝居

中原蒼二と桃山『NADJA 夜と骰子とドグラマグラ』（二〇一二年、博多公演）の現場で。

だから、お前が好きなように書けばいいんじゃないの？　俺は台本だけ読めばいいよ」。それは一貫してた。

あと、偉いのは、上、下っていう言い方も差別的だけど、下の者を大事にする発想はずっとあったよね。俺と飲みに行こうっていうのは、中原としては設定しようと思えばいつでもできたけど、本当にごく稀で、人がいないところでだった。みんながいるときは、必ず左門とか臼井とかを連れて行ったね。「桃山はいつでも飲めるからいいだろう」みたいな感じ。曲馬舘のときに俺が、まあ、傷ついたんでしょうね。その人たちに「桃山さん、また飲みに行った。いいなあ」みたいなふうにはさせなかった。松林みたいな一生懸命頑張って汗をかいているやつらには奢っていたね。

だから、その中原さんと俺で水族館劇場をちょっと軌道に乗っけたというのはあるんじゃない？　中原さんが何をやったというわけじゃない。何もやらないっていう乗っけ方ができる。俺が中原に頼みに行ったの。制作をやってくれって。これから拡大路線をとるから。

——それは水族館立ち上げのとき？

うぅん。だいぶ後になってから。藤一郎がダウンして、「これから水落とし拡大路線をとるから」って言ったら、「拡大路線をとるんだったら俺は引退だ」って。具体的にいうと、二〇〇〇年代になってから中原さんに変わった。

この人に頼むと功罪相半ばする、というのもなんとなくわかっていたんだけど、拡大路線を敷くのに中原の人脈、これは必要だと思って、中原さんに頼んだ。変えるんだったら、違うことをやらないと意味ないでしょ。やっぱり中原は最初、断った。昔の俺しか知らないから。「桃山、悪いけど俺は芝居から足洗ったから、ちょっと勘弁してくれ。ただ、ポスターぐらい貼らせてもらうよ。俺の知り合いのところにポスター十枚よこしてくれ」って。

ところが、芝居を観にきたら一気に変わったんだよね。おねえちゃんがいたから。

——誰？

いろんなおねえちゃんがいたから。ま、でも、どこかで桃山は見込みがあるって思ってくれたんじゃない？　急に変わった。態度が。まあ、おねえちゃんがいたのもあるけど。「桃山、俺、制作やるよ」。それで、いろいろな人を引っ張ってくるようになった。

——そうか。知り合いになりたかったな。

光平ちゃんを売り出すことにかけて、この人は適任だったかもしれません。

——プロモートしてほしかったね。

蒼ちゃん、素晴らしいよ。ただ、お金を取るということに関しては、俺からは実際に取っていないと思う。俺が金ないっていうことをよく知ってたから。だから、外国の高い写真集とか、惜しげもなくくれたね。「これ、見とけ」って言って。

水族館の拡大路線を敷いてからは、その中原さんと二人三脚で、お互いに文句言いながら、ある程度のところはやってきた。

さすらい姉妹のたちあげ

――あと、「さすらい姉妹」の話がまだですね。

結局ね、さすらい姉妹の立ち上げも、山谷と深い関係があるんです。昔、広島大から来た有名な四人組を竹中労が連れてきて、梶大介一派っていうのを追い出したんですよね。山谷を牛耳っていた左翼活動グループを。山谷の労働者のためにならないっていうので。明らかに昔の、ルンペンプロレタリアートは前衛である俺らが引っ張ってやる、みたいな。旧共産党図式みたいな。竹中さんたちはそうじゃない。広大《ひろだい》グループっていう若者たちと、それをひっくり返そうとして戦って。

山谷現闘（現場闘争委員会）というのが生まれて、それから山谷争議団、日雇全協（全国日雇労働組合協議会）になって、山岡さんが殺されるわけですが（一九八六年一月）、そのときには竹中さんはとっくの昔に手を引いていた。山岡さんが亡くなったら、これまで来ていた人たちがみんな、引いちゃったんですよ。わりと左翼的な人たち、反天連（反天皇制連絡協議会）をやっていた人とかも。

さすらい姉妹の芝居を見守る桃山（左頁）
写真＝木暮茂夫

結局興味のある男がいなくなったから。山岡は殺されて、いないから、俺らが関わってもしょうがない。外野はフェイドアウト。それで千代次が、これじゃ、あんまり寂しいじゃないって言って、自分らでよければ山谷に行きますよ。それまでは毎年のように華々しく、風の旅団とか、翠羅臼の夢一簇とか、来ていたわけ。ところがピタッと来な

千代次と山谷の玉三郎

さすらい姉妹
千代次の発案で結成した路上芝居ユニット。一九九六年夏の山谷に、風兄宇内との二人芝居『無縁の森』で初登場。

九七年→九八年『無知の涙 根雪の還る海』で、年末年始の越年越冬闘争に参画する。上野公園噴水前／山谷センター前辻、隅田公園／新宿西口地下通路で巡演。山谷の玉三郎が初御目見得。

東北出身の多い山谷では津軽の永山則夫は身近なこともあり、芝居はかなり受け入れられた。

この年から越冬の寄せ場（山谷、寿、新宿、上野）に芝居をもってゆくことが恒例になった。以来二十年以上続くが、近年は寄せ場の変容にともない、上演場所が変わりつつある。

くなっちゃった。だから、「山岡さん」で来ていたってことなんだよね。山谷の労働者じゃなかったんだよ。千代次はそういう考えはあんまり好きじゃないから。

もう一つの理由は、二十年ぐらい前、水族館が水落としの仕掛けがあまりにも巨大化しすぎていたときで、千代次が反発した。やっぱり、体一つでやるんだ。身一つで立つんだ。我々はスペクタクルじゃないんだ。まあ、俺に逆らいたかっただけだよ。

そういうことでさすらい姉妹を立ち上げて、玉三郎とも出会うわけです。

高山宏教授との出会い

そんなふうに水族館が諸刃の剣的な意味合いでやっていったときに、高山宏さんとか梅山いつきが来るわけですよ。そして、羽鳥書店の羽鳥さん、矢吹もね。早稲田から突然連絡が来て、水族館劇場展をやりたいって言うから、「あんた、頭おかしいんじゃないの」って梅山に言って。「こんなのやったって、誰も知らないぞ」って。

梅山に後から聞いたら、演博（早稲田大学坪内博士記念演劇博物館）の学芸員として丁稚奉公時代があって、何年か勤めると、自由になるときにご褒美として好きな劇団を企画していいんだって。好きな企画を立てていいんだって。なんと、梅山はそれに無名の水族館劇場を立てたわけ。

寄せ場へ芝居を
『水族館劇場のほうへ』所収のインタビュー「もっきり屋から見える景色」で千代次は、自身の生い立ち、曲馬館、驪團、水族館劇場、さすらい姉妹、寄せ場との出会い、玉三郎のこと、集団と家族のことなど、多岐にわたって語っている。

高山宏
学魔・英文学者・翻訳家（視覚文化論）。岩手県久慈市生れ。水族館劇場二〇一〇年公演『NOMAD恋する虜』にゲスト役者として参加。毎回アドリブで「予言」を講じた。「アリス狩り」I〜VII（青土社）ほか、著訳書多数。二〇一一年に、大冊『新人文感覚』全二巻（『風神の袋』『雷神の撥』）、書下ろし『夢十夜を十夜で』を羽鳥書店より刊行。水族館

――素晴らしいじゃない。

でも、断わろうと思って俺が行ったら、梅山だった。若いからまったく色に染まっていなくて、だって博士論文っていうの？　あれを出す前だからさ。大学院にいて、岡室美奈子先生（演劇研究者、早稲田大学教授。梅山の恩師で、八代目演博館長）のもとで学んでるって言うから、「じゃあ」って引き受けたんです。やってみましょう、ということで。その代わり、我々は好きなことをやりますよ。もちろん、好き勝手に壊したりなんだり、そういう暴力的なことはしないけれども、我々の意向も汲んでほしい。今までの展示にないものを。じゃないと水族館がやる意味がないから。それは覚悟してくださいって言って。わかりました、みたいな。

でも、一旦契約っていうかOKすると、なんか早稲田って面倒くさいね。シンポジウムをやらなきゃならないとか条件があるの。芝居をやらなきゃならない。芝居は『谷間の百合』（最後に釜ヶ崎で没した伝説のストリッパー一条さゆりの物語）。ストリップやろうって、それで済んだんだけど、シンポジウムには誰か呼んでくれと。

――そこで学魔が登場するわけだ。

そうそう。演劇界の著名人に知り合いなんか誰もいないって言ったの。別にそれを恥ずかしいと思ったことはないから、呼ばなくていいって言ったら、いや、シンポジウムをやらないと展示はできないんですって言うから、困ったなあと思って。梅山も、この

劇場展当時、羽鳥書店を創業したてだった羽鳥と矢吹を、早稲田のシンポジウムの終了後に桃山と引き合わせた、アルスコンビナトリアの魔術師。

梅山いつき
近畿大学准教授（演劇研究）。新潟県生れ。早稲田大学坪内博士記念演劇博物館の助手時代に水族館劇場展を企画。それが縁で水族館劇場制作に。著書に『アングラ演劇論――叛乱する言葉、偽りの肉体、運動する躰』（作品社、二〇一二年）、『佐藤信と「運動」の演劇――黒テントとともに歩んだ50年』（作品社、二〇二〇年）など。

役者・高山宏
「あの世もこの世も綺想でつなぐ不思議な縁の糸織りをたぐりながら、高

人は本当に知り合いがいないんだ、と思ったんじゃない？　翠羅臼は著名じゃないから。何しでかすかわからないから、ダメじゃん。それで、梅山が「演劇畑じゃないほうがいいなら、高山宏先生はどうですか？」って言った。しかも、岡室先生に相談したら、「英文学の高山先生だったら私は話ができる。頼んでみようか」って言ってくれた。

　俺がびっくりしたよ。ちょうど高山宏の『アリス狩り』を淺野に託して、「お前、これ全部読んでおけ。次の芝居はこれでいくからな」って言った一週間後ぐらいだもん。「これ、とりあえず読んでくれ」と。「高山宏の、こっち行ったり、あっち行ったり、補助線引きまくって何が何だかわからないのを芝居にするからよ」って言って。一冊の本じゃなくて、全部の総宇宙をやるからね。だから起承転結やらないからね。高山さんのアルスコンビナトリアとか、あらゆるものを引っ張ってきて、一緒くたにして、何が何だかわからないような、あの悪夢、それをやるからね、って淺野に渡して一週間も経たないうちに。ああ、これは何かの縁だと。梅山の企画、引き受けて正解だったな。それから梅山を大事にしたよ。その当時からぷーちゃんは変わらないけど。機嫌悪くなるとすぐ、ぷーって餅みたいにふくれあがるからさ。ほっぺた。

　それで高山さんが来て。俺も俺だよね。高山さんと会って「はじめまして。高山先生の御本はしっかり読んでいます。ところで高山さん、出てみませんか？」。

――それ、すごいよね。引き受けるほうもすごい。

山宏はあおざめた水の演壇に登場した。博覧会と見世物。消費文化と百貨店。まなざしのマニエラにふるえる女の欲望。秘密の宴は魔術師の舌にひらかれて、団子坂を一気に駆け上がる。それでいったいどんな役さ。黄昏のモダン吸血鬼。蝙蝠みたいに飛ぶの？　そんなら出演するしかないじゃないか。初夏の蜃気楼劇場で薄闇の空をはばたくことを約束した。このひとは「驚異」という不測の事態に無垢に向き合い、あわよくば自分もまきこまれてみたいと願ってる。「アリス狩り」からこのかた、見えないものを結びつける知のアルスコンビナトリアは俺たちの芝居の無謀な方法論のちかくにあると確信してきた」（『FishBone』五五号、二〇一〇年）。

それで、羽鳥書店の二人にもつながるんだよね。偶然の取り持つ縁で、高山さんに出てもらったりなんだりして、やっぱりいろいろな人を紹介してもらった。あと、中原の人脈で毛利嘉孝さん（社会学者、東京藝術大学教授）とかが来てくれたりして。毛利さんも観てくれたら気安く関わってくれたりしているのでね。毛利さんとは気が合った。ちょっと俺より年下なんだけど。一緒にやりましょう、みたいな。嫌がらず、面白がってくれるから。ストリートの思想の人だから興味があったのは、さすらい姉妹のほうだよね。もちろん本体も興味あったんだろうけど。だから、さすらい姉妹の演出をしてくださいって言って、やってもらった。

ヨコハマトリエンナーレ参画

——ヨコハマトリエンナーレはどういう経緯で？

太子堂八番神社の公演以降、場所を失っていた水族館が、奇跡的に新宿の花園神社でやれることになって、そうしたら今度、トリエンナーレが降って湧いたわけですよ。横浜美術館館長（当時）の逢坂恵理子からいきなり連絡が入る。これも実は中原なの。

——うわー、すごいね。そんな人（中原さん）になりたかったな、僕。影で暗躍して、力を持っているわけでしょ？

水族館劇場展
早稲田大学坪内博士記念演劇博物館企画展示「やぶれ船で流浪する水夫たち 水族館劇場20年の航跡」（二〇〇九年三月—八月）。道具・衣裳・台本・写真・宣材・イメージが彩る「もうひとつの芝居の可能性」を展示すると同時に水族館劇場に客演した地方在住の役者たちが展開した「もうひとつの芝居」の宣材資料が展示された。
会期中、二つの関連講座を開催。
①「水族館バーレスク＋シンポジウム「もうひとつの演劇史」」。シンポジウム」登壇者＝高山宏×松井憲太郎×桃山邑×中原蒼二、司会・梅山いつき。
②さすらい姉妹特別公演『谷間の百合』（演劇博物館前路地にて）。

中原と気が合うよ（笑）。言っとくけど、中原と最後まで悪口を言い合いながらも喧嘩しなかったのは俺だけだからね。翠羅臼と喧嘩しなかったのも俺だけ。

中原のお店（鎌倉のヒグラシ文庫）は、やっぱり、ほら、鎌倉文化人が集まる店でさ。マスターが飽きさせない会話ができるっていうのが絶対条件なんだよね、鎌倉でそういう店を開くということは。しかも、中原さんのところは安いし、料理が上手いんだよ。

その客に庄司尚子っていう人がいた。当時、逢坂恵理子の直属の部下。この人が、「トリエンナーレに水族館出るかな」って。それで、中原が話を持ってきたわけ。「トリエンナーレが動いている」って言うから、「動くわけねえじゃん。また、もう、これだから中原さんは」って。そうしたら本当だった。アウトオブトリエンナーレだったけど。

そのときに「お金は下りないっていうことを覚悟しろ」って言ってくれたのが長瀬だった。中原さんじゃ、不安だ。私と淺野さんをつけてくれって言われて。毛利さんはブレーンだったはずなのに、会議したときに、「やっちゃえ、やっちゃえ」で終わりでさ。

長瀬は毅然と「桃山さん、本当にやる気あるんですか」って。「あるよ」って言ったら「じゃあ、お金はあてにしないでください。大赤字になりますよ。覚悟の上でやるんだったら、私、制作で動きます」。長瀬がついているんだったら、中原さんも勝手なこと、できねえだろうと思って。

どっちかっていうと、これ違うよなと思う方向に行ったほうが物事はいいほうに転が

アウトオブトリエンナーレ　ヨコハマトリエンナーレ2017「島と星座とガラパゴス」関連企画のヨコハマプログラムに参画。

日本三大寄せ場（山谷、釜ヶ崎）の一つ、寿町の「寿町総合労働福祉会館」（通称センター）跡地で、建て替えまでのあいだの期間を使い、「アウトオブトリエンナーレ《盗賊たちのるなぱあく》」と称した「巨大廢園」を作り上げた。

園内の仮設劇場では、「もうひとつのこの世のような夢―寿町最終未完成版―」を上演し、るなぱあくへの連日の来場者に加え、十日間の公演で観客動員数は約二〇〇〇人に達し、プロジェクトは大盛況に終わった。開催されたさまざまなプログラムの詳細は、巻末の上演年表を参照。

るって、なんか俺の中の決めがあるんだよね。だから、つらいほうに行こうっていうところもあるんだよ。

　借金してやるか、やらないかという話になっちゃうけども、その場合も、俺にとってどっちがつらいんだと。楽なのは、無責任でいること。だって、俺が書いたんじゃないもん。俺が演出したんじゃないもんって言っているほうが楽だもん。みんな、喧嘩するのやめようよ、驪團は喧嘩で評判になっているから芝居で評判になろうよって言っていたほうが楽だもん。全部俺の責任ですって言わなきゃならないんだから。事故が起きても、そう。つまらなくても、そう。手柄は「みんな」でやったもの、失敗は全部「俺」のせいっていうのは、俺の中での作演出も同じ。そっちのほうがつらいんだよね。だからつらいほうを選ぼう。翠さんと違う道を歩もう、翠さんを追いかけていたって、絶対にどうにもならない。じゃあ、中原さんに会いに行く。翠さんは中原さんを切っているから。やっぱり中原はブルジョワだっていうので。梅ちゃんと一緒だよ。まあ、ブルジョワ的なところはあったけどね。口八丁手八丁で。

　今から思えば、庄司さんもあそこ（寿町総合労働福祉会館建替予定地）でやるとは思っていなかった。もっといい候補を四つも五つも。一面全部使える公園とか、いろいろなところを紹介された。たぶん横浜美術館サイドとしては、こんな言い方をしたら失礼だけど、「こんなところでやっても、客なんか来ない」って。「いや、水族館だったら来るん

寿町
「横浜寿町はわたくしがはからずも踏み入った芝居のけもの道の端緒の地である。一九六〇年晩秋。野晒しテント興行の曲馬館がいまではビルが建つ松影公園にたどりついた。この公演の後解散する劇団にとってはほぼ十年にわたる旅の最終地であり、わたくしにとっては最初で最後の曲馬館の野外舞台だった。……つぎの春、集団は残ったメンバーで再出立をもくろむが失敗。わたくしは二十代前半の若い仲間たちとあたらしい集団を旗揚げする動きに奔走していた。女優は千代次ひとりだった。いま「盗賊たちのるなぱあく」の空中回廊あたり、酔いどれたちが寝ころび、焚き火の炎舞うセンターの玄関で艶やかな着物姿の千代次

だよ。大丈夫」、俺はそう言って、会田誠の名前とかバンバン出して。

――トリエンナーレのとき、クラウドファンディングやってたよね。

クラウドファンディングをやれって言ったの、長瀬。ただ、初めてやったもんだから、リターンをいろいろつけすぎちゃった。リターンを返したら損だったっていう。バカだよね。俺がほら、サービス精神満点な人だから、いろいろ。同じくらいのものを返さないとと思って。それじゃ、クラウドファンディングにならないでしょうっていうことに、誰も気が付かなかった。そもそも寄付金なのに、その寄付金に対して申し訳ないっていう気持ちがあるもんだから。

――返そうとする（笑）。

そうそう。中原が途中で気が付いたの。「待てよ。これ、素直にチケット買ってもらったほうが、俺ら、得なんじゃない？」。「なんでこれだけ割引して、他のものもつけてるの？　クラウドファンディングの意味ないじゃん」っていう感じ。

松尾工務店のこと

結局、寿町でやるっていうのは、俺と中原で最初から決めていたから。中原はちょっと引っ張られて、候補のなかの「こっちのほうがいいんじゃない？」「あっちのほうが

を撮影して新人募集のポストカードにした。寿町に棲んでいた彼女をたずねて、何人もの労働者と出会った。……「藝能」の発生する刹那の、現前する〈なにか〉。追いつめられたものが、それでも投降をいさぎよしとせず、飄々たるユーモアを持って世界を逆手にねじる関係の逆転の契機。この街区はかつて頑健な肉体と、他人につまびらかにできない履歴をもつ日雇い労働者が闊歩する路地だった」（『FishBone横浜寿町 特別編集号』二〇一七年所収、桃山邑「道窮まり命乖くも」）。

アウトオブトリエンナーレ及び横浜寿町公演については、『FishBone』二〇一七年特別編集号と翌一八年の総集編、二冊に詳細に記録している。

いいんじゃない?」って言ってたけど、俺はもうテコでも動かない。ここじゃなかったらやりませんよ。

しかも、「三か月貸してくれ」って言って。「そんなもの無理だよ」「じゃあ、準備だけで二か月くれ」って。でも結局三か月借りたよね。七、八、九月。

松尾工務店の社長がすごく喜んでくれて。俺が四十五年間、半世紀近く勤めてきたところの社長ね。横浜ボートシアターと関わっていた人だったんだよね。そういうこと、知らなくてさ。「なんだよ。うちにこんな変なことをやっているやつがいるのか」ってね。楽日に来てくれて、マイクで挨拶しはじめて、「社長、靴下ずぶ濡れですよ」って言ってているのにさ、「いいんだ、いいんだ」。しかも、「これからは松尾工務店の資材はタダにする」なんて言ってくれて。いやあ、助かった。俺、どうしようと思ってたから。

——もっと早く観てもらえばよかったね、社長に。

あの場所だから来てくれたんです。不思議なことに、入札であの場所を松尾工務店が落としたの。建て替えの時期だった。建て替える寸前のところでタイムラグができたわけ。それで、土地が三か月空いたから。それで貸すって言った。でも、まさか、そこを入札で松尾工務店が取るとは思っていないじゃん。でも、あのあたりは俺、いっぱい仕事やっているから、もしかしてとは思ってたけど、取っちゃった。本当に、社長には感謝してる。

川崎の仕事現場で(左頁)
松尾工務店の仕事仲間である武田克彦さんに撮ってもらった写真。二〇一五年。

一代かぎりではない藝能

——そろそろ、締めに入りましょうか。

「一代かぎりではない藝能」ね。芝居って、何を伝えるべきかということは、いつも台本を書く上で考えざるを得ない。俺が考えるのは、俺は何を伝えようとしているのかということ。それは、俺が伝えようとしているのか、俺じゃない何かが俺の口に宿って……口っていうか、ペン。ペンって言わないよね。俺、一回「鉛筆なめなめ」って台本に書いたら、翠さんに笑われて。「桃山、今どき、鉛筆なめなめっていう表現はいかがなものか」。翠に言われたのがショックでさ。「ワープロだ」って言うんだよ。パソコンだよ。

要するに、折口信夫的に言うと「依代《よりしろ》」っていう言葉かな。何かがずっと漂っていて、たまたま俺という、世の中に生まれ出てしまったまがいものに宿って、何かを伝えようとしている。それは、俺が生きているときは俺がしゃべればいい。俺がいなくなったら、その霊魂的なものは、他に取り憑く人を、依代を求めて彷徨い続けるんじゃないかと思っているんです。これはわりと信じているんです。

今回の芝居も、最初に参考書にあげたのが『人は死なない——ある臨床医による摂理

藝能

桃山は長年、強い信念と熱意をもって「藝能」を追究してきた。折々の思考は、台本も含めさまざまに書き留められている。なかでも「後戸（うしろど）の神」には思い入れがあり、『水族館劇場のほうへ』製作の際、カバー裏に写真掲載を求めてきたが、編集部で断ったという経緯があった。本書では桃山の希望を叶え、カバー裏に「後戸の神」を配した。

「能の創始者である世阿弥も、釈迦の説教に騒ぎたてる〝外道〟を鎮めるために〝裏〟でとりお

と霊性をめぐる思索』（矢作直樹）っていう本でさ。禍々しいトンデモ本みたいなやつで、千代次は「なんでこんなの読んで台本書くの？」って。それは俺がこんな病気になる前にね。あれ、なにかの兆候だったんだろうね。田中純先生的にいうと、何かの徴《しるし》だったんだろうな。

俺の口を……口っていうよりは、さっき言ったように頭の中の言葉を指先からパソコンに転写して文字にしていくっていうことだけど、それは文字にするにせよ、できないにせよ、もともと誰かが必ず伝えていかなきゃならないもので、俺は俺なりに、レベルは相当低いかもしれないけども、そういう依代的な霊魂っていうか、役を担って、たぶん生まれてきたんだろうというふうに人生を振り返るわけです。

そうすると、俺がやれることっていうのは、そのことを伝えていかなきゃならない。まだ生きているわけだから、伝えられる。俺がいなくなっても伝えられる人間をつくっておかなきゃならない。これが近代的な芸術家、アーティスト。一代かぎり……これについては、中原さんとはずいぶん揉めた。千代次とも揉めたけど、クリエイティビティ、要するに、アーティストの存在根拠みたいなものは一代かぎりのものだって、中原は最後まで譲らなかった。アーティストに友達がいっぱいいたからかもしれないけど、それは一代かぎりのもので、誰にも継げないと。

俺はそんなこと、全く思っていない。だって、霊魂の世界で俺は考えているんだもん。

こなった芸能が猿楽の始源であると説いている。服部幸雄『宿神論——日本芸能民の研究』（岩波書店、09年）によれば、この「外道鎮撫」が神仏の背後に秘された「後戸」で展開されたことが重要であると論を説き起こしている。比叡山常行堂に祀られた阿弥陀仏を守護する後戸の神は、多々羅神である（山本ひろ子『異神——中世日本の秘教的世界』平凡社、98年）。中世にあらわれたこの宿神の頭上に北斗七星が配置される」（『水族館劇場のほうへ』九九頁の註「後戸の神」）。

異国から海を渡ってきた越境者である異神たち、そのなかでも藝能の荒神である「後戸の神」に、野天に活路をみいだしてきた役者徒党の精神性を求めた。

いきなり霊魂とか持ち出すと、疑われるけど、俺は霊感は全くない人なの。

だけど、若い頃に読んだ五木寛之の言葉が頭に残っているのかもしれない。彼は霊魂のことなんて言わないけども……今は線香臭く、抹香臭くなっているけどね。五木寛之は、「自分は小説家ではない」と言っている。これは俺の物言いと似ているんだよね、今考えてみると。自分は小説家ではないと。ただ、某かの力がこれを書けと僕のところに来るので、それを書いているだけで、僕がひとつの創作を果たした、オリジナリティを具現化したというふうには全く思っていないと。全く同じなんだよ。

『哲学に何ができるか』（五木寛之・廣松渉著）っていう本が、俺が若い頃に出て（一九七八年）、朝日出版社かな。粟津潔のブックデザインで赤とか青の横線がたくさん引いてあって。これで五木寛之と廣松渉が渡り合って。同じ筑豊生まれ。片方は満州、片方は国内で左翼の総帥。面白かったね。最後に廣松先生が「今日は五木さんにうまくのせられましたね。危うく地金が出るところでしたよ」みたいなことを言っているんだよね。やっぱり五木寛之は聞き出す力があるんだろうなと。うまいからね。「今日は先生のご説を「物象化論を」とか言ってさ。聞きたいのは物象化論じゃないんだよね。やっぱり廣松渉の人生そのものを聞きたい。哲学という学問領域が、それは光平さんとも関係あるだろうけども、どういう伝え方ができるのか。小説というのは、自分はこう考えていると いうことを先に差し出して、相手からの返答を待つ、そういうやりとりの対談をやっていて、それが俺の中に「澱《おり》」というか、深く突き刺さるものとして、棘のように残っているのかもしれない。そういう水石がずっとあって、今こういう考えに。でも、ずいぶん前から言っていたよね、千代次。

〔千代次〕ずっとそう言い続けてる。

まあ、非難されたけどね。違うって言われたけども、俺はわりとそう思っていて。ということは、水族館劇場は俺一代かぎりのものではない。誰のものでもない。必ず水族館劇場的なものを欲する欲求が、どこかからあるんじゃない？ それは具体的にいうと、千代次かもしれないし、秋浜かもしれないし、浅野かもしれない。

都《しゅう》が、レジュメを書いたって言ってたよね。なんて言っていたんだっけ？ その言葉ともつながるんじゃない？

〔千代次〕「自己実現という悪魔が水族館劇場を覆っている」。

生意気なことを書くんだよ、あのせがれは。俺の作業を自己実現として捉えたらダメなんですよ。自己実現じゃないんです。みんなも自己実現として、自分の役がどれだけ目立つかとか、それはあってもいいけれども、そのことが第一にきたらダメ。絶対ダメ。人がどうあるべきかということをまず考えないとダメですよ（涙）。ごめんね、泣いちゃって。もう、しゃべれなくなるんだなあと思うとね……。言っておかなきゃ。

でも、そういう人がいる限りは、まあ、世の中捨てたもんじゃない。

たぶんこれから、世界中がこれだけいろいろな形で分断されて、人の意見に耳を貸さないとか……あれも反動だと思うんだよね、今「利他」っていう言葉が流行っているでしょ？　他人のために寄与するみたいなものが。ああいう言葉があまりにも脚光を浴びるのはどうかなと。ちょっとこのあたりでちいさく浴びている分には俺、好きなんだけど、メインストリームに出てきちゃうと、やっぱり嫌でしょ？　知ったこっちゃねえよって。自分のためでいいじゃん、っていうふうになっちゃう。だから、あんまり正面切って論じられてしまうものではないんじゃないかなって。

ひそやかに人の振る舞いとして抱き続けるもの。それを、やっぱりエンターテインメントというか、そうでもないのかもしれないけど、水族館は実現していく。それをやるのに、やっぱり最初から補助金に頼っちゃダメですよ。

たまたまね、十人近くの人間が塊としている。まあ、その十人近くの人間だって、俺がいなくなったらどういうふうに転がるかわからないということは、正直思っていますよ。水族館、壊れるかもしれない。わからないですよ、それは。

でも、その魂みたいなものは必ず誰かが引き受けるだろうなと思う。まあ人間じゃなくて虫が、とかいうと、また神がかるから言わないけど。それはあるんじゃないかな。俺がいなくなった後の世界に対する水族館劇場の向き合い方をちゃんと考える。人の振る舞い、人の気持ち、それを動かすというのが俺らの仕事なんだよね。

一緒ですよね。光平さんの仕事も、矢吹の仕事も。ただジャンルがちがうだけでさ。やっぱりそのことによって、自分が何か変われるかもしれない、みたいな。自分も新しい考え方を身につけようという意欲というか、気持ちが湧き出づるときは、俺らはやってよかったなと思うときで。

自己追認とか自己確認とかだったら、あまりうれしくない。「水落としが出た。よかった」ではうれしくない。自己模倣だ。千代次がさすらい姉妹でやったように、左翼の運動もそう。面白い人がいなくなったら、みんな、潮が引くみたいにいなくなるから、つまらない運動しかできなくなる。山岡みたいなリーダーがいなくなったら、こんなつまらない人間しかいなくなったんだったら、その状況こそ面白いって、なんで思えないのかなと俺は思う。俺がいなくなったら、面白い状況なんだよ。千代次は嫌だって言っているけど、千代次、面白いんだよ。どう転がるか、わからないもん。面白いでしょ。不安定だし。ねえ？　結果が決まっていることは面白くないじゃん。予定調和だもん。というのが最後……最後じゃないかもしれないね。生き延びたらお笑い種だよね。

——だいたい生き延びるよ。これだけ元気だったら。

ひとまず、こんなとこかな。まだ話したいことといっぱいあるけど。

インタビュー最終日の桃山
二〇二二年七月十一日。
アラン・ロマックスが
一九三〇年代のハイチで
フィールドレコーディン
グした民族音楽集『Alan
Lomax In Haiti』（十年前
に手に入れたお宝）を抱
えて。

初回インタビュー前に桃山邑から送られてきたメモ　＊初回終了後に加筆

「こんなふうに芝居の獣道を歩いてきた」
インタビューではなすこと

幼少の想い出（笑った写真がない。街灯、農耕馬、砂利道、ガソリンスタンド）
ごく幼少の記憶のないこと（養父の実家と擬制家族）
動物園で泣き出した（母親と浅草の想い出）
保育園から逃げだした（臆病。他人と一緒にいられない）
女系家族にそだてられた（カッコよかったバスガイド。年上のひとへのあこがれ）
はっちゃんのこと（遊んでくれた新宅の乳母）
大山先生のこと（オルガンの先生。お嫁にいって泣いた）
さだちゃんと真弓ちゃんのこと（鉄道自殺した叔父とその一家の顛末）
おじいさんとつうちゃん（鳶と蒲団と吃りのこと）
田植えのこと（都会への憧憬）
いとこの痴情のもつれ（雷神さまの秋祭り）
まめきよのこと（入学祝いに買ってもらったオートバイで死んだ）
行方不明の水神姫（アルビノの一人娘。狛犬はなく白蛇の石像）
泥棒床屋（町内で犯人をかばう）
石井まーこと極楽テルヲ（特殊学級のともだち）
いとこの一夫の農薬自殺（死にあやどられた貧乏部落の悲劇）
宇都宮病院としげるちゃん（強制治療のはての首つりと院長の息子の同級生）
藤一郎やジュネとの出会い（屈託のない友人関係）
音楽へののめりこみ（バレルハウスの日々まで）
中流家庭へのあこがれ（ホームドラマの影響）

貧乏への自覚（進学への悩み）
薪割りの日々（じぶんをみつめた日々）
上京（だいそれた望みもなく。沢田まことやあがた森魚との出会い）
ATG映画の衝撃（中央線から浅草へ引っ越し）
新宿屋台ラーメン屋と「利しり」スカウト（永山則夫への接近）
飯場にはいる（社長の優しさと変な職人。津軽人との交流）
映画学校への道と挫折（田中登、前田陽一、山根成之からの教え）
竹中労への傾倒（宮崎博東俳労委員長選挙支援）
曲馬舘との出会い（今村組、藤田傳とのわかれ）
梅ちゃん、翠、千代次、神田のこと（梅本エッセイ参照）
驪團旗揚げのころ（最暗黒の東京のころ）
はじめての挫折（芝居すらできなくなった）
水族館劇場への転位（作演出の責任）
筑豊大八車の旅（演劇業界への不信と自負）
野外劇場での日々（神社仏閣、大観音との出会い）
中原蒼二の再登板要請（八百代言の真実と効用）
美麻村遊学舎の想い出（廃墟での自主稽古と自然のなかの観想）
本橋成一さんへの恩義（ポレポレ坐取り壊しと廃墟劇場、山形ドキュメンタリー映画祭）
杵屋吉千代師匠のこと（無償支援と野外邦楽「舟弁慶」の夜）
さすらい姉妹のたちあげ（山岡さん虐殺と芝居者の闘争）
高山宏教授との出会い（偶然の取り持つ縁。アルスコンビナトリアの神髄）
極悪人の自覚（母親の死への態度）
トリエンナーレ参画（逢坂恵理子からの要請と無償の論理）
松尾工務店のこと（横浜ボートシアター制作としての遊民時代と末端作業員としてのぼくへの認識）
これからの思い（一代かぎりではない藝能）

ザッツ・エンターテインメント

桑田光平

A police car and a screamin' siren
Pneumatic drill and ripped-up concrete
A baby wailing, a stray dog howling
The screech of brakes and lamplight blinking
That's entertainment
That's entertainment

Paul Weller

いま、ゲラになったインタビューを読みかえし、二〇二二年のさえない梅雨空とどんよりとした街の空気、そして、そんな世界にはすでにいないかのように、身振り手振りで自分の人生を回顧しながら喜怒哀楽を見せる桃山邑の表情が思い出される。三回にわたるインタビューは、僕がアフリカに旅立つ直前に、いずれも羽鳥書店の矢吹さんとともに行ったものだ。七月二十七日、僕は成田空港から桃山さんに次のようなメッセージをスマホで送っている。

私はこれから出発です。帰国したらまたいろいろお話ししましょうね。先日のインタビューの際、喜怒哀楽が目まぐるしく現れる様子を間近にして、なんと豊かな生を送ってこられたのかと、実は感動を押し殺すのに精一杯でした。帰国後に、これからの制作について、お話しができるのをとても楽しみにしております。千代次さんにもよろしくお伝えください。先日のお昼ごはん、本当に美味しかったです。

桃山さんの自宅で行った三回目のインタビューの際、千代次さんの作った昼食をご馳走になった。これぞ「家」という感じの家で、これぞ「家のご飯」という感じのご飯だった。「外で食べるよりも、うちで皆で食べたほうが美味いから」と桃山さんは言っていたが、本当に美味しかった。かなり分厚く切られた刺身は、桃山さん自身が買ってきて切ってくれたもので（下ろすのはお店の人に頼んだとのこと）、「素人のあれだけどごめんね」と言いながら、桃山さんも美味しそうに口に運んでいた。笑顔と訛りのある声は健在だった。出国審査を終えた頃、すぐに返事が返ってきた。

ありがとうございます。感情が、溢れてしまうのは、人間的には？と恥ずかしい限り。ま、芝居屋ということで、ご勘弁を。黄瀬戸、写真ありがとう。親には見せないものですから、嬉しく拝見しました。また、数年後に何か、焼いて貰ってください。

黄瀬戸は息子の都《しゅう》さんがプレゼントしてくれた器だが、「これからの制作」という言葉にはまったく反応してくれなかった。しかしこの時、桃山さんはまだ制作への意志を持って、「さすらい姉妹」の台本に着手していたはずだった。担当医の話を聞いていたこともあり、帰国までに彼のほうが旅立ってしまうなんて考えは露ほどもいだいていなかった。それほどの勢いで桃山さんは話しつづけてくれたし、何より、どんなに痩せていても、その表情は活き活きとしていた。『出雲阿國航海記』公演後、何もしなければ余命半年と言われていたが、抗がん剤治療もなんとかはじめられることになり、食欲も少しは戻っている様子だったので、帰国する十月二十二日までは絶対に大丈夫だと思っていた。だが、勝手にそう思っていただけだった。桃山さんは絵に書いたような喜怒哀楽の表情を残し、突然、消えていった。僕からすると、本当に突然だった。いまもまだ訃報を受けとった時の唐突さが、左胸の前あたりに、奇妙な仕方で、滞留している。はじめて感染したコロナから回復したばかりの僕は、パリの国際アートフェアで、友人のギャラリーのブースで手伝いをしていたところだった。お洒落でアーティなお金持ちのコレクターや、有名美術館の学芸員たちを相手に、日本の作家の作品を売りこむという仕事。とても大変だけれど、芸術と呼ばれるものの舞台裏が目に見える、刺激的な経験だった。そこに飛び込んできた、ひとりの「河原者」の死の知らせ。彼が求めつづけた「藝能」と、目の前で値踏みされる「芸術」とのあまりのコントラストに、現実が破れたかのような目眩をおぼえ、それをとり繕うように、せっせと作品の解説をし続けたのを憶えている。この裂け目は今も決して繕われていない。

＊

インタビューを本にする際、それに対する解説は光平ちゃんが書いてね、と桃山さんは言った。だからこうして今、書いているわけだが、おわかりのように、インタビュアーたる僕も、矢吹さんも、桃山さんが話しはじめるための潤滑油くらいの言葉しか発しておらず、大切なことは桃山さん自身がすべて自発的に話してくれている。あらためて解説することなど何一つなく、語られた言葉がすべてで、そこに個人的な解釈を挟んでしまうのはどうしても気が引ける。僕には僕の桃山邑像、水族館劇場像があるので、それを投影してしまいそうで、しかも桃山さんに弁明の機会が与えられることはもうないわけだし……などと考えていると、いつまでも筆が進まず、何度も書き直した挙句、締切を過ぎてしまい、矢吹さんにご迷惑をかけている始末。ここはひとつ、覚悟を決めて、インタビューをした僕にしか感じられなかったことを率直に書いてみることにする。

インタビューで語られた鈴木少年の自画像から、仮設テントの中で外で、作業服を着て拡声器を片手に大声で指示を出す未来の桃山邑の姿を想像するのは難しい。動物がダメ、運動がダメ、吃りのために人との接触を避けるような子供。複雑な家庭環境ではあったが、オルガンや習字を習い、女性に囲まれて育ち、家父長的な空気を嫌い、普段接していて気づかなかったけれど、手なんて本当に「かよわい」という言葉がぴったりなほど華奢で、どちらかというと、お坊ちゃんという感じだったのではないだろうか。自分の家が貧乏だということを実感したのもずいぶん後になってからのことらしいし。本人も認めているとおり、記憶の捏造というのはおおいにありうることだが、これまで明らかにしてこなかった自身の幼年時代を語るその言葉に嘘は決して含まれていないと思う。そう感じたのは、近代に唾を吐き、地べたを這う河原者を自認してやまなかった桃山邑が、かつて抱いていたまぎれもない近代への憧憬を吐露しているからだ。近代といっても、高度経済成長期の日本がさらなるスピードで進めた欧米化のほとんど上澄みのような部分にすぎない。世代こそ違え、地方の田舎出身の僕でもわかる、中流の都市生活に対する憧憬。ホームドラマ、百科事典や文学全集、ステレオから流れるポール・モーリア、商業デザイナー……。どれだけ念入りに洗っても爪の間にはいった土を洗い流せない百姓に背を向け、「文化的なもの」の響きや輝きに心を奪われていた鈴木少年の姿は、当時の日本そのもののように思える。食べ物の話題で、乾いたものが好きで「ベタベタ」したものは嫌い、と桃山さんは語ったが、その「ベタベタ」には、被差別部落出身である父の実家のあの「ベタベタ」も含まれていたのだと思う。「泉鏡花ばりの潔癖症」も、そうした土着的な「ベタベタ」に対する生理的な反応のあらわれではないかと僕には思える。とは言うものの、フロイト先生ではないが、抑圧されたものは何らかのかたちで回帰してくる。中村とうようの強い影響を受け、ロックやワールドミュージックを聴き、上京後はATG映画の衝撃を受けて、映画学校に通い、それから芝居へ、という、当時の「意識高い」系地方出身者の典型的な道を歩んでいた鈴木青年を、ふたたび「ベタベタ」へと連れ戻したのは飯場だった。そして、同時期の、「本当に弱い人の味方」である田中登先生との出会い。近代を底辺から支えながらも、当の近代からはそっぽを向かれた飯場の人々との縁《えにし》と、自分や家族を犠牲にしても作品を仕上げる田中の姿勢は、間違いなくのちの桃山邑の核をかたち作ったように思われる。

近代に惹かれながらも、その近代の底の底にある

「ベタベタ」にこそ目を向けるという両義性は、竹中労への傾倒に、そして、後年の中原蒼二との協働に、象徴的にあらわれているだろう。今ある世界に対する徹底的な批判と、知と権力への意志、この二つをジャグリングできる大道芸人のようなスタイルは、桃山さん自身のスタイルの一部でもある。だから、『出雲阿國航海記』の開演前、中年の男性客が同伴していた若い女性に向かって、「水族館劇場というのは左翼の劇団で、アングラの流れをくんでいるんだ」と言うのを耳にした時、いや、そんなふうにレッテル貼りをしないでくれ、と心から思ったものだ。その女性はこれから芝居を見るのだから、とりあえず、その人が見えるように見せてやってくれ、そして、「左翼」や「アングラ」という言葉で片付けないでくれ、と。インタビューをする前から、僕が個人的に桃山さんに対して、そして、水族館劇場の芝居に対して感じていたのは、そうしたレッテル貼りがほとんど意味をなさないような、何かなのだ。その何かを、安易に「両義性」と言ってしまいたい誘惑に駆られるが、そこは思いとどまろう。桃山さんなら、いやいや「左翼」でも「アングラ」でもないよ、何もわかっていないな、でもまぁそう受け取られてもいいや、と深い懐を見せてくれるように思う。曲馬舘のあと、「垣根を越えていく、境界を越えていく」と息巻いて驪團をたちあげたものの、気負いばかりが先行して失敗した桃山さんは、自分のやろうとしていることを百パーセント完遂することは無理なのだから、「五一対四九でいいんじゃないのって、今なら思うよ」とインタビューで語っている。「九対一で勝つとろくなことになんねえぞ」とも。それは、ひとつの立場を強烈におしすすめることへの警戒にほかならない。そこにはきっと、作者性や作品や完成といった近代的な芸術概念に対する桃山さんなりの批判もあるだろうし、そもそも世の中に少しでも変化を与えようとするなら、他人さまの立場や考えも汲んであげないといけないという倫理もあるように思える。他人からの「感化」を少しも隠そうとせず、さまざまな人との縁を大事にしてきたことは、インタビューからよくわかる。思想信条が違っていても、縁《えにし》から自分も他人も変わっていけるということを、桃山さんは心底信じていたのだと思う。だからこそ、彼は自分がいなくなっても続いていくものとして水族館劇場を考えていた。水族館劇場を桃山邑というひとりの人間だけに結びつけることは、それこそ近代的な発想にほかならない。どんなレッテルを貼られようとも、「五一対四九でいいんじゃない」という雰囲気の中、いろんな考えの人間が出入りし、束の間の「この世のような夢」を皆そろって見る場所、それが水族館劇場だろう。夢といってもユートピアではない。台本を書き、稽古をし、仮設劇場を建て、実際に役者たちスタッフたちが汗水垂らして作り上げている場所だ。そのことだけは忘れず、どんな形でもいいかららこれからも支援していければと思っている。

ようやくこの駄文にも終わりが近づいてきた。別の機会に書いたことだが、「五一対四九」の水族館劇場の芝居は、僕にはいつもひとつの生命のように感じられた。決して安定することなく、絶えず破壊と生成を繰り返しながらなんとか平衡状態を保っているからだ。演劇を見ている、作品を見ている、というよりも、まずもって生命らしきものが蠢いているのが感じられ、そこに意味やストーリーが宿る。しかし、生命では抽象的に過ぎる。「ひとのつながりという横断と、追憶という縦断が交差する」この場所《トポス》をどう呼ぶのがよいのだろうか。僕はやはり「エンターテインメント」という言葉を敢えて使いたい。それはインタビューの最後のほうで、桃山さん自身がふともらした言葉だ。「ひそやかに人の振る舞いとして抱き続けるもの。それを、やっぱりエンターテインメントというか、まあ、エンターテインメントでもないのかもしれないけど、水族館は実現していく」。桃山さん自身、この言葉には躊躇いを示しているが、この言葉こそ僕たちの側に奪還しないといけないのではないだろうか。現在では「エンタメ」などと略され、娯楽や気晴らしという、軽い意味で用いられているが、その軽さを決して否定することなく、同時に、「共に維持する」、「くっつける」、「支える」といった語源的な意味を、人と人とが支え合い、人と人ならざるものが交流し合う歓待《ホスピタリティ》に結びついたかつての意味を取り戻す必要があるだろう。すると、芝居という枠組みは消滅し、舞台という敷居はなくなり、やがて、虚と実は溶け合ってゆく。この世のすべてが出来事となり、すべてがエンターテインメントになるだろう。水族館劇場こそ、まさしくエンターテインメント。水族館劇場こそ、夢などではなく、この世そのもの。今はとにかくそう言いたい。

（くわだこうへい／表象文化論）

交絢の世界

おわかれだね

最初は玉姫公園での炊き出し現場でした。

当時寄せ場にかかわっていた労働組合は日雇全協を結成し、山日労にいた玉ちゃんは大型バイクに革ジャン姿で登場します。

角刈り頭でどこか怪しい笑みをたたえた薔薇族もどきのヴィジュアルにびっくりした覚えがあります。

ほどなく山谷の路上で賭博や収入印紙の元締めなどしきっていた西戸組皇誠会との全面対決がはじまって。

ぼくは松沢哲成さんに誘われるまま「三多摩・山谷の会」でいろいろな現地支援を開始していました。

戦いのなか暴動がおきて争議団を中心におおぜいの活動家たちが凶器準備集合罪で囚われました。

玉ちゃんも一緒に捕まりました。活動家なんかじゃなかったのに。酔っぱらっていたのかもしれません。

ほどなく国分寺の公民館で保釈報告会がおこなわれましたが玉ちゃんはベランダの植木に立ち小便をして顰蹙を買いました。

たいへん酔っぱらっていたのでしょう。

山谷に戻ると働く労働者の会を名乗りだします。

ネーミングを問いただすと争議団は働かない労働者だと一刀両断。このときは酔ってなかった。

みんなが頼りにしていた山岡強一さんが暴力団に射殺されて運動が少しずつしおたれていきます。

ある似非知識人が山谷には面白い男がいなくなった、もう支援から手を引くと満座のまえで言い放ったのにはあきれました。

こんど街で会ったら殴ってやりたい馬鹿十本の指に殿堂いりです。いちども会わないのが残念でなりません。

それでも争議団は活動をやめませんでした。荒木さんや中村さんの努力にあたまが下がります。

玉ちゃんもそれなりに活動していました。

もちろん政治的にではありません。

隅田公園の青空カラオケ同好会。夏祭りの司会と踊り。

飲み友達のくまさんや井上さんと農作物もいじってたのかな。

その手にはいつもワンカップがありました。

またしばらく時間がながれてとうとうさすらい姉妹として共演をはたします。

出会ってから十五年たっていました。

夏祭りで無事をたしかめて越冬で思いを仲間につたえてゆく。

最初はシロート！と相手にされなかったさすらい姉妹ですが回をかさねて受けいれられるようになってい

きます。

玉ちゃんの参加が大きかったのはいうまでもありません。

ぼくにとっても黄金の日々でした。

寄せ場のおっちゃんたちによろこんでもらえる場をつくりだす秘法をまなんだ楽しいひとときだったから。

とくに印象に残った場面があります。

酔っ払いのくまさんが仕掛けた釜ヶ崎センターうらでの路上芝居。宣伝ついでに玉ちゃんを飛田遊廓までひきまわしました。

時間がおして走りました。ワンカップをわたせば全力疾走もできたのです。

調子にのった芝居者は玉ちゃんにワイヤーアクションで空中舞踊をさせる始末。

元気だった玉ちゃんは文句をいいながら引き受けました。

台詞をいって不安があるとかならず叱られた猫みたいにぼくをみた。これでいいのか。

どうせいったとおりにやらないくせに。

いまは骨。歩くこともかないません。

玉ちゃんはどこから来てどこに消えていったのでしょう。

なんどめかの死線をくぐりぬけ野戦攻城の楽屋でもうあしたからはこないといった玉ちゃん。

酔っていたのか本気だったかいまとなってはわからない。

Sari
よいお茶を、お求めやすく。
烏龍

いよいよいけないとわかったうえで見舞ったときにまどろんでいるかと思ったらつぶやくように痛みをわたす。

それが最後に交わした言葉。

もうおわかれだね。

日雇下層労働の変容と山谷玉三郎の死

その通り名とおそらく無縁ではなかったはずだ。世界的な名声を誇る歌舞伎役者、坂東玉三郎と同い年の一労働者が山谷のちいさなホスピスでひっそりと息をひきとった。ほどなく毎日新聞に異例のボリューム（一面と四面全部。かりにご本家がなくなったとしても、ここまで大きくは扱われないだろう）で掲載された市川明代記者の署名記事によれば――最後の労働者「玉三郎」逝く、とサブタイトルがつけられている。おそらく寄せ場に暮らしてきた多くの男たちが高齢化して、建築現場における日雇労働力の供給地としての機能をうしないつつある現状と重ねあわせるように。泪橋の交差点にかつてあった関の酒場、世界本店はとうにコンビニにうまれかわり（だがそのガラス扉にはいまもセブンイレブン世界本店と、その名残りが刻印されている）外国人バックパッカーたちが蝟集している。街もひとも時代とともにうつりかわる。きちんと目を凝らしておかなければ、じぶんたちの世界がどこに流されてゆくのかさえ見失ってしまうだろう。経済学者が分析したグローバル化のなかの労働形態のうち、ルーティン肉体労働の変容にかんして、死者のことを思いながらすこし考えてみたい。頑健な身体をもっていたころの玉三郎は流動的下層労働者と呼ばれた一群のなかにあった。土木・建設労働に従事する、その日暮らしの日雇い。玉ちゃんはそうやって釜ヶ崎を経て山谷にながれついた。寄せ場は若い肉体と酒と暴力の予兆でふくれあがり、六十年代から何度も暴動を発現してきた。世界の変革をめざした、あたらしい感覚の活動家たちもその可能性に惹かれたのにちがいない。荒々しくて原初的、だが人間の生の営みの根柢。為政者たちがふりかざす権力に屈しない精神。フーコー、ドゥルーズ、アガンベンと意味性を微妙に乱反射させながら語り継がれてきた「生政治」という支配概念のさきどりがまぎれもなく寄せ場にあり、激しく身を燃やす労働から開放される黄昏どきにおとずれる一杯のアルコールの奇蹟（バタイユ）もまた輝いていた。その街の闘いは一箇の人間としての自由と尊厳を賭けた支配者たちへの抵抗だった。玉ちゃんは革命の拠点を寄せ場にみる活動家や社会の理不尽な不平等に感応する女性たちに「おまえらは好きでここにきている。おいらは好きできたんじゃねぇ」とからかった。それは、名人芸といっていいほどの、存在の痛烈な諷刺だった。残余する、普遍的な作品としてではなく、いちどかぎりの、存在を賭した話術としての芸。現代社会においてはほとんどの労働がパフォーマンスにちかいものになっているとはよく云われることだが、河原者を標榜してきた役者徒党のじぶんたちは、まったく別の脈絡から労働と芸能は重なるのではないかとかんがえてきた。貧農だった家にうまれたじぶんは幼いころ田植えや水引を祖父といっしょに体験した。朝も未明のうちに起き、星あかりをたよりに畦道をわたり、水路を堰き止める板をはずす。すぐにまた誰かが同じことをして水の流れを変えることを承知の上で。他者の水田からじぶんたちの水田に水をひく作業はどこかうしろめたく、労働とは仄暗い、無名、無告のものであることを感じながら育った。そこにパフォーマンスの前提条件である観客はいなかったのだ。田舎から都会にでてきて、頼れる縁戚のひとりもいない若者がてっとり早く稼げる仕事として建築現場にたどり着き、かく汗の量がお金になるのだと思い知った。仕事を仕込んでくれた先輩たちは、ほとんど津軽からの出稼ぎであり、半分くらいはうぶすなに帰れなくなったひとびとだった。だが彼らはみな饒舌で世の中をみるまなざしは面白おかしい攻撃的なものだった。獣が身をかがめて獲物に襲いかかる刹那のような、低く構えたぢべたすれすれの世界観がそこにあった。人生を棒に振ったかのようないさぎよい断念と自嘲的な矜持が綯交ぜの、底辺を這うように生きてきた労働者たちは世代交代を強いられる。

だがあらたに登場するのは貧しい地方の、土地をもたない若者ではなく、アジアの辺境に拡大された版図の片隅から送り込まれるちがう言葉を話すひとびとだ。もう四十年近く建設労働者をつづけているじぶんのような者からみれば現場の職人仕事は細密化された。緻密に管理され、かつてあったおおらかさが本当になくなった。マイナンバーの導入いらい、身元のしっかりした人間以外は就労させない風潮ができあがりつつある。近いうちに危険な仕事は機械だけに頼る日がくるのではないかと思えるほどに。それでも日雇いの職人たちは最後の誇りを投げ捨てない。管理する側と適度なコミュニケーションをとりながら、自分たちの価値観で働くことをやめない。まつろわぬ民なのである。だからほんとうは労働とは「名人芸」的なものではなかったのかともかんがえ始めた。個人としての作品を残すためではなく観客（他者としてのプレゼンス）のまえで存在の諷刺としてなにごとかの痕跡を残すこと。物質的にではなく観客のこころのどこかに徴候をきざみつけること。越冬闘争の焚き火に浮かびあがるザクロのように割れた傷口を隠すことなく、支援者をけむりにまく「殺し文句」を吐き捨てる酔いどれの天使たちのように。玉三郎はまぎれもなく多数のそれらのひとびとの系譜につながる瞬間芸を生きてきた。たとえば「働く仲間の会」を結成したときにも「働く労働者の会」だと自慢げに二重形容し、争議団は「働かない労働者」と揶揄したりした。そんな自由な発想をする玉ちゃんや寄せ場の仲間たちをマルチチュードと楽観的に呼ぶのは控えよう。じぶんもまたいつ怪我するかわからない、保証のない世界で今日をあがなう日雇建築職人のひとりであり、この世に用なき者であり、同時にヘテロトピアとしての一座建立をたくらむ野外舞台の芝居者であり続けてきた。そこからみえるのは絶望であり、じぶんたちは確信をもって希望をあてにしないことから反転する、螢の残存のようなあえかなひかりだけをもとめているのだから。建築と芸能はそれを担う者の流浪性を基底にたもちながら、双子のように互いに関連しあい、長大な歴史を泳いできたにちがいない。あまり云われたことはないけれど、水族館劇場の野戦攻城はほとんど労働でなりたっている。誰にでも建てられる簡便な天幕といったアンダーグラウンド演劇の幻想収容所のようなおもむきと遠くはなれた技術＝芸によって成り立つ舞台装置は、観るものを驚天動地の気分にいざなう暴力性を希求する。既成のものを破壊するための装置を生産するというパラドクスに身をよじるように野外舞台を構築してゆく。作品では断じてないと揚言しながら、かぎりなく技術を緻密化してゆくことによって置き去りにされるなにか。反転するもうひとつの世界にみちびかれるように、ストリートのなりわいとして何も持たない身ひとつの芸能として、じぶんたちは寄せ場を巡業するための「さすらい姉妹」をたちあげた。芸と精神。玉三郎はこのふたつを持っていた。「さすらい姉妹」が彼に接近し、反発しあいながらも協働していくのは当然の帰結だった。もう何年もまえから健康を損ない、ハードワークが無理になっていたにもかかわらず、記者が「最後の労働者」と呼ぶのはどうしてだろうか？　そこには玉三郎固有の事情よりも、この国の経済成長と切り離せない山谷がひとつの役目を終えたという認識が見え隠れしていないだろうか？

時代の幕引きを象徴的なひとりの元労働者の死に肩代わりさせることでは解決できない複雑な問題を、ますます寄せ場は鮮明にしつつあるのではないかというのがじぶんたちの立場である。死んだ玉三郎は、正規の、認知された歌舞伎役者の玉三郎をまねた呼び名であり、彼の芸は模倣だったからこそ芸の核心を衝き、山谷の仲間に「俺たちの玉三郎」と支持された。「さすらい姉妹」との最後の共演となってしまった舞台は「ぢべたすれすれバッタもん」だった。バッタもんは正規の領域から常に攻撃にさらされる。十九世紀の社会学者が断言したように社会はあらゆる模倣で成立しており国家が取り締まるのはオリジナルよりも模倣である。撤去され抑圧される芸能としての存在こそが瞬時に反転して、世界を更新してゆく可能性を持っているのではないか。玉三郎の死はひとつの時代の終焉なんかでは断じてない。解体されつつあるようにみえる山谷の入り口である泪橋のしたには暗渠化された思川が下水道となっていまも流れているのだ。昔日、山谷堀を飛び交った螢の再来をまちながら。たとえ夜空にまたたく銀河がすでに滅んでしまった星の発光にすぎないとしても。こんなことでは何も終わらない。勝っては負ける終わりのない博打のように、じぶんたちのあらがいはなにひとつ削がれない。ほんらい労働がもっていた素朴な潜勢力が芸能に転移し、芸能が社会を揺さぶる契機となるように「さすらい姉妹」は旅をつづける。そう、生きているときに山谷玉三郎と呼ばれ、身体が消滅したとしてもなお残存する痕跡とともに。

朱もどろの海の彼方から

1．赤い森《アカムヤー》、はるかなる幻視《まなざし》のはてに

沖縄の友人はいない。半世紀ちかい昔、まだ何者でもなく夢ばかりをみていた頃、おなじ美術学校で知りあった島から来た女の遊び仲間がひとりだけいた。もう名前もおもいだせない。都会にでてきたばかりで、胸にわだかまる不安がたがいを呼びあっていたのだろう。ぼくはひとり暮らしに慣れるにしたがって下層底辺の危険な労働へと、錐揉みするように吸い込まれていった。それまでじぶんを取り囲んでいた人間たちは安全無害な羊の群れに思えた。こんなところにいたくない。棲む場所も田舎出の若者たちの憧れだった中央線沿線からアンダーグラウンドな雰囲気を漂わせていた浅草の路地裏に変えた。なにかが起こるはずもないのに、なにかを期待して野良犬のように巷をさまよっていた。知りあいの脚本家、相澤虎之助がえがいた「菊とギロチン」の中濱鐵の気分だった。ついでに吐露すれば、その頃どう血迷ったのかギロチン社の映画をつくろうと企てた。プロのカメラマンを半分騙して手に入れた発条《ぜんまい》仕掛けのベルハウエルを廻して16ミリフィルムに焼き付けた。製作者全員で書きあげた脚本に、桃山邑という群体名をつけた。それから桃山邑はずっとぼ

くが引き継いでいる。映画はなんとか完成したが、公開もできないまま家の倉庫に眠っている。借金し、しだいに実家との紐帯もほそくなり、そのうちに切れた。

ひとりで生きていくために日雇いになった。最初に入った飯場は津軽の人間で占められていた。仕事をしこんでくれたのは大杉栄を知っていたという明治生まれの六尺の偉丈夫、フルカワさん。かたみに貰った清水組の法被袢纏はいまでも大切にしている。まわりの人間は変わり者ばかり。おとなになる前に蟹工船にのりこんで、陸《おか》にあがったらダム工事をわたり歩いた生粋の出稼ぎミカミのおど。その純粋な津軽弁はまったく意味がわからなかった。弘前のりんご農家の入り婿トシが帰省するときは彼の車に便乗。肩身のせまい家にすぐに戻りたくない婿どのをおだてて、頽れた廃墟になっていた永山則夫の生家である三軒長屋に連れていってもらったこともある。

日雇労働者として生活《たつき》をたてながら、いつしか反抗的な芝居者になっていた。そんなふうに社会に唾をはきながら、社会のなかで生きるすべを学んでいたのかもしれない。仕事仲間なら沖縄人《ウチナンチュ》はたくさんいる。現場のいっぷくにまで三線を抱き、つまびいていた海釣りの名人、ヤマシロさんにはよく釣果をおすそ分けして貰った。闘牛に狂って、全財産をはたいてしまったカネモト親方は、手下にも手袋させず、昼飯どきも稼がせた。みんな盆になれば先をあらそって、故郷の島へ帰っていった。いつのまにか建設現場の出稼ぎ労働者の里は、北の農村から南の島嶼にうつり変わっていった。親しくなっても交す会話は障りのないことばかり。本土との関係や米軍基地の話題などタブーだった。それらを腹を割って話せるほどの間柄をつくれる場所だとも思っていなかったから、深入りはしないよう戒めていた。どうしようもないことは言葉にせず、ただ呑みこむしかない世界。芝居の領域で、濃密なユートピアを発酵させるため寡黙に徹していたのかもしれない。歴史をたどれば、貧しさのために生まれ育った土地を離れなければ食べていけない苦しさは、この国の近代化の過程で棄民政策を推進した。

　二十世紀のはじめ、メキシコ革命戦争にまきこまれた坑夫、山入端萬栄《やまのはまんえい》のような移民は、列島のいたるところに偏在していたのだろう。紙の上に記録されない敗者の歴史、そこに思いを寄せたかった。両のてのひらで世界を掴もうとしてこぼれ落ち、ありうべきユートピアを仮構する。だが、うまくいくわけもなく、待っているのは蹉跌ばかり。現実にしたたか打ちのめされた精神だけが苦い血をしたたらせてのたうちまわっていた。そんな時代に布川徹郎とNDUの映画「沖縄エロス外伝・モトシンカカランヌー」を見た。ちから弱い者にむかって支配を強化する国家の理不尽な暴力に組しかれながらも、しぶとく生き抜く最下層の娼婦たちがコザ暴動の嵐のなかに輝いていた。すくなくとも飢えた野良犬にはそう思えた。なにかがぼくを呼んでいる、と感じた。持て余した時間を費やすだけの暇つぶしではない人生の意味のなにかが。得体のしれないものが身体に打ち込まれてゆくのを自覚しながら、それでも観客席をたとうとしなかった。

　ひとは生まれながらの血のながれに替えがたく既定された地図をやどしているような気がする。地上を流れてゆく存在の閾《いき》といいかえてもいい。じぶんという個を信じたり、ゆずれない考えを世のなかへアナウンスしてゆくと云った生き方と、何世代にもわたって無縁な家に育った者にとって、世間から指さされる行為は絶対にしてはならないことだった。育ててくれた祖母にはそういう価値観をたたき込まれた。目立つ、ということは、それだけでなにかもめ事の種になる。男女のもつれや、相続争いに利権絡みの土地開発。ぼくの故郷でおきている諍いはそんなものばかりだった。都市ならば剝きだしになり事件としてエスカレートしてゆくものが、田舎町では胆汁質の濁りのように日常にしずんだまま放置される。見猿、聞か猿、言わ猿。後ろ盾をもたない者が無事に世間を渡ってゆくためには、噂になることはつつしまなければならない。祖母のそういう考えがイヤだった。しがらみから逃げ出すように故郷を棄てた。だがぼくの版図は東京止まりだった。

じぶんは蝦夷の末裔であると勝手に思いさだめて、後年、旅芝居の遠征にも積極的ではなかった。寒さはいくらでもたえられるが、暑さにはからきし弱い。瞽女の歌は大好きなくせに、琉球歌はなかなかなじまない。芝居のテーマに人類館をとりあげたときもアイヌの物語が中心だった。理由もなく西が、いまでもこわい。そんな後からつくられた精神の垣根はすぐにでも壊さなければならない。もう芝居をする時間もあまり残されていない今になって、「モトシンカカランヌー」に描かれた世界が胸によみがえってきた。こんどこそ正対を避けてきた沖縄の苦しみにキチンとむきあわなければならない。

当時この映画が地元の新左翼系活動家にきわめて評判が悪かったことは承知している。感性がちがう、といった生理的な差異よりも、現実にどう向きあうのか、という根本的な視座がズレていたのだ。この音楽祭（風車《カジマヤー》の便り〜戦場《いくさば》ぬ止《とど》み音楽祭2019）の企画をたてるまえ、翠羅臼は辺野古基地反対をかかげた映画を定期的に上映してゆく「オカヤドカリの会」の中心メンバーのひとりだった。三年にわたる活動のなかで会に企画を投げたこともある。現地とも精通している他のメンバーからは、音楽祭というイベント的な発想じたいを封じられていた。水族館劇場も布川映画の東京上映を推したが、地元の反対があるという理由でとりあげられなかった。現場絶対優先の感覚で活動していたら、見えるものも見えなくなる。なぜひとは政治的な判断が試される局面で、政治的な判断にのみ依拠してしまうのだろう。面白ければ渾《すべ》てよしとまでは強言しないが「モトシンカカランヌー」製作当時、眉をひそめて運動から遠ざけた、こころあるひとびとのダメな慮りが、今でも連綿とつづいていると勘ぐってしまう。正統性をもとめて想像力の翼が燃え落ちているのにも気がつかない感性にだけはなりたくないと思い、翠羅臼の無謀なこころみに加担した。

底辺の悪所に生きる娼婦やヤクザ者を弾機《ばね》にする変革を世界を掴まえてゆく契機にするのでなければ、藝能の族《うから》を標榜するわれわれにも可能性はない。ドキュメンタリー作家の佐木隆三は、かつて赤い森《アカムヤー》と呼ばれる特飲街にいりびたった。米軍のホワイトビーチ近くの、乾燥した赤土の森のなかに、いくつかの店が軒をならべる売春地帯だ。まだ作家になっていなかった、もと共産党員は、そこで泡盛を呷り、墜ちてきた女の声を聞く。まもなく起きる暴動の予兆を感じとりながら。その悪所は、年老いた娼婦のゆきつくところ。春を鬻《ひさ》ぐのも高齢者なら買いに来る男も高齢者。そんなエピソードの数々はノーベル賞作家のこれ以上ないくらい立派な『沖縄ノート』などより、数段こころに響いてくる。ここにはどうしようもないことに呻吟する下層の民の本音を、全身で受けとめようとする誠実な態度がある。同時にこれらのレポートは忘れられてゆく運命をあたえられた。性の問題はいつでも後回しにされ、耳当たりのよい正しさだけが独り歩きしてゆくのが世の常である。

岡本太郎が「なにもないこと」の眩暈に感嘆した聖なる場所、御獄《うたき》と、赤い埃にまみれた性を売り買いする宿とを重ねあわせてみる想像力がもとめられているのではないか。おそらく「風車《カジマヤー》の便り〜戦場《いくさば》ぬ止《とど》み音楽祭」は沖縄の現実を変えはしない。辺野古基地の問題も解決できない。けれどもリアリズムを生きる底辺のひとびとは、変わらない日常に閉塞感をおぼえるほどに、現実よりも理想を幻視するという方法に則ってゆくだろう。そのことを胸の小槌に、混成旅団は南の島に遠征する。

芝居者は芝居で、出会いの距離を縮めてゆくのが流儀。地元の顰蹙《ひんしゅく》を買うかもしれないが、けっして臆することもない。こころにやどる言葉だけを物語にたくして舞台に立つ。さかしらな謀《たくら》みにすぎないと嗤うのなら無視すればよい。はるかなるまなざしの彼方に赤い森の蜃気楼が揺れている。

2. 異族の文化をつきぬける

過酷な沖縄戦の一年後、折口信夫は音楽や舞踊、藝能の担い手たちが壊滅的に戦死してしまったことに痛恨の苦しみをこめた「沖縄を憶ふ」を発表する。その短文の結びには「あゝ蛇皮線の絲の途絶え——。そのように思ひがけなく、ぷっつりと——とぎれたやまと・沖縄の民族の縁《えにし》の絲！——」とある。高名な古代を愛する文学者は強い思いで沖縄びとを血のつながった兄弟であると断言した。日本のふるい生活様式の祖型はこの南の島にこそ残っていると。敗戦によってアメリカの支配下におかれることを承知の上で書かれた嘆き。そこにこめられた複雑な感情をうけとめるのは琉球を独立した国家であると思っているぼくにとってもさほど困難ではない。藝能とは血や出自を異するまぼろしの共和国をながれてゆくことだから。

翠羅臼さんから「辺野古・高江連帯オカヤドカリの会」の呼びかけ人にくわわってほしいと連絡があったときに、沖縄で反米軍基地闘争をになうひとびとに強い連帯の想像力があったわけではない。人間関係による直感がはたらいたといったほうが正しい。今年は正月元旦からもうひとりの曲馬舘時代の先輩である桜井大造さんと何年ぶりかで会い、ぼくや千代次はいっぽんの川からわかれていった支流がふたたび合流していくような予感にとらわれたのだった。たとえ集団をたがえ商売敵のような関係であったとしても底流に野外天幕芝居を継起しつづけてきた同志意識のような感情が流れていたのだろう。そうあってほしい、あわい願望が流れていたのだろう。そのあと数年にわたり苦い水を飲まされることになるけれど。とおい昔ぼくは曲馬舘から芝居のけもの道にわけいり、たくさんの仲間とであい、協働し、同じ数だけ裏切りや離反をくりかえし現在の水族館劇場にいたっているが、いちばん最初の集団でたたきこまれた芝居者としての根柢を忘れたつもりはない。時代や季節はうつろいゆくけれど地上に圧倒的な非対称はますますひろがり、ロベール・カステルのいう「この世に用なき者」が大量にうみだされてゆく現実のなかで一座の夜会を張るということの意味まで漂白されたわけでもない。ぼくはこのところ、じぶんをごろつきと呼び、国家以前に成立した藝能のかたちを追い求めてきた。直截な言葉こそ使わなくなったが、ぼくの芝居にとって国家は永遠の敵である。政治的であることと文化的であることは相反することなのか。イデオロギーで合致しない一点だけで協働が不能になるほど現在の世界アトラスはシンプルに色分けできるとも思えない。幾重にもおりたたまれたひとびとの無念をときはなつ契機をやどす宴をぼくは藝能という言葉にたくしているが、曲馬舘もまたみずからの集団名に「娯楽の殿堂」と荊棘の冠をいだいていたのを思いだす。そこには底辺にむかってきりもみしながら芝居のけもの道を深化させようとする意思があった。

昨年、サーカス研究（ご本人は興行師と呼ばれるほうが性にあってるとおっしゃってたが）の大島幹雄さんと楽しい対談をしたときに木下サーカスにかつてあった足芸「葛の葉子別れ」がもつ見世物としての艶やかさや、革命と密接につながってゆくメイエルホリドのスペクタクル演劇など、話題が縦横にひろがっていった。そのなかでふたりが共通してこだわっている裏テーマを北方志向ではないかとぼくが直言したときに、宮城県うまれの大島さんは即座にうなずき、じぶんはそれに敗走というイメージを重ねると返答した。大島さんが観てくれた芝居は、津軽から糧をもとめて北海道にたどり着き、サハリンを経て韃靼海峡をわたり、赤軍パルチザンせまるニコラエフスクへと流された少女の物語。銃火のなかブーメランのように網走にもどるしかなかった貧しいひとびとの群れ。連続射殺魔として国家に処刑された永山則夫と姉と母のクロニクルだった。そこから話題は敗者の想像力という領域にはいっていったのだが、翠さんや桜井さんも北海道でそだっており彼らが牽引していた相当はげしい集団の流儀に耐えられたのも、じぶんなりに身体感覚としてしみついていた北方志向だと確信している。ぼくが参画した唯一にして最後の芝居もまた昭和天皇爆砕をもくろんだ、現実の虹作戦をあつかった過激なものだった。アイヌモシリで民族差別をかんがえてきた東アジア反日武装戦線・狼部隊の大道寺将司さんと翠さんたちが同世代であり、同じ場所にいたというのは偶然ではない。

だがいっぽう、この世はたくさんの偶然でもなりたっている。ぼくは建築もまた藝能であるとかんがえ、芝居者と建築職人とを自由に往還してきた。かつて寝食した飯場は津軽から出稼ぎにきたひとびとで占有され、数十年経ったいま建設現場であう仕事仲間は圧倒的にウチナンチュが多い。都市下層労働の構造は高度経済成長以後、バブル崩壊を経て確実に変容してきた。投入される使い捨ての若い労働力は貧しい地域から吸い上げられる。バブル期のフィリピン、現在のベトナム、中国などアジアの辺境はすべからく供給地にされてきた。ブローカーがおくりこむのは合法か非合法かを問わず、つねに富の分け前にあずかれない側の人間たちだ。ぼくの住居である横浜鶴見には沖縄系南米人がたくさん居住している。かれらは近代明治が移民政策で南米におくりこんだ棄民の三世たちだ。故郷の島から移り住んだ血縁が形成する仲通りという大きな沖縄ストリートをよすがに生き抜くために戻ってきたのはまちがいない。かれらやぼくが住んでいる街はかわむこうと呼ばれる京浜重工業ベルトの埋め立て地。この鶴見川にかつて在日韓国・朝鮮人のバラックが簇生し、津軽から集団就職してひとりぽっちになった永山則夫が働いていた場所だ。信じられる祖国などないと明言する金の卵が密航をくわだて監禁されたままみつめた沖縄の海。『無知の涙』に認められた沖縄への共鳴までぼくは描写しきれなかった。

そんななかでの辺野古・高江に目をむけないかというお誘いだった。台本書きとしてのいろいろなファンタスムが大きな円環の輪をたどったような気がした。この幻想は目くらましのようにぼくをとらえて離さない。十代のころ衝撃をうけた、NDUのドキュメンタリー「沖縄エロス外伝・モトシンカカランヌー」のなまなましい映像がフラッシュバックする。復帰前の歓楽街。Aサイン酒場にうごめく娼婦やヤクザたちモトシンカカランヌーの不穏な気分。そこには三星天洋の旗のもと、米軍基地襲撃の潜勢力が滲みだしていた記憶がある。マルコムX、チェ・ゲバラ、LKJ。革命は銃口からしかうまれないとするかつての暴力論と世界の更新への希求は無縁ではなく、燃えさかる炎や荒々しい身体を舞台に登場させてきた芝居者たちのみた夢魔の縁へもつながっていたはずだ。それは忘れたほうがいい無何有の理想郷にすぎなかったのだろうか。グローバル化を推進する強大な権力がふりおろす鉈は、いつでもちいさな弱いものの頭上に踊り、怒りは煮詰められて蒸発させられてしまうのだろうか。インターネット社会というあたらしい現実モデルに対応するメキシコ・サパティスタ民族解放軍のような非暴力への想像力こそが、この国で涵養されていかなければならない課題に思える。そこに至る遠い道のりの理路にぼくたち水族館劇場のめざす藝能の一座建立がどのようにからんでいけるのだろうか。政治的な絶望が深ければ深いほどみはてぬ夢にまどろみつづける芝居者でありたいと考えている。同時にぼくは経済支配のからくりが集中しその矛盾を背負わされた日雇い労働者でありつづける。シンボリック・アナリストと経済学者は名付けた格差社会の上部階層に対し、日々の暮らしさえままならないほど追いつめられたルーティン肉体労働者はそれでも仕事に手を抜くことはない。笑いながらこの世の不平等を憂い、イデオロギーで他者を腑分けするのではなく、3Kと忌避される労働に流した汗を共有する仲間とクールにつながるアンチナルシスの世界認識を獲得する。そこにみえるのは稼ぎをどれほど削られようと絶対にひるまない誇りである。その矜持こそとおい昔から受け継がれてきた藝能者の血流なのだと信じている。

芝居者は夢みるだけでなく、どんなに貧しくともじぶんたちのヘテロトピアを構築してきた。都市下層のふきだまりに。海やまのあわいのなにもない野原に。じぶんたちの歩いてきた道のりや思いを、じぶんたちとは異なるひとびとのこころのどこかに留めておいてもらうことを願いながら。

＊この文章は「風車《カジマヤー》の便り～戦場《いくさば》ぬ止《とど》み音楽祭2019」パンフレットと「オカヤドカリの会・通信」に寄稿したものを、一本にまとめ、若干の加筆を加えたものです。

ぼくの作劇法――座付き作者の使命

云うまでもないけれど、ぼくの臺本造りは、かなり特殊だ。チェーホフ? 知らない。ベッケット? 殺すぞ。アルトー?? さてはてめい、インテリだな。てなもんだ。だからといって反知性主義にひらきなおっていうのでもない。芝居の道にすすんでこのかた四十二年。曲馬舘ゆずりの無鉄砲で失敗ばかり重ねてきた。こんなぼくだが、世間にはむしろ百学連還の血族《うから》のひとりと誤解されている。たしかにジョン・ロックの「知性の正しい導き方」から始まり、演劇いがいの沃野からは、両手にあまるほどの恩寵を受けてきた。だが哲学の本も人類学の本もすべて一篇の詩と読んでしまう。つまりは無教養のはりぼてにすぎない。水族館劇場を最初にとりたててくれた、学魔・高山宏教授の光背が木漏れ陽のように降りかかっているのだとしたら、申し訳ない気持ちでいっぱいだ。ぼくはニーチェの全著作、レヴィ＝ストロースの全著作のなかから、たった一行の詩《コピー》を発見するために、これらの難解な大言海に向きあってきた。学術とは無縁の埒もない山師なのである。だが芝居屋なんぞはなから見てきたような嘘を云う講釈師のたぐいである。演劇の領野の錚々たるインテリどもが束になってかかって来ても、土俵を割らない自負はある。プライドはそこにしかない。そんなぼくの作劇術は特殊だがシンプルこのうえない。

はじめに役者ありき。戯曲があって役者がうまれたのではない。ならば芝居とは臺本が役者に奉仕すべきものではないか。世界演劇としての日本の歌舞伎は近代化の過程で、この大前提を取り違え、西欧に面従していき、やがて新劇というヌーベルバーグに大打撃を蒙っていった。原点である、はじめに役者ありきという大前提を忘れて。それから一五〇年。わが国独自の美学は、普遍とは遠く隔たり、水族館劇場という役者徒党にのみ有効な秘法となってしまった感がある。もちろん一九六〇年代末に勃興したアングラ演劇は、その誤謬を強く批判し、前近代の価値感をもって振り子を戻そうとこころみた。けれどあまりに近視眼的に「新劇批判」を前提化してしまった。それまでのパラダイムそのものを廃棄することで成立する、あたらしい世界観は、いずれ時がくれば、また別の価値体系に変換されるだけではないかというのが、ぼくの立場である。そのことの意味を、もういちど吟味しようとするこの文章は、幽霊の正体をみたがる世間一般にひらかれた素直な「特殊になってしまった役者徒党の、臺本のためのメモ」なのである。では、なにゆえに反故のような書きつけを残したいのか。理由はハッキリしている。当て書きという世間ではあまり評価されない手法の可能性をわずかでも言葉に記しておきたいからだ。これまで機関誌『FishBone』などで、たびたび言及してきたことだが、水族館劇場は役者個々の演劇的才能に準拠しない。下手くそのまま舞台にあげることも厭わない。無論下手なままでいいなんて思ってはいない。発声練習をほどこし、滑舌に磨きをかければかけるほど、その人が生まれながらに持っている可能性がうしなわれていくと恐れてしまうのだ。みんなアベレージをあげていったら、芝居としてはつまんないもの。そういうのは商業演劇にまかせておく。水族館劇場は臺本の意味性を精確に伝えるセリフまわしよりも、あつまる役者の個性をもっとも大事にかんがえる。こじつけではなく、この価値基準はぼくの世界観と対応しているのだ。

ぼくは音楽を、それもかなりの割合で世界中の音楽をかなり積極的に聴いてきた。一番好きな歌手はと問われれば躊躇せずにパキスタンのヌスラット・ファテ・アリ・ハーンと答えるくらい国外のウタに傾倒してきた（もちろん美空ひばりも中森明菜も大好きですよ）。音楽のなかで芝居の台詞にあたる部分が歌詞であろう。芝居と音楽、ふたつの領域における台詞と歌詞の割合は微妙にちがうが、こと音楽に関しては彼らが何を歌っているかチンプンカンプンでも十分にウタの素晴らしさを観取できる。能や歌舞伎なども現代の言語感覚からは意味をくみ取るのに苦労するが、舞台の面白さはキチンと伝わる。これはどういうことか。よく水族館劇場の芝居には煌めくような台詞がちりばめられていると、作者としては面はゆい賛辞をいただくことがある。だがこれらの評価は台詞だけを評価しているむきがある。耳に残る言葉が舞台で発信されたとき、眼はどんなイメージをとらえていたのか

〔以下は、メモ書きとして残されたもの〕

役者を輝かせる

輝かせる舞台をつくりこむ

メラヴィリア
言葉もつねにメラヴィリア
役者が宙乗りで放つ言語と
水の中でじっとしてつぶやく言語はまったくちがう
スペクタクルが一度機能すれば
「桃山の言葉」という括りは通用しない世界には
いってゆく。

スペクタクル
役者が舞台に奉仕する転倒

大上段に構えるようだが、世界は秩序、序列を尊び、ときにはカースト制度のような縛りをうみだしてしまう。為政者が折角するのは次の世もじぶんたちの権力を保持すること。これでは既成権益のパイ争いではないか。いみじくも今回のコロナ騒ぎで露見したように、演劇界の最高発言者がひとりよがりの訴えを世間に公表してしまう。お里が知れるぜ、野田&平田、てなもんだ。ぼくは違う道を歩いてきた。

菅孝行先生の云う「無頼の演劇」だ。

遠心力　物語の意図した未改修　じつは見るものの知性にパラレルに反応する錦めがね。

〔この文章は、桃山邑のパソコンに遺されていた絶筆。「もう少しだから待って」と病床で何度も言いながらも、最後まで書き上げることはできなかった〕

桃山邑との十四年 ―― 矢吹有鼓

『河原者のけもの道』が始動したのは二〇二二年六月十日。東大附属病院の二回目の受診日で、診察時間まで長椅子で待機していたときのことだ。「桃山邑の本をつくらせてほしい」、羽鳥と矢吹からのお願いだと依頼した。桃山さんはちょっと驚いた顔をした。少し間をおいて「それは有り難い」と返事をくれた。診察室に入ると、初診の七日に受けた検査結果を伝えられ、抗がん剤治療を進めていく方針で皆が了解することになった。私は付き添いの千代次さんと遊さん（長男）のあとをついて診察室に入り一緒に話をきいた。その後すぐに桑田光平さんへ「治療GO」とショートメールを送った。治療自体が危ぶまれていたからだ。

発端は三月二十七日、地元病院への緊急入院だった。検査の結果、肝内胆管ガンのステージⅣであることが告げられ、余命半年の宣告を受けた。『出雲阿國航海記』の初日を五月十九日に控えていた。桃山さんはなんとしても台本を書き終えたいと訴え、千代次さんはそれまで治療を待つことを了承せざるをえなかった。しかし、初日を二十七日にずらして台本を書き上げた頃には、命を縮める可能性があるから治療はもうやめたほうがよいと医師に言い渡されてしまっていた。

私が桃山さんの病を知ったのは、ほかの多くの関係者同様、四月下旬だった。驚き哀しくはあったが何もできなかった。五月に入り、桃山さんの関わる最後の公演になるかもしれない、と知り合いに案内を出していく。そのなかで桑田さんが即座に電話をくれた。いろいろ問われるが、正確な病名、いつどのように診断され、いまどのような状態なのか全く答えられなかった。千代次さんに繰り返したずね、少しずつ事態が判明したが、そのとき治療の可能性が途絶えそうな状態であることがわかった。桑田さんが、引き出した情報を手掛かりに何か手立てはないかと調べを進めた。可能性のあるなかで一番早くに受診が叶いそうなところが東大病院だった。

六月七日の初診で、桃山さんは医師に伝えた。自分の願いは、家族との時間を持ちたいということ。家族が希望するので治療はやぶさかではないこと。ただし、やらなくてはいけないことがあるから、治療によってやれたはずのことができなくなるようなことは避けたいこと。延命できたとしても、なにもできない状態での延命では困るということ。以上を丁寧に話した。千代次さんと都さん（次男）のあとについて、桑田さんと私も同席して話をきいた。

十日、治療のGOサインが出たあと、桃山さんが「さっきの本の話だけど」と切り出した。「感謝してる。（『水族館劇場のほうへ』）やったの楽しかったもんな」と声を詰まらせた。「俺はね、精神的な生き物だから、そういうのがないとダメなんだよ。生きがいなんだ。芝居だってそう。みんな体の負担になるからって心配すんだけど、違うんだよ。千代次がテントに出かけちゃうと一人になるでしょ？　そしたらガクってなるんだよ。話し相手いないし。でも秋浜から電話かかってきて、何か起きると、生き生きしちゃうんだよ」と、本づくりの話が、自分の体の負担になることはないと一所懸命に伝えてくれた。

入院前の検査が十四日にあり、また病院へ出向いた。本の打ち合わせと、桃山さんの病気療養および執筆などの本づくりのための活動への支援を募る「桃山基金」（巻末参照）の発足について話をしておきたかった。「桃山基金」については、直接的に自分への支援であることを理解し、改めて、自分ができることをちゃんとやると気持ちを強くしてくれた。また、実際に執筆作業は多くは難しいと思われるので、桑田さんと私が聞き手になってインタビュー形式にしましょう、と提案した。その日、桃山さんは造本の参考に竹中労『にっぽん情哥行』を持ってきていた。今度の本はコンパクトなものにしたい。そう言いながらも、しっかりイメージは膨らませていた。「デザイン、佐藤晃一ってあるでしょ、確か佐藤良明先生のお兄さんなんだよ」。「え？ そうなんですか」。そんなやりとりがあり、のちに、良明先生に『河原者のけもの道』の書名の英訳を依頼することにもつながっていった（果ては英訳経緯について『FishBone』へ寄稿をお願いし、その原稿を本書に掲載までさせていただいた）。

十七日、胆管の状態を確認し、最初の抗がん剤投与を行って様子をみるために入院した。でも状態が悪ければ治療も見送りになるため、周りは気が気でなかった。ただ本人はノートパソコンを持ち込んでせっせと励んでいた。初回投与は無事に終えることができ、週一度の通院投与を三週続け、一週休んでまた三週という通院スケジュールが決まった。インタビューは退院や通院の日を利用して二回分を羽鳥書店で行う段取りとし、最後の三回目は、桑田さんがサバティカルを利用してコンゴ共和国へ旅立ってしまう前に桃山さんの自宅で行うことになった。

インタビュー初回は退院日の六月二十八日。桃山さんは入院した頃にくらべて顔色が少しよくなって羽鳥書店事務所へやってきた。秋のさすらい姉妹の台本のさわり、羽鳥書店の本、同時に進んでいた寄稿文集（『銀河の涯からGood Bye』）それぞれの内容構成、インタビューで話しておきたいことの項目一覧、今後三年分の予定表などを持参した。また、水族館劇場の資料を整理して、私や桑田さんにいつでも送れるようにしてあるからと伝えてくれた。

二回目は通院日の七月六日。体重が一・五キロ増えたと笑顔だった。髪をさっぱり短くして少し若返った印象だ。最後の三回目の七月十一日、東村山の自宅へ桑田さんとお邪魔した。二階から顔をのぞかせた桃山さんは、ちょっと調子が悪いんだと困った顔をしていた。でも、話を少しずつ始めると徐々に調子が出てきて、ぐっと元気になって勢いづいた。千代次さんが合間に少し同席すると、目をやりながら気にかけた話ぶりになる。帰り際、次は十月の帰国後となる桑田さんと、笑顔で再会を誓った。

実際この頃は、調子がいま一つでも、人がやってきて話を始めると元気になっていくということが多かった。毎日、波のように調子の良い悪いが変化し、本人も予測がつかず、千代次さんも日々通いつづけながら、調子に翻弄されていた。

インタビュー後も、自宅や通院先の東大病院へ一週間おきくらいに顔をだすようにした。

八月後半になると、桃山さんは十月のさすらい姉妹の台本がなかなか進まないことに焦り始めていた。『河原者のけもの道』の書き下ろしも進まない。

九月、私は事務所の移転作業に追われ、三週間ほど顔を出せない日々が続いた。一方、千代次さんも今後のことを考えて、桃山さんの借家を引っ越す算段を始めていた。桃山さんはその間も通院をしていたが、血液検査の数値が悪く、投与できない日もあった。何をどこまでできるか、急いで整理をしていたのだろう、寄稿集の冊子製作も結局私が引き受けることになっていたので、この時期、送れるものはどんどん送って寄こし、さすらい姉妹の台本『むすんでひらいて』を書き上げるのに必死だった。

九月二十一日、ようやく東大病院へ出向き、桃山さんに会えた。すると、様子が全然違っていた。長椅子に座って俯き、言葉も出ない。足どりもかなり覚束なくなっていた。本の話をしよう、それが一番だ。短くても少し話をした。「また来週来ますね」。あとで『むすんでひらいて』の台本を見ると、書き上げた日付が九月十八日となっていた。

翌週の二十八日に病院に行くと、診察室前の長椅子に桃山さんが仰向けに横になっている。千代次さんが車椅子をそばに置いて待っていた。もう歩けなくて、と。千代次さんも苦しそうだ。桃山さんに声をかける。ああ、と目を開ける。長い待ち時間を横になったままポツポツと話をした。診察室に入って担当医師が驚く。これまでの鈴木さんとは違う、これじゃいけない、このまま緊急入院にしましょう。しかし桃山さんは、やらなきゃいけないことがあるので自宅からノートパソコンを持ってきたい、いったん帰りたいと頑として譲らない。千代次さんと医師も折れ、翌々日に入院することになった。

診察後、車椅子を私が押して移動した。千代次さんは書類をもって右往左往し、桃山さんは小さく声をかけながらその姿を見守る。調剤の専門医のもとへ行き、入院が決まったことを告げた。「緊急入院なんでしょ。帰っちゃだめじゃない」「いや先生ね、この人編集者で、僕の原稿を待ってるんですよ。どうしても書かなきゃいけない」。口ぶりが少し戻った。「パソコン運ぶの千代次さんには無理？ 私が付いて行きましょうか」と説得しようとしたが、千代次さんを尻目に「千代次の怖さを知らないんだよ。なんでも捨てちゃうんだから」と逆効果だった。

検査のため、二階から一階へ降りようとエレベーターを探した。ようやく見つけて車椅子を押して入ろうとした瞬間、正面が等身大の大きな鏡ばりになっていることに気づく。そこには、痩せ細った桃山さんが膝をたたんで座っている姿が映っていた。なんてことだ。その姿を晒してしまったように思い、桃山さんの目を見ることができないまま、乗り降りを急いで終えた。その日は風子さん（長女）の迎えで、車椅子から二人に車へ引っ張り上げられ、助手席で手をあげる桃山さんを見送った。

三十日、桃山さんは入院した。その前に、さすらいの稽古に出向いたようだった。本番は十月六日に始まる。しばらく体力回復のため入院するはずだったが、十月四日、突如退院となった。本人が帰りたいと言い出し、拒薬、拒食、ステントも拒否、医師の説得も無駄、「家族を呼べ」となり、手のつけようがなくなって連れ帰ったというのだ。しかし、電話口の千代次さんはむしろ吹っ切れて笑っていた。「桃山は最後まで桃山だ」「私、可笑しくなっちゃって」と。本当にこの二人のやりとりは凄まじい。

十月五日、介護ベッドが入ったばかりのリビングに入ると、桃山さんの後頭部が見えた。そばに寄って「退院しちゃったんですね」と声をかけると、かすれた声で「脱走してきた」と小さく笑っている。本文のレイアウトを見せて了承を得る。残りの原稿「ぼくの作劇法」を問うと、「途中までできてるんだけど」と脇のパソコンで見せようとするが、意識が薄くなり動作がつづかない。「あと二日待って」と言われた。帰ろうとしたとき、桃山さんが私を見上げて、「ごちゃごちゃしてる?」と聞く。「そうね、相変わらず仕事いっぱいでごちゃごちゃしてる」と言うと、ダメだよ〜という顔をした。「でも桃山さんもずっとそうやってきたじゃない。同じだよ」と返すと、目を閉じて微笑んでいた。

翌週十一日は、近藤ちはると淺野さんが玖《きゅう》ちゃんを連れてやってきてくれた。本の装丁の話をする。桃山さんは以前にちはるさんへ中村とうよう『大衆音楽の真実』のデザインを踏襲したイメージ図を渡していた。ただ、そこに描かれた星枠の人物が何なのかわからない。本とセットになったLPがあるというのだが、すでに引越しのため二階のかなりの荷物が段ボールに仕舞われていた。私たちが見つけられないでいると、桃山さんがしびれを切らして、自分が二階へ上がるという。淺野さんと千代次さん二人で支えて階段をゆっくり登らせる。LPのあった寝室に座り込むと、段ボールを指さした。最初のは空振りだったが二つ目あたりでヒットした。そのジャケットにはミュージシャンのスターたちが星形の枠に囲まれ、散りばめられていた。私たちが歓声をあげると、桃山さんは自分の頭を指差しながら、「すべてここに入ってる」と言いたげな顔をした。
ぜいぜい息を吐きながら、再び支えられて一階へ降りた。もううまくしゃべれない。かろうじて聞き取れる声で、「しゃべれなくてごめんね。辛い」とこぼした。淺野さんに抱えられて無邪気な声をあげている玖ちゃんに、「がんばろうね」と声をかけた。最後に原稿についてたずねた。しばらく考えたあと、「完全原稿で、あした」と声をふりしぼった。

でも原稿は来なかった。千代次さんからいよいよ近い気がすると連絡が入り、予定を早めて十八日にたずねることにした。午後一時半くらいに着いた。薄曇りの穏やかな日で、二階建ての一軒家はひっそりとしていた。玄関で声をかけて入ると、千代次さんがベッドの脇に立っている。「もう息をしていないの」。まだ温かい桃山さんの様子を確かめながら、せめてものお礼を耳元で伝えた。一時間ほど前に、千代次さんが見守るなか、息を引き取ったそうだ。

まもなく、訪問看護師の女性がやってきた。桃山さんと千代次さんを丁寧に労ってくれた。医師もやってきて死亡確認をとる。風子さんも子どもを連れてやってきた。体が硬くなるまえに着替えさせてあげましょうと、看護師でもある風子さんと訪問看護師が二人で手際よく湯灌の支度を始めた。千代次さんは、桃山さんが気に入っていた仕事用の薄ピンクのシャツを渡し、孫を外に連れていき相手をしている。私は隣の部屋に移動し、二人の作業をゆっくりと待った。その部屋には、壁を傷つけないように組まれた棚にまだびっしりと本が残っていた。二人のやりとりが漏れ聞こえる。ああ、こうやって桃山さんは、小柄で逞しい女性たちの手によって旅立っていくのだな。静かで穏やかな時間だった。

ちはるさんと淺野さんが玖ちゃんを連れて、装丁のラフを見せようと向かっていた。途中で間に合わないことがわかったが、着替え終えた桃山さんのそばにラフと黒ラベル一缶を置いてくれた。

翌々日の二十日、桃山邑逝去の報をどのように出すかなどの相談もあって自宅をたずねた。桃山さんは荼毘にふされるまで安置場へ移され、風子さんが一緒に引越しの片付けを行っていた。千代次さんがお昼食べてと声をかけてくれ、三人で食卓を囲む。話を終えたあと、残り少ない荷物のなかの、桃山さんのパソコンを開けさせてもらった。ファイルはきれいに整理されていた。そもそも七月十一日の段階で、桃山さんは一九九一年からのテキスト類をすべてまとめて私に託してくれていた。だが、最後の原稿はもらえていない。フォルダに残っていた原稿を見つけた。使ってよいUSBはないかと千代次さんにたずねたら、「ああ、これのこと？ 捨てるところだった」と言いながらいくつも入ったビニール袋を渡してくれた。桃山さん、そういうことね。

桑田さんが二十二日に帰国した。元気に送り出してくれた桃山さんが再会間近にいなくなってしまったことは、受け入れがたい事実だった。十一月一日、桑田さんと一緒に千代次さんのアパートへお参りにいった。あとで、骨壺は都さんが焼いたものだと聞いた。「桃山、桑田さんとはこれからいろいろ一緒にできたのにね」。帰りがけ、桑田さんと駅で別れて、もうすぐ引き渡しになる桃山さんの家を見に行った。薄暮で家のなかも薄暗い。あれだけ詰め込まれていた本もなにもない、空っぽだった。門扉脇の郵便受けには、表札がわりに貼られた緑の養生テープに、「水族館劇場　鈴木・桃山」という桃山さんの字が残っていた。

（やぶき ゆうこ／編集）

交絢の世界

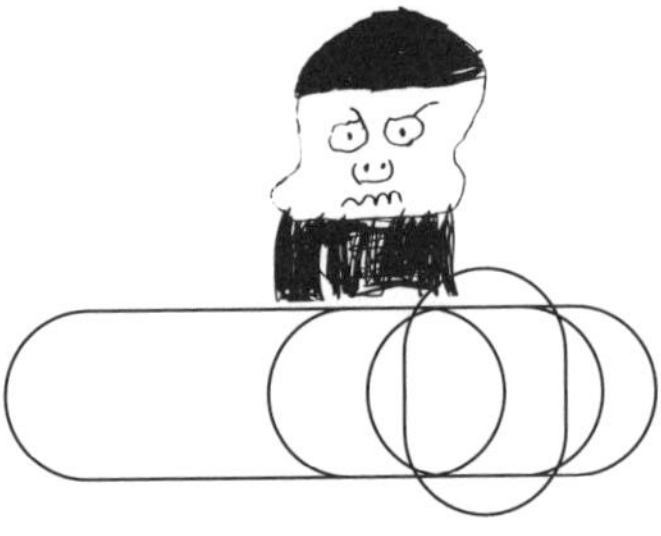

番外篇

こんな音楽で舞台をいろどってきた

　今日は、ぼくが子供の頃から聴いてきたいろんな音楽についてざっくばらんに話そうと思う。収録した動画でも触れているように、少年の頃、本のつぎに好きになった「表現」は音楽だった。田舎育ちでなにもない町だったけれど自転車を三十分ほど走らせれば隣町に行けた。そこにはレコード店が二軒あったのだ。どちらかというとひとり遊びが好きだったぼくに母がポータブルプレーヤーを買ってくれた。ＬＰ盤を乗せると本体からはみだしてしまうくらい粗末な玩具にすぎなかった。当時、歌謡曲はシングルが主流で、それなら小学生にもお年玉で買えた。戦後の高度経済成長はピークに達しつつあり、安価な労働力として、地方の農家から金の卵や季節の出稼ぎが都市に流れ込んできた時代。艶歌と呼ばれる、故郷喪失者が都会の裏路地で実を結ばぬ性愛をつぶやく、といった敗者の嘆き唄が主流だった。青江三奈や森進一といった、どこか陰のあるスターたちに、たぶんうまくいかないであろう自分の将来を投影していたのかもしれない。意味もよくわからず夢中になった世界は、成長して都会に出てきてから痺れたサザンソウルに似ていた。いまならそれがコブシと呼ばれる大衆音楽独特の歌唱法であると指摘できる。でも子供のぼくは都会のネオンサインにあこがれていただけかもしれない。

やがて思春期をむかえると、既成の枠組みの中で大量生産される音楽とは別の価値規準を持った、シンガーソングライターやビートルズの登場以降、堰をきったように登場してきたロックの世界観に影響をうけてゆく。なかでもラテン音楽の評論家だった中村とうようが創刊したNMM（ニューミュージックマガジン）を毎月こころ待ちするようになる。編集長みずからがフレッシュな若者の音楽を積極的に擁護し、同時にポピュラーミュージックの歴史をひろめていこうというこころざしが誌面から溢れていた。当時NMMのメインは発売されるレコードをジャンルを問わずに点数で評価する「今月のレコード」というコーナーだった。情報がほとんどなかった時代、数ヶ月に一枚程度のLP盤しか購入できなかった田舎の貧乏少年にとっては大変ありがたい羅針盤だった。ぼくは好きだったジャンルよりも評価の高いレコードを聴き漁るようになってゆく。そうやってブルースと出会い、米国の黒人音楽の源流をさかのぼるようにアフリカのポピュラーミュージックに魅かれていった。

同時に日本の伝統的な民俗音楽にも興味を持つようになる。小沢昭一や五木寛之、松永伍一、竹中労といったひとたちが忘れ去られようとしている過去を拾い集めるために全国を旅して歩いた。そうして貴重なドキュメントレコードとして残されたものに耳をかたむけてゆく。これらは総じて藝能と呼ばれる民衆の声であり、こんな音楽を渉猟してきた積み重ねが現在の芝居者としての原基をつくっているような気もする。この時期ぼくはまだ芝居の世界と出会っていない。音楽だけを夢中で聴いて、その栄養素を身体に取りこんでいたのだろう。

鄙を棄て、都会にでてきたぼくは紆余曲折を経て曲馬舘という旅芝居の集団に合流する。劇団と呼ばないのは、それが所属した役者たちの共通認識だったからだ。翠羅臼が創設したこの役者徒党は急進的な政治テーマとスペクタクル（その名のとおり本物の馬を使う）で人気があったアングラ第三世代だけれど、様々な音楽家たちも出入りしていた。ぼくとは入れ違いだがメジャーデビュー前の坂本龍一も食客だったらしい。彼は一曲だけ曲馬舘のために作曲している。「愚者の謝肉祭」という芝居のテーマ曲だ。いまとなっては彼自身のバイオグラフィーから消し去りたいのか、この時代のことは話題にしない。翠羅臼は後に不破大輔と渋さ知らズと何度も仕事し、Pファンクのような素晴らしいカオス的センスを発揮するが当時はあまり音楽に強い興味を持っていなかったように思う。一度、音楽遍歴をたずねたら学生時代はそれどころではなかった（運動で忙しかったということだと思う）と答えてもらった記憶がある。芝居のラストで流れるピンクフロイドだけはやめてくれ、と懇願した覚えがある。ぼくは芝居よりも音楽だった。

曲馬舘に入団はしたけれど最初の旅が最後になった。二十歳をかぞえたばかりのぼくには新鮮な体験だったが旅芝居を長年続けてきた中心メンバーは長い総括期間に疲れ切っていた。再出発の精神的支柱ということでは誰よりも桜井大造に責任が集中していった。台本演出いがいの、ほとんどすべての作業が当時まだ三十前だった彼の肩にのしかかっていた。旅の後、残ったメンバーは、ふたたび捲土重来を期したが、余力は残っていなかった。最先端の音楽の世界は商業ロックを否定したパンクムーブメントからニューウェーブの時代へと移行していた。今回ご紹介するリザードの「さかな」という曲はその頃発表された。朧げながら今でも記憶に残っている。韓国の光州蜂起に呼応するように、ぼくたちも所属していた京大・西部講堂連絡協議会は、大晦日に「市街戦の気分で」というオールナイトコンサートを企画する。紅白歌合戦のステージからヘリコプターで京都に舞い降りたダウンタウン・ファイティング・ブギウギバンド（宇崎竜童も発売禁止になるような音盤を自主制作していた）を迎えにいったり裏方の役目を担っていたが、楽屋で一息ついていたらステージから音楽が途絶え会場が騒然とし始めた。リザードのリーダー・モモヨが観客のこころない野次にキレて突然演奏を中断したのだ。スタッフの説得でライブを再開したモモヨは「さかな」を歌ってステー

『ドキュメント「日本の放浪芸」小沢昭一が訪ねた道の芸・街の芸』（発売当時はLPの4枚組）

五木寛之『ここに本当の唄をみつけた』対馬篇、田川・博多篇

LIZARD『SA・KA・NA』

ジを降りる。一聴瞭然、水俣病をテーマにした楽曲だ。その年、曲馬舘は水俣公演をたくらみ制作がうまくいかず断念。制作を担当した中原蒼二は後年、水族館劇場に関わるようになっても、当時地元で受け入れに奔走したひとたちと連絡をとっていた。毎年送られてくる甘夏をマーマレードにしておすそ分けしてくれた。その中原も今は海に睡っている。懐かしいおもいでに浸ってばかりもいられない。この春の野戦攻城は加速する資本主義社会への最初の警告ともいえる水俣の世界をとりあげる。たび重なる引っ越しで紛失したと思っていたリザードのＥＰ盤がみつかった。ぜひ聞いてください。

曲馬舘が解散したあと、ぼくは同世代の仲間たちと驪團《りだん》という旅芝居集団を結成する。はやり立つ気持ちをぶつけた旗揚げ公演は「越境天使」。劇中で流れる音楽はほとんど全てがレゲエ。レベルミュージックとして登場したボブマーリーが世界的スターになっていたが、最も気になったのは台頭してきたネオナチの潮流に対抗したロック・アゲインスト・レイシズムの中軸、ダブポエット・リントンクウェシジョンソン、ミスティインルーツやスティールパルス、マージャー、アスワドといったＵＫレゲエバンドたちだ。とりわけ、オフステージへのテロに対抗するため覆面をしながらステージにあがっていたというミスティの硬質なサウンドと危険な匂いにみちた歌詞は大好きで、水族館になってからも客寄せで流したりした。

ヨーロッパの情況から比べれば生ぬるいとしかいいようがない日本にあって、寄せ場（日雇労働者の住居する町）で起こった解放運動はどんどんエスカレートしていった。山谷での利権を奪われまいとした皇誠会・西戸組とリアルな政治闘争のなか、ドキュメンタリー映画を撮影中の佐藤満夫監督が刺され、後をひきついだ山谷争議団の実質的なリーダー山岡強一も大久保の路上でやくざの銃弾に射殺された。三多摩山谷の会という支援グループで活動していたぼくは、やまさん（山岡強一）の遺体を引き取りに新宿警察にいったりした。争議団と最も親しかった桜井大造の風の旅団を中心に翠羅臼の夢一簇、武田一度の犯罪友の会、那加精四朗の白髪小僧などの野外劇団が実力闘争に加担していった。一連の事件の前夜、驪團も公安警察による弾圧を経験していた。ポスターに昭和天皇の首が落とされる錦絵を配し、テロリスト難波大助を主人公に仕立てた「最暗黒の東京」公演だ。いちどは許可しておきながら公安主導による許可取り消しでぼくたちは排除された。機動隊に囲まれながら芝居を観に集まった客に謝罪す

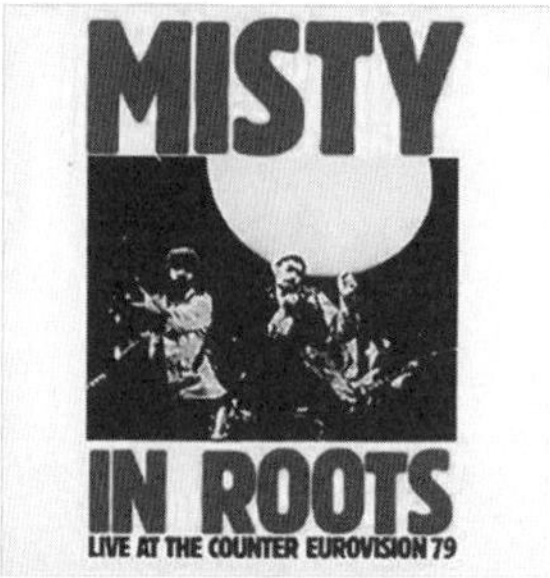

MISTY IN ROOTS
『LIVE AT THE COUNTER EUROVISION 79』

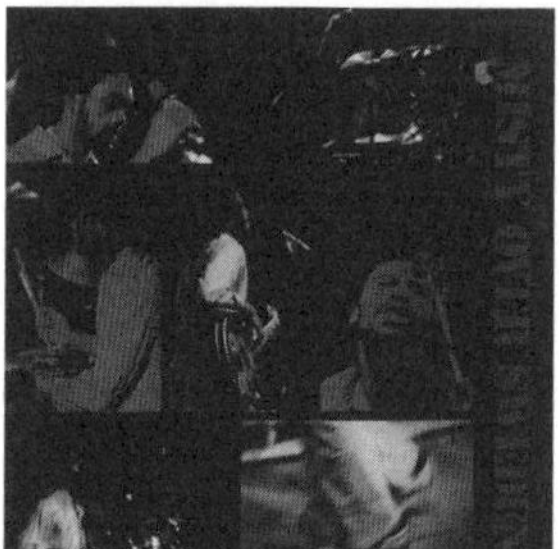
MISTY IN ROOTS
『MISTY OVER SWEDEN』

FELA KUTI & AFRICA 70
『KALAKUTA SHOW』

るぼくたちに、法政大学学術委員会から救いの手がさしのべられた。リベンジ公演を市ケ谷キャンパスで実行しようという提案だった。右翼が襲撃してくるという、まことしやかな噂が流れ、竹槍を持った学生が天幕を防衛するというピリピリムードで幕は切って落とされた。主題歌を高校の旧友AOTO-MOD（オートモッド）のジュネに頼んだ。この芝居のラストに選んだのが、現在にいたるまでぼくが最も深く音楽的影響を受けつづけたアフロビートの創始者フェラ クティの「カラクタショウ」である。戦いに赴くような煽り立てるリズムは学歴を持たない故、学生運動とも無縁だったぼくに束の間おとずれた政治の季節だったのかもしれない。

驪團のメンバーとも不本意な形で別れたぼくは、いよいよ水族館劇場をたちあげる。それまで拒否してきた作演出という権力的立場を望んで全うしようと覚悟を決めた。大八車で筑豊炭鉱を巡演したのだが、ずっと耳の奥に響いていたメロディーがある。ヴァージンVSの「水晶になりたい」だ。稲垣足穂にインスパイアされたであろうこの楽曲は野戦攻城の前身である天幕芝居「亜細亜の戦慄 六部作」の主旋律になってゆく。ふた月に及ぶ筑豊漂流から東京に戻ったぼくらは合流してくれた旧驪團のメンバーと雑司が谷鬼子母神に流れついた。十二月の凍えるような夜、ブルーシートにくるまりながら公演のために境内に野営した日々が思いだされる。東京初お披露目といえる舞台に流れていたのはフェラ クティとともに最も敬愛するミュージシャン、フランク ザッパだ。名作と云われる「シーク ヤブーティ」のなかの二曲を選んだが、未見の方は是非「Does Humor Belong in Music?」をおすすめする。

YouTubeにアップロードされているので無料でみられるが、できればザッパの深い洞察と切れ味バツグンの批評精神をことばたくみに翻訳した字幕版レーザーディスク「音楽にユーモアは必要か?」のほうが日本人には楽しめる。ぼくは水族館の初代音楽監督だった小野達也から字幕つきVHSをプレゼントされた。音楽や芝居が存在する希望のようなものを笑いとともに届けてくれる。

こうやってスタートした野戦攻城は九〇年代末、廃館する亀有名画座を借り受け映画館を改造しながら「昭和雨月物語」を興行する。このとき映写室に泊まり込んでオリジナル楽曲を次から次へと作ってくれたのが驪團時代からの劇友マディ山﨑である。川崎の鳶をしながら高い演奏技術を持つギタリスト、マディには最も長いあいだテーマ音楽を担当してもらった。舞台の中で生演奏を披露した場面を覚えておいでの方もあるだろう。

世紀が変わるとスペクタクルはいよいよ本格化していった。短期間の公演で、行き詰まっていた水族館劇場は駒込大観音の助力もあって長期間公演を断行、観客動員を増やしてゆく。新旧の役者のちからみなぎる黄金時代だったかもしれない。団子坂を後にしてから出会った太子堂八幡神社、三重・芸濃町の東日寺、新宿花園神社、ヨコハマトリエンナーレ(横浜寿町)などの場所にもそれぞれの音楽が流れた。役者と同時にヴァイオリン奏者でもある山本紗由、美濃の陶芸作家・鈴木都、シンガーソングライター・東野康弘、博多の藤澤智英たちが舞台をオリジナル楽曲で彩ってくれた。二〇一九野戦攻城「揺れる大地」では頭脳警察のPANTAが主題歌を引き受けてくれた。ぼくらは結成五十周年を迎えるバンドのために仮設小屋を全面的に解放した。頭脳警察にとっても、超満員の聴衆にとってもおもいで深いコンサートになったと自負している。

最後にメモリアルから未来の話をしよう。今年は水俣の世界と綯い交ぜに、東南アジアのからゆきさん、天草四郎と島原の乱をテーマに組み込むつもりだ。「サンダカン八番娼館」でも知られているように、明治の棄民政策は帝国主義の版図を南洋に展開してゆく。時代も異なるこれらの社会問題に共通するのは有明と不知火海域というトポスであり、故郷喪失という物語である。インドネシアは中村とうようが大好きだった大歌手、エルフィスカエシを生んだ国だが、戦後補償の問題で瀬島龍三（伊藤忠商事）が暗躍した政治的ブラックボックスの要衝地でもある。これらの因果がどう絡まりあって一箇の舞台となってゆくのか。劇中音楽のゆくえとともに、どうかお楽しみに待っていてほしい。春はもうそこまでやってきています。

＊文中、人名の敬称を略しました。いまは移転した「流浪堂」は、「古書ほうろう」とともに水族館劇場にとって強力な助っ人です。

〔本エッセイは「古本遊戯 流浪堂」で二〇二一年四月に開催された「水族館劇場を彩る音楽展――世界を何度でもとりもどすために」展パンフレットのために書き下ろされ、のちに水族館劇場公式サイト「ONLINE FISHBONE」に掲載された〕

二〇二一野戦攻城
「アントロポセンの空舟」
プレイベント
於：古本遊戯 流浪堂

水族館劇場を彩る音楽展

Music for Suizokukangekijou

——世界を何度でもとりもどすために

2021.4.3sat-18sun/Close.thu

山谷の夏

for
Suizokukangekijou

STAR★CRAZY
KOSSOFF
Back Street Crawler

THE COLLECTION OF
TOYO NAKAMURA
中村とうようコレクション展
楽器とレコードを中心に
Naked
アントロポセン
の空舟

「水族館劇場を彩る音楽展
――世界を何度でもとりもどすために」
展示用POPテキスト

【LPレコード】

隠れ切支丹

水族館劇場「Naked アントロポセンの空舟」二〇二一年／羽村宗禅寺／特設野外儛臺「虹の乾坤」

僕が十五歳の時に隣町のレコード店で取り寄せてもらった。こんなレアな音源ばかり注文してたので店主にすっかり顔をおぼえられた。ジャケットは横尾忠則。中身よりはデザインに魅かれたのかもしれない。ずっと後に芝居をやるようになって、「浦上四番崩れ」の片岡弥吉教授による貴重な「おらしょ」採録だったことを深く認識した。一度ノイズと混合して効果音にしたことがある（廢墟の森のディアスポラ）。次はどう使うか、乞うご期待。

杉本キクエ／越後の瞽女唄
かわいがらんせ

水族館劇場「さまよえる日本人 迷路ノ弐 東京軍艦島」一九九五年／東中野青林堂ビル解体特設蜃気楼劇場

この芝居ではラストシーンで流れる映像のため、越後高田から佐渡島に渡る大ロケーションをおこなった。女優三人に子役ひとりが瞽女《ごぜ》に扮して最後は新宿に移った都庁の裾野にひろがる野宿者たちを門付けした。撮影隊は大雪のなか、雁木ならぶ町並みや瞽女にまつわる目の神社などを巡った。帰りのフェリーで航行中、阪神大震災に遭遇。ポスター、チケットは静岡の近藤道彦さんがシルク印刷でつくってくれた。半券を切るかわりに千枚通しで北一輝の片目を射ぬくと裏に刷られた昭和天皇の心臓に重なるという仕掛けだった。場所は東中野の旧ポレポレ座跡。オーナーの本橋成一さんの信頼を得るため、山形国際ドキュメンタリー映画祭の仮設映画館づくりをしたことも懐かしい思い出だ。

小沢昭一／日本の放浪芸　伊勢太神楽

水族館劇場「Ninfa 嘆きの天使」二〇一四年／三軒茶屋太子堂八幡神社／特設野外儛臺「化外の杜」

どうやってこの高価なレコードを中学生が手に入れたのか今となっては思い出せない。でも名状しがたい狂疾に囚われていたのかも。高度経済成長中の世の中からこぼれ落ちた、かつての暮らしの慎ましやかな美しさを一顧だにしなかった。オイルショックなんてのもあったなぁ。時は流れて平成の世に、うちの役者が伊勢太神楽に弟子入りするとはおもわなんだ。太子堂八幡神社のこんもりとした鎮守の森でプロローグでお披露目した曲芸はこの時すでに音盤に刻まれていた。

松永伍一／ドキュメントにっぽんの子守唄

水族館劇場「星澄ム郷へ」一九九二年／四谷・名古屋・岡山・松山・博多・筑豊

このレコードのなかに森崎和江の案内による炭坑夫たちの声が収録されている。東京で天幕芝居を転戦した最初の劇作シリーズは坑夫の鎮魂の物語。全編にわたって参考にさせてもらった。水族館の芝居は、必ずと言っていいほど童歌を参照したりオリジナル楽曲を歌ったりするのもこのレコードの名残だ。

五木寛之／ここに本当の唄をみつけた

田川・博多篇　水族館劇場「星澄ム郷へ　筑豊暗黒星巡り」一九八七年／筑豊炭鉱跡地各所・博多水上公演

最初の轍を筑豊から始める、と決めたとき、勇気づけられた一枚。このころ五木さんは艶歌のプロデュースなどにも力を入れており、そういった流れでこんな珍盤が吹き込まれたのかも。黒幕は当時接近していた竹中労。革新自由連合なんてのもあったなぁ。渋谷のジァン・ジァンなんかによく通ったっけ。

竹中労／波まくら博多淡海

さすらい姉妹「忠治旅日記 二の替わり」「NORTH 無知の涙 ZEPHYROS」宝塚公演　二〇〇四年／宝塚大林寺

武田和夫さんが中心の死刑制度廃止集会になぜか招かれ、この二本立て芝居を上演した。登場人物に博多俄《にわか》のお面をつけてもらった。まだ芝居とは縁がなく浅草にすんでいたぼくは木馬館で開催された竹中労の講談「黒旗水滸伝」によく通った。田谷力三のオペラ、安来節なども聞いたなぁ。そういった指向の最大の収穫は島唄だろうがおなじ流れで博多俄を記録した。

ドキュメント69〜70シリーズNo.2
山谷の夏

さすらい姉妹一九九六年〜

そもそもさすらい姉妹ははじめに山谷ありきだった。暴風のような政治の季節が過ぎ去ったあと、あれほど賑やかだった山谷の支援は少しずつ去り、あたらしく代替わりした。芝居者はいなかった。この珍しいEP盤は曲馬館の床に転がっていたものだ。当時ぼくは稽古場に住んでおり大嫌いなヒッピーたち（怠け者としか思えない。マリファナもアウト！）の巣窟にさせないための防波堤になっていた。このドキュメントも竹中労の指向だろう。とにかく最初から寄せ場と芝居は不可分だった。

O.V.Wright / I'm Going Home

野戦攻城・さすらい姉妹　客送り、役者紹介

　水族館劇場ファンならご存知でしょう。客送りで流れる、マイフェイバリットシンガー屈指の名曲。恰幅のよかったO.V（消去されたけどゴスペルを激しく歌うO.VがYouTubeにアップされていた。マイクを放り投げ、それでも歌い続ける、凄い暴れっぷりだった）が亡くなる直前来日。痩せこけた姿にもかかわらずサザンソウル最後の大物ぶりを発揮した。パソコンなんてなかったからぼくは阿佐ヶ谷のバレルハウスというブルース酒場で店主の井上厚さんにレアな動画を毎夜見せてもらった。

Linton Kwesi Johnson / Reggae Fi Radni

驪團「ダンシングテロリスト嗤う摩天楼」一九八四年／弘前・函館・北海道大・仙台・小平・静岡・浜松・名古屋・大阪・京大西部講堂・関西学院大・広島・岡山・博多・熊本・横浜寿町・北海道大／越境疾駆テント

　二十代なか頃のぼくが一番好きだった音楽がロックアゲインストレイシズムの旗の下で活躍していたブリティッシュレゲエのミュージシャン。なかでもリントンは大のご贔屓。後年、毛利嘉孝がロンドン留学中に会っていたと聞いてびっくり。日本列島縦断の驪團最大規模の旅芝居だったが、北海道で公演を潰されたり各地で問題起きたり、あんまり楽しい旅じゃなかった。博多で野営した朝まだき、寝巻きを着たままの大男がぼくらが暖を取っていた焚き火に割り込んで嫌な渡世だ、兄ちゃんたちも大変だなと悲しそうに朝日をみつめた。大相撲の輪島だった。花籠株騒動で宿舎にいられず旅役者に紛れてつかの間の世間話をしたかったのかもしれない。

Elvy Sukaesih / Syirin Farthat

水族館劇場「Naked アントロポセンの空舟」二〇二一年／羽村宗禅寺／特設野外舞臺「虹の乾坤」

　インドネシアが生んだ大歌手。中村とうようのプッシュで日本でも大人気。ジャケットのミュージックマガジン表紙をみると、たけなかろう（この頃ひらがな表記？）やグリールマーカス（人畜無害のピーターバラカンなん

かより猛毒批評の彼が好き！）の名前が並んでいる。これからぼくはボルネオのジャングルに分け入り日本軍の痕跡と戦後補償の闇を引きずりだす覚悟だ。この名曲もどこかの場面で活躍するかも。

Clifford Thornton / Ogún Bára

水族館劇場「さまよえる日本人 迷路ノ壱 異族のパジャドール」一九九三年／雑司ヶ谷鬼子母神

このレコードは十年探した。今でこそネットで探索できるし、YouTubeで無料で聞けるけど、この当時は中古レコードを探していろんな街へ出かけていった。渋谷のディスクユニオンでみつけたときは狂喜したっけ。内容も素晴らしい。この芝居のプロローグはナグネとグループに韓国の農楽を演奏してもらった。一転、戸籍を巡る暗い物語への導入にふさわしい音楽だった。

Fela Kuti & Africa 70 / Kalakuta show

驪團「最暗黒の東京」一九八三年／法政大／越境疾駆テント

今に至るもすべての音楽、いや他のジャンルを含め最も深い影響を受けたアーティスト。水族館の企画製作にかかわるKoola Lobitosは彼の最初期のバンド名。この楽曲はことさら愛着がある。フェラはこのとき自らのコミューンを警察に襲撃されそのときの怪我で母親をなくしている。その時の情景が緊迫したリズムの中に描写される。みずからの拠って立つ音楽で反撃を開始するという姿勢もいい。このときの芝居のフィナーレは疑似暴動の様相を呈した。結局、曲馬舘の縮小再生産に過ぎなかった。とほほ。

坂本龍一／愚者の謝肉祭のテーマ

曲馬舘「愚者の謝肉祭」一九七五年／列島旅縦断／野晒しテント

この企画には唐突だが、世界の坂本龍一も曲馬舘に楽曲を提供していた（ぼくはまだ東京に出てきていない）。いまや復刻CDもレアになってるが曲馬舘解散の時、稽古場消失で燃えたといわれていた自主製作盤「泪橋エレジー」が数十枚無傷で主演役者のもとに残されていた。彼は芝居から足を洗ったが、桃山に託す（希望を？）という言葉とともに預かった。欲しいひとにあげていたらいつの間にかなくなった。

ヴァージンVS／水晶になりたい

水族館劇場「亜細亜の戦慄第六部 A CHANGE IS GONNA COME 星澄ム郷へ」一九九二年／四谷・名古屋・岡山・松山・博多・筑豊

筑豊へ芝居を奉納するこの旅で、旗揚げ巡業で使った大八車をぼた山のふもとで燃やした。宿無し役者を公民館に泊めてくれた元坑夫の棟梁、杉山さんは四年ぶりに帰ってきたぼくらを喜んで迎え入れてくれた。恩返しのつもりだったが観客が街中から押し寄せて天幕に入りきらず、すべての側面シートをはずして観てもらった。数年にわたる旅路の胸の底でいつも鳴り響いていたメロディーだ。

Denise LaSalle / Too Little In Common To Be Lovers

水族館劇場「NADJA 夜と骰子とドグラマグラ」二〇一二年／ベイサイドプレイス博多ポートタワーよこ／特設蜃気楼劇場「海の砦」

最後の屋台崩し、水落としの場面で流れるソウルの名曲。デニスラサールには珍しくドラマティックな歌いぶりがラストシーンにマッチした。博多港で公演した芝居は舞台が崩れると玄界灘がみえて、沈めていた廃船が海の底からひきあげられるというスペクタクルは津田三朗・正子夫妻、池田理和など博多勢の人力で可能になった。それでも満足しないぼくをみてマディ山崎がこの曲に負けないオリジナルを作ってくれた。その音楽家もいまはいない。さよならだけが人生だ。

Funkadelic / Maggot Brain

水族館劇場「亜細亜の戦慄第一部 NEUROMANTIC BLUE 水の罠」一九八九年／上井草御嶽神社・法政大学学生会館大ホール特設天幕

このＬＰも懐かしい。どこで買い求めたのかなぁ。ぼくの音楽遍歴はアメリカのブラックミュージックを辿り直すかのように、ブルースからソウル、ファンクへと移行していった。はじめて天幕劇場をつくり、舞台全面に水を張った。スケールこそ今とは比べるべくもないが、舞台展開はすべて力技。本人たちにもわけのわからないパワーを出せたのはＰファンクの総帥、ジョージクリントンの方向性に示唆されたせいか。

Frank Zappa / The Sheik Yerbouti Tango

水族館劇場「星澄ム郷へ 東京漂流闇巡り」一九八七年／雑司ヶ谷鬼子母神・上井草御嶽神社

筑豊から帰り、鬼子母神の境内を借りた公演。天幕はなく舞台だけ拵えた。その最後の音楽。ザッパの最高作といわれる「シーク ヤブーティ」からのキラーチューン。ポップ（ドーワップ好きは有名）と複雑系（前衛）が交じり合ったザッパミュージックは芝居効果としてはイマイチなので一度きりしか使っていない。でも聞くだけなら申し分ない。

Paul Kossoff / Time Away

水族館劇場「星澄ム郷へ　筑豊暗黒星巡り」一九八七年／筑豊炭鉱跡地各所・博多水上公演

　この巡業はじつは全曲オリジナルの予定だった。初代音楽監督の小野達也のバンド（といっても他のメンバーは全員役者。ぼくもドラムを担当した）はスタジオにはいると延々と演奏し続けるので裸のラリーズと間違えられたりした。そんなこんなで炭坑夫ダーメルスの登場には蠟燭の炎のゆらめきを感じさせるこの曲のほうを選んだ。巌基次郎が飯塚の駅前で道路に鶴嘴をうちこんでいた姿が記憶に残っている。

【EPレコード】

モモヨ&リザード／さかな

水族館劇場「Nakedアントロポセンの空舟」二〇二一年／羽村宗禅寺／特設野外舞臺「虹の乾坤」

　楽曲の思い出についてはリーフレットを参照してくだされ。水俣の運動で菩薩のような存在である石牟礼道子の文体が苦手なぼくは（彼女の文学的功績を否定しているのではありません単なる嗜好）天の邪鬼な谷川雁のイヤガラセのような彼女への手紙を面白いと思ってしまう。ユージンスミスに関しても似たところがある。道子さん、美智子さんとは死ぬまで膝を交えて欲しくなかったなぁ。でもチッソ本社座り込みは一揆みたいでいい。

オートモッド／ラブジェネレーション

驪團「凶状旅　最暗黒の東京」一九八三年／筑波大・横浜寿町・静岡・浜松・名古屋・京大西部講堂・関西学院学／越境疾駆テント

　高校の同級生ジュネは仲間のなかでも早熟で、若いうちから世に名を売っていった。音楽的な指向が真逆だったぼくらだったが、この芝居のテーマ曲は二つ返事で引き受けてくれた。音源がどこかに残っていないかなぁ。スタッフに明記はしていないが台本もポスターもぼくが書いた。今回の展示ポスターは法政でリベンジ公演を打ったあと、凶状旅として全国をまわったときのもの。

【CD】

Amália Rodrigues／難船

水族館劇場「さまよえる日本人　迷路ノ

壱 異族のパジャドール」一九九三年／雑司ヶ谷鬼子母神

さまよえる日本人シリーズ第一弾。急遽決まった舞台だったがスペクタクル性は満載。本物のピアノをいれた導入部は日活アクション映画へのオマージュ。赤いハンカチのタイトル曲を登場人物がデュエットした。菅孝行に励ましの劇評を執筆してもらい、ミュージックマガジンに掲載された。この曲はハイライトシーン根室の漁師に身をやつした鈴木藤一郎が石原吉郎の詩をうたいあげる場面でつかわれた。

頭脳警察／揺れる大地 I・II

水族館劇場「Nachleben 揺れる大地」テーマ曲 二〇一九年／新宿花園神社／特設野外儛臺「大地の牙」

記憶も鮮明な一昨年の野戰攻城。ふらりと遊びに来たパンタに桃山がいきなりラブコール。古参の役者たちがみんな頭脳警察のファンであり、芝居のテーマが大地であることを知ったパンタが承諾してくれた。桃山の無理難題にもかかわらず、作曲は順調にすすみ素晴らしいテーマ曲になった。その年の秋、渋谷ライブイン（いまは閉店）で開かれたコンサートに招かれたのも楽しい思い出だ。

Pascal Comelade / Stranger In Paradigm

水族館劇場「Ninfa 嘆きの天使」二〇一四年／三軒茶屋太子堂八幡神社／特設野外儛臺「化外の杜」

アメリカのブラックミュージックからアフリカのビートへ。世界に偏在する民衆の音楽の旅はどうやら一周してフランスアヴァンポップに戻ってきた。というか異神の受容史を大黒天に求めた物語にぴったりの音楽がみつかったというべきか。ヌードの女性が被っているミッキーの仮面は亡くなった見世物師、入方勇が扮した紛い物ミッキーにだぶらせて舞台に登場させた。

嘉手苅林昌／海のチンボーラー

さすらい姉妹「GO GO チンボーラー満月篇・海を越える蝶・三日月篇」二〇一九→二〇二〇年／太子堂八幡神社・山谷・新宿・寿町・上野・渋谷

沖縄辺野古基地で公演を打ったあとの、八幡神社でぼくなりの沖縄体験を物語にしたてたが基底にあったのは孤高の歌い手、嘉手苅林昌の絶唱を竹中労が追いかけたレコード音源。さまざまな思いを抱いて後にした沖縄だったが知れば知るほど島影が霞んでゆく。もう少し島唄を好きにならなくちゃ。古謝美佐子もね。

板橋文夫／海へ

水族館劇場「NOSTROMO あらかじめ喪われた世界へ」二〇一三年／三軒茶屋太子堂八幡神社／特設蜃気楼劇場「夜の泡」

板橋さんには直接二度お会いしている。最初はこの曲を連続射殺魔・永山則夫の芝居につかわせて欲しいと楽屋をたずねた。演奏で疲れたピアニストは気だるそうに好きに使えといってくれた。二度目はオカヤドカリの会の発足、国立公民館で開かれた三上智恵の上映会の前座でピアノを叩いてもらった。この時の野戦攻城は一連の永山則夫連作の集大成だった。

フラワーショー／幻のブルース

さすらい姉妹「みあげてごらん夜の星を」二〇二〇年／新宿・寿町・羽村宗禅寺

さすらい姉妹は毎年ファーストシーンで歌って踊るのだが、今回は浪曲師あがりのフラワーショー。夜のワーグナーの異名を持つ藤本卓也の名曲。コブシが唸るサザンソウルにも通じるテイストだ。桃山の台本世界にも通じる歌詞もバツグン。

Dr. Dre / Still D.R.E

水族館劇場「ワールズエンドワルツ 白鳥の歌」二〇〇二年／駒込大観音光源寺／特設野外劇場「水の塔」

ワールドトレードセンター自爆テロの衝撃で時間が止まったような感覚のなかはじめてパソコンを使って台本を書き始める。役者陣も多彩になり、結構ちから漲る舞台になった。この曲はラップミュージックの定番だが、シベリアの少数民族と日本軍のスパイが森で出会い、筏で時空をさまようときの曲。激しい中盤の水落としを受けながらの熱演は日本近代の欺瞞に満ちた版図拡大をあだ花のように浮かび上がらせた。

三上寛／ピストル魔の少年

水族館劇場「さまよえる日本人 迷路ノ四 North 夜の果ての旅」一九九八年／雑司ヶ谷鬼子母神

雑司ヶ谷鬼子母神最後の芝居。「無知の涙」の路上芝居で始まった「木橋」の世界を野戦攻城に拡大。三基の廻り舞台を設置。現在の劇場機構が出そろった。まだ水落としは着手されてないが全面水槽を滑るスライド舞台は鶴見川の朝鮮人部落を再現。後に桃山が移り住むきっかけに。三上寛は正月さすらい姉妹に遊びに来て数曲歌ってくれた。

A Hawk And A Hacksaw / Waltz for Strings and Tuba

水族館劇場「NOMAD 恋する虜」二〇一〇年／駒込大観音光源寺／特設蜃気楼劇場「水邊の廢園」

師走、鶴見線の国道駅でポスター撮影した夜が忘れられない。だいぶパソコンにも慣れ、インターネットでマイナーなミュージシャンを博捜可能になる。便利な世の中になったもんだ。感動はないけど。そうやってツールを使って出会った名作。このバンド（といっても二人だが）の曲はその後も舞台に流れ続けた。

Matt Elliott / Our Weight in Oil

水族館劇場「FLOWERS OF ROMANCE 花綵の島嶼へ」二〇〇七年／駒込大観音光源寺／特設野外劇場「風の栖」

いろいろあって数年ぶりの野戦攻城。音楽のストックのなかったぼくに淺野雅英が教えてくれた。音楽的には遠ざけますが、芝居の楽曲にはうってつけだった。好きだった成瀬巳喜男の「浮雲」とオーソンウェルズ「第三の男」をブリッジ。観覧車が廻る装置は当時の鳶、杉澤靖昭の苦心の作。現場に運び込む前夜に仕掛けを思いつき、全員で完成させた。

水族館劇場オリジナルサウンドトラック
「メランコリア死の舞踏
「昭和雨月物語」
「夜と骰子とドグラマグラ・あらかじめ喪われた世界へ」
「恋する虜」
ベスト・オブ・サウンドトラック　億光年の泡音Ⅰ
ベスト・オブ・サウンドトラック　億光年の泡音2

【カセットテープ】

小沢昭一／日本の放浪芸12　小沢昭一が訪ねた渡世《てきや》芸術　大ジメ

さすらい姉妹「ぢべたすれすれバッタもん」二〇一五→二〇一六年／山谷・新宿・寿町・上野・渋谷

最初のシーンで千代次が唸るテキ屋の口上の参考にした。カセットで珍しいので展示します。話はかわるがこの口上はフーテンの寅で有名だ。山田洋次の他の映画（キネ旬ベストに選ばれるもの）はキライだが男はつらいよシリーズを配信で全作観賞、リアルタイムで観ていた頃より感心した。いまはもう壊された風景（芝居で復元した網走造船所など）が丁寧に写し込まれている。現在の自然破壊を見越して撮っていたなら敬服に値する。

【グッズ】

O.V.Wright　湯飲み

ほとんどの音盤を入手していたO.Vだが P ヴァインがボックスCDを出すというのでこれはオマケ。当時 P ヴァインにいたイラストレーターの井上厚さんに頼んでいただいた湯飲み。考えられないノベルティだが、その後も大西ユカリ燐寸とかキテレツな販促グッズ作ってたなぁ。ちなみにぼくは何故か気に入られてブルースレコードを卸値で譲って貰っていた。

ロジャー　サイン入りパンフ

水族館を始める前年の暮、ロジャートラウトマン率いるザップが初来日した。信じられなかった。狭いライブハウスは定員の倍の聴衆。客にモミクチャにされながら会場外からロジャーが登場。酸欠状態のまま明け方まで伝説のパフォーマンスを繰り広げた。この天才エンターティナーをブラックミュージック最後の砦と評価した中村とうよう偉い！これは大物になり、MZA有明で行われた二度目来日公演のパンフ。この音楽家にはミーハーなのでどうやったのかサインまで貰っている。水兵服を好むのも消防帽が好きなのもロジャーの影響です。頭のてっぺんからつま先まで藝能。どこぞのテクノバンドのトーキングボックスなんかと音色がちがうよ！

桃山邑のけもの道――佐藤良明

闘病中の桃山さん（二〇二二年他界）からお手紙をいただいたのは、同年盛夏のこと。竹中労（一九九一年没）の『にっぽん情哥行』を、ご自分にとっての特別な一冊として挙げ、出版を準備している自著のつくりを同様のイメージにしたいとお願いしていると書いてあった。それを伝えたのは、竹中本のブックデザインが、私の兄（佐藤晃一、二〇一六年死去）の仕事だったからだろう。

民間で昔から歌われてきたエロ唄の数々を切り口とするその本は、ミュージックマガジン社刊行のCompact Booksというシリーズの一冊である。コンパクトといいつつ、それぞれ分厚いこのシリーズは、中村とうよう氏（二〇一一年逝去）が、みずからの大著『大衆音楽の真実』の出版に際して起ち上げた。それが一九八六年一月のことで、そろい踏みをした一冊が、同日刊行の『にっぽん情哥行』だったのだ。

『大衆音楽の真実』は、南米、アジア、アフリカの港町の、とりわけいかがわしい地区で混血を繰り返す庶民大衆の音楽にこそ真実があると説く。エリートの価値観にしばられた日本人の音楽観をひっくり返してやろうという意図をむき出しにした本だ。これにピーター・バラカンさんが付けた英語題名が"The People's Music: A Global Re-view of Pop"。この本のパンチ力は、文学思想の領域で小難しいことを言い始めていた新米大学教師をたじろがせるに十分だった。ポップ研究こそ自分のフィールドではないかと自覚して三年後、『ラバーソウルの弾みかた』という、私のはじめての本が書き上がる。

一方の竹中労著『にっぽん情哥行』。これは単に男女交情のうたを集めて考察するというだけの本ではない。小沢昭一（二〇一二年死歿）に宛てた書簡を交え、日本の民間芸能の薄暗がりから歴史を突き抜けて中世の庶民の生と性のありようまで見透かそうとする。パンチ力を言えば、これが凄い。言葉が舞台に上がって飛び回り、卑猥な媚態を演じてみせる。その力を桃山さんはしかと受け止めた。水族館劇場がスタートしたのは翌一九八七年のことである。

ちょっとこじつけめくが、こうして見ると、桃山さんと私とは、腹違いの兄弟のようでもある。羽鳥書店の矢吹有鼓さんから「桃山さんの本に、英語のタイトルを」と依頼されたときは、一種神妙な気持ちになって、一も二もなくお引き受けしたのだった。

とはいえ「河原者のけもの道」を英語にというのは、なかなか大変である。

私は意訳派なので、字句よりもフレームから発想する。アーティストの人生を綴るというとまず、ジェイムス・ジョイスの「若き日の芸術家の肖像」に依る「The Portrait of an Artist as …」という型が思い浮ぶ。桃山さんなら dramatist か。「河原者としての劇作家の肖像？」いや「肖像」ではないな。「けもの道」という日本語には、そこを通っていく動きがある。英語だと、こういうときに、時制を利用するやり方がある。その道一筋だった過去を振り返って、I've been ~ so long. と詠嘆する方法だ。有名な黒人霊歌に"Been in the Storm So Long"というのがある。嵐にもまれながら生きる者が神に祈る、その文型だけでも応用できないか。

して、「河原者」とは？ 社会からつまはじきにされて「河原」に隔絶された——という意味なら outcast で通じるだろう。ハズレ者の劇作家なら、an outcast dramatist か。ちょっと普通すぎるな。もっと崩して説話風の言葉遣いにしたい。"theater man"はどうだろう——劇場男。

Been an Outcast Theater Man So Long.

うーん。胸を張っている感じは悪くない。しかし「けもの道」が表現できていない。あまり凝らずに「河原者」を直訳するところから始めるか。でも「河原」自体、英語にするのが難しい。「土手」は riverbank だが、土手を降りると riverbed で、流れる川を含んでしまう。それに dry を付ければ「河原」のイメージは出せるけれど、それではあまりにたどたどしい。それに、そもそも「河原」に「乞食 beggar」を加えた表現が通じたとして、狙った効果が生まれるか。無理だろう。

書名でなにより重要なのは、それがスッキリしていることだ。『大衆音楽の真実』を、People's Music とするシンプルさ。それに倣うなら「けもの道」も一語で表現したい。となると、path か trail か。どちらも自ら踏んで進む細道を表すが、trail の方が動物的な感じが出る。「彼方へ向かって」という方向感では、path に軍配が上がるが、「けもの道」とある以上 trail だろう。で、The Trail of … what?

ここは熟考を要するところ。河原者＝ハズレ者＝an outcast と、ことばの上では繋がるけれど、桃山さんは追放者か？　あの人なつっこい我等の桃山邑が？　「お別れの会」で配られた文集は『銀河の涯から GoodBye』だった。桃山さんの心のふるさとに、宮澤賢治とビートルズがいるのを感じさせるネーミングだ。ＳＦも漫画も桃山ワールドの重要な成分。彼の「河原」は子供たちが駆け回るプレイグラウンドである。

『にっぽん情哥行』のポップな佇まいを感じてみよう。中に織り込まれた挿画は、著者の父君・竹中英太郎（一九八八年永逝）の作品で、それらが「土着ポップ」と言いたくなるような雰囲気を醸し出している。同じ Compact Books シリーズに朝倉喬司（二〇一〇年物故）の『芸能の始原に向かって』の本作りがまた印象的だ。こちらでは、河村要助（二〇一九年永眠）描く、河内音頭を踊る人、チンドン屋、バナナのたたき売りのイラストがカバーの表裏を覆っている。そのスタイルには、戦後アメリカ──特に黒人音楽のレーベル──から吸収したバタ臭さが漂っている。

日本ネイティブであることと、グローバルであることは、ピープルの次元において等しいのだという哲学。

八〇年代のど真ん中、テクノだ、スキゾだ、ニューアカだと浮かれたあの時代のトーキョーで、パルコのおしゃれ路線とは逆向きの「芸能」への傾斜が、当代最高のポップ・マインドによって発信されていたことを心に刻みたい。地に足を付け、銀河に向かって伸び上がり、アカデミズムの誘惑に屈せず、本人の地声が響く「芸」を開花させる──。

水族館劇場に近づきがたさを感じる令和の人がいたら伝えたい。それがどんなに弾けているかということ。その源に、底抜けに明るい成分があるということ。分かりますか、二十一世紀のみなさん、トーキョーが世界に冠たる繁栄を謳歌した頃、豊かさの傘の下で人間のロマンを押し出す大胆な挑戦が繰り広げられていて、桃山さんはそれを令和の今につなげてくれていたのです。

桃山さんとCompact Booksについて書き出したら、昇天された数多の魂を芋づる式に思い出すことになった。私もいつか絡めてもらいたいその蔓の中で「おれはケモノだ」と胸を張れるのは、やはり桃山さんだろう。数多の才能が自由奔放に演じたあの時代の輝きを、奇跡的な年月にわたって引っ張り続けたYū Momoyamaのドラマチックな行状を詰め込んだ本の英語名は、

The Trail of a Dramatic Beast

でキマリです。

（さとう よしあき／アメリカ文学・ポピュラー音楽研究）

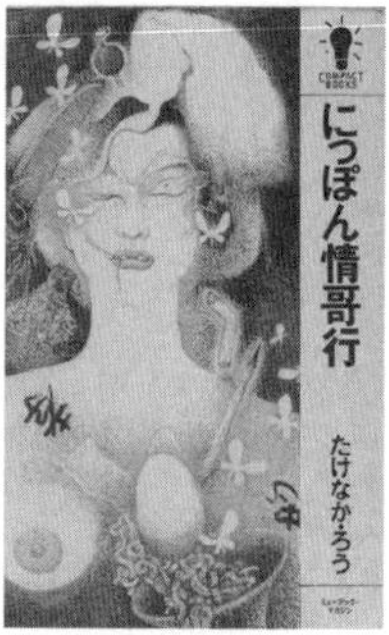

『にっぽん情哥行』

『大衆音楽の真実』

『芸能の始原に向かって』

ミュージック・マガジン
Compact Books

Naufrágio

❖月光したたる跋折羅《ばさら》のエデン、水面《みなも》ゆらめく河原に蝟集《つど》う此の世の外のわんざくれ、草木蟲魚《そうもくちゅうぎょ》の天球燃やす印地打ちの夢狂いに傾奇《かぶ》く影のいちれつ❖

はびら◉西表カナタ◉半世紀前に沖縄コザに存在したAサインバーを取材して歩くうちにみずからのルーツが娼婦と米軍人との悲恋にあることを探り当てる。血脈を追ってはびらは米国に存命していた彼の同僚を訪ねる。はびらの祖父はベトナム戦争に反対して脱走し根室ルートで国後へと運ばれて姿を消していた。はびらは米国で手に入れた祖父の足跡をよすがに戦場カメラマンとなってロシアの紛争地域へと分け入ってゆく。

リュウ◉千葉大二郎◉かつてオホーツクのソビエト国境隊に撃沈させられた密漁船の水夫として生存不明のままハバロフスクの収容所に送られた父を持つ。ペレストロイカによって開放された父はロシア人の母と結婚するもリュウが生まれた後自殺。母も生活苦のはてに謎の死をとげる。天涯孤独の混血児は生きるために傭兵となって世界の紛争地を流浪する。

ドクター・石井◉癸生川栄◉謎の病原体＝生物兵器を開発する関東軍の細菌研究者。世界最終戦争に向けて西欧諸国と熾烈な科学兵器開発の試行をくり返す。軍需産業の傘下で人体実験を繰り返すマッドサイエンティスト。有田音松の狂気に強い影響を及ぼしてゆく。

稲生平太郎◉癸生川鳩◉空飛ぶ飛行物体を幻視しポルターガイスト現象を引き起こす少年超能力者。超常現象に吸い込まれ死者の世界を自由に往来することができる。はびらの産れなかった水子が憑依して紛争地帯の夢をみる。

キム・ニコライ◉高野幸雄◉沿海州から中央アジアに強制移住させられた高麗人の末裔。先祖代々手風琴を操りながら追放の旅人と呼ばれた同胞に寄り添ってきた。祝い事があると必ず奏でるのがサーカスジンタ「天然の美」。キムは道化師として更なる流浪の旅に出る。

有田音松◉伊丹宗丞◉稀代の詐欺師と呼ばれた有田音松の伝記映画を作ることに執念を燃やすAV監督。自分を音松本人の生まれ変わりだと信じて衛生博覧会を全国各地で開催しながら次第に狂気に取り憑かれてゆく。

黒暗天女《こくあん》◉風兄宇内◉無明をあらわす障礙神《しょうげ》。女天双神であり法性をあらわす吉祥天の姉。醜陋にして厄災を縁起する世界壊滅の黒い夜。人間界と魔界を縦横にあやつりあらゆる天変地異を引き起こす。

白雪姫◉石井理加◉夜叉ヶ池の竜神の化身。人間の里に天変地異をもたらし愛しい御公達のもとに急ごうとするが金蔵の撞く鐘の音が邪魔をして水の氾濫をおこせない。超わがままなお姫さまは鯰入のたくらみに翻弄されながら恋人のもとへと急ぐ。黒暗天女によって星辰に破れ目を生じさせる操り人形となる。

黒和尚鯰入《ねんにゅう》◉伊藤裕作◉夜叉ヶ池の白雪姫に主人である千蛇ヶ池の御公達の恋文を届ける水の物の怪。身勝手な人間とも裏取引をしながら再び夜叉ヶ池に洪水を起こすため白雪姫をたきつける。

大神◉二見彰◉夜叉ヶ池を抱く三國岳の叉鬼。里人から離れ山間を流浪して獲物を仕留める狐狼のような片目の奇人。川に溺れた金蔵を助けたことから精霊たちと人間の最終戦争にまきこまれてゆく。

山師の金蔵◉翠羅臼◉佐渡の金山のゴールドラッシュの再現を夢見る老いた鉱山師。深山幽谷の夜叉ヶ池で鐘撞堂に住み着きながら龍神の化身である白雪姫の帰還を待ちわびている。ともに暮らす樺太梟を通じて山に棲む精霊たちと言葉を交わす敗残者。

阿國◉千代次◉慶長年間に彗星のごとくあらわれた阿國歌舞妓の創始者。出雲大社の歩き巫女ともいわれ佐渡金山を始め全国各地を勧進した果てに京の五条河原に流れ着いた。散楽藝能や見せ物小屋で殷賑をきわめていた水の滸りで阿國一座は風流踊りをうちたてる。朝廷の庇護を受け一座は北野天満宮で大評判となり天下一の女の呼び声をほしいままにする。徳川の世に不満を抱く跋折羅者たちを手玉にとりながら阿國は時代の渦に呑み込まれてゆく。

猪熊少将◉秋浜立◉天下無双の美丈夫と謳われた宮廷遊びの傾奇公家。五条河原で阿國を見初め一座と連動しながら謀反をおこす準備をすすめる。徳川の治世が盤石になるに連れて朝廷の発言力は雲散霧消し追いつめられて事件を起こす。激怒した天皇は身柄を幕府に引き渡し少将は斬首される。しかしその後も稀代の跋折羅者は秘かに朝鮮へと落ち延びたとの噂が絶えることがなかった。

名護屋山三◉七ッ森左門◉猪熊少将と並び称された転換期の跋折羅侍。鼓を良くし阿國の相方をつとめて一座の評判を高めるのに大きく寄与する。一国一城の主となるために阿國に訣かれを告げて津山藩の森家に仕え因縁の宿敵に斬り殺された。霊魂地上にとどまる幽霊は旅を続ける阿國のもとへ姿をかえてあらわれる。

狸丸◉臼井星絢◉出雲のだいだらぼっちとも畏れられた踏鞴《たたら》師の頭領の血筋のずる賢い男。許嫁の阿國に棄てられ後を追って京の都へあらわれる。島原遊廓でなりあがると相手にされない未練からか恨みからか事あるごとに阿國の客を掠め取ろうと画策する。阿國のもとを離れたとっぱと組んで一座を起こすが立ち行かずに進退窮まる。

とっぱ◉松林彩◉姉と呼ぶ阿國と故郷を同じにする百姓の小娘。幼女の頃は慕っていたが長じると一座の中心になる野望を抱くようになる。狸丸と手を結び阿國を追い落とそうと画策するが悉く失敗。惨めな負け犬となって阿國の元へ戻る。姉は黙って裏切り者を受け入れふたたび藝能の根源を探すたびに同伴させる。

金平糖◉藤井七星◉非命に斃れた南蛮人の父の遺言を信じ長崎から京の都へ母をたずねる青い目の混血少女。阿國を母と睨んで狸丸の後をつけようやく相まみえるがけんもほろろにあしらわれ天涯孤独の運命を受け入れる。

眼前にあるものは後景にしりぞき、
消え失せたものが、
今は現実となるのだ。

——ゲーテ『ファウスト』

顔見吉◉わんざくれの石礫

日は沈み　鳥はねぐらにかへれども　ひとはかへらぬ　修羅の旅

最初の逢瀬は慮外の急使。二度目の歌は邪恋に落ちて、ならぬ呼郷の嘆きぶし。煉獄にさまよう魂が、刻のきざはし潜りぬけ、いましも過ぎた切り通し、庇目深にふりさけ仰ぐ。

虚蟬《うつせみ》の、草木蟲魚の水鏡、映りし影は陽炎坐。あるやも知れぬ幻が、夢の乾坤呼びまする。

都会の鄙は何ごともなく、散らした花も風に舞います。三度目の春は滅尽の夜。第七官界にみちびかれ、今は叫びも鎮《しず》まるばかり。

世界はふたたび焔と硝煙につつまれ、夥しい死者が眠りに着くべき場処ではない道々にうち棄てられてゆきます。ここは戦場、瓦礫の古墟《ふるつか》に毀《こわ》れた戦車。錆びついた骸が此の世の業苦を照らしだします。

さて。見納めとばかりに訪れた、見物衆の眼《まなこ》がつぎに探しだすのは凍てつく海に座礁した、密漁船の無残なすがた。南国の街区の石礫の雨あられから脱けだした兵士たちが逃げのびた、北への敗走の走馬灯。どこからともなく耳をうつ手風琴のしらべが風の随《まにま》に消えてゆきます。

艶めかしい鹿の角落としが頬を撫でると黄昏の夕闇に物の怪たちが五月蝿なします。

海山のあわいの夜叉ヶ池に棲むという龍神の化身と水の眷族を封じ込めた鐘撞堂が、約定の鐘声《しょうせい》を絶やしたままに頽れて、恋しい誰かを呼ぶように瘴気をあつめて妖しく明滅しています。

それから。遠い遠い、いまは昔の京の都。鴨川のほとり、五条河原に殷賑をきわめる歓楽街が発展したのです。孔雀や駱駝、珍獣をみせる見世物小屋。蜘蛛舞を披露する散楽一座。南蛮渡来の文物を商う店。市場に見とれる町衆が何かがあらわれるのを待っています。野外儛臺に黒御簾《くろみす》でも設《しつら》えてあるのでしょうか。笛やら鉦やら、太鼓やら、鳴り物が幽かに流れてまいります。

♬壬生狂言
竹矢来をくぐって名護屋山三《なごやさんざ》と猪熊少将が登場します。
桃山の時代は黄昏て、徳川の新治世。うち棄てられた異装異形の跋折羅者が通りを闊歩して、満たされぬ虚無を路地に撒き散らしているのです。
山三は南蛮人の、猪熊少将は筍の仮装を纏いながら。

山三　やぁやぁこれは奇態な。やんごとなき血筋の少将さまが筍に変成とはこれいかに
猪熊少将　傾《かぶ》いておるのよ
山三　在原業平にもくらぶられた天下《てんか》の美丈夫がかたなしでは
猪熊少将　おぬしこそ南蛮渡来の異装に身をやつし、なにゆえ河原にあらわれた
山三　印地でも打つとの明察か？
猪熊少将　徳川の栄華に向かってか？
山三　無駄じゃ天下《てんか》の趨勢はすでに決した
猪熊少将　あきらめの早い奴
山三　これからは織部殿よろしく一箇のへうげ者として生きてゆく所存
猪熊少将　茶頭をまねて破格の美しさでも追求するか
山三　乱調の美は茶の湯に封じ込めまする
猪熊少将　暴れ馬と畏れられた京の跋折羅侍がおとなしゅうなったものよ
山三　それでもつまらぬ諍いで命を落としました
猪熊少将　（小指をたてて）まろはこいつで帝の怒りに触れて獄門首じゃ
山三　花鳥風月をこよなく愛した者に世間は冷たい
猪熊少将　所詮われらは枯れ薄
山三　互いに非業の最期を遂げた死者

猪熊少将　ならば鴨川にかかる大橋は
山三　あの世とこの世の橋懸かり
猪熊少将　ゆめまぼろしの境にうかぶ
山三　風流に我が身を委ねれば
猪熊少将　筍くらいがちょうどよいか
山三　草木蟲魚と化身なさるおつもりならば
猪熊少将　ひとでなしのこころもちも胸に疼いて泣いておるわ
山三　拙者も南蛮のわんざくれ
猪熊少将　追憶ばかりが風となる
山三　ふたりが未練はあのおなご
猪熊少将　天下一と呼ばれた傾奇者
山三　出雲阿國《いずものおくに》よ今何処！
猪熊少将　亡者となってまでおまえを求める切ない恋心
山三　不憫と思し召すならいまいちど
猪熊少将　われらの前に立ち出でよ

霧。ふたつの亡霊は影と霞んでいつのまにか消えてゆきます。
すると矢来の奥に張られた竹幕からふたりのおんなが鉦や太鼓を叩き、歌舞妓踊りを舞いながらあらわれました。ひとりは阿國、もうひとりは、とっぱ。阿國と同郷の、出雲の百姓の小娘です。両手で天下一の幟旗をふりかざし。

阿國　生きすぎたりや南無八幡。ひけはとるまい野ざらしの舞い

とっぱ　踊りじゃ踊りじゃみな傾け！

　とっぱの囃したてにあらがうように立ちはだかるのは狸丸に金平糖。

狸丸　待て〜い、不埒なおなご共！

とっぱ　ちぇッ、嫌な野郎があらわれた

狸丸　みつけたぞ！　わいの大事な許嫁

阿國　そんな約定、とうの昔に反古じゃわい

狸丸　ふざけるな！　わいの女房は阿國、固い契りのおまんの他におらんわい！

阿國　ふん。私《あたえ》が京にのぼった隙に、又鬼の若後家とねんごろになったときいたぞえ

とっぱ　女癖の悪いのはばれておる

金平糖　おまえのよかひとは竹田の里の森の中さ

狸丸　紗由ちゅぁぁぁん！

　狸丸は急にあらぬ方向へ駆け出しました。

とっぱ　意味不明じゃに

金平糖　台詞よっつで退場させたと。文句云うない

とっぱ　生意気な奴

金平糖　狸の行く末でも心配してやれ

阿國　野獣《のけもの》と間違えられて種子島にでも撃たれちまうのが関の山さ

金平糖　未練なぞ露ほどもなかね

とっぱ　阿國姉は歌舞妓踊りの開祖となるんじゃ

阿國　男なんぞよりどりみどり

金平糖　身丈の縮んだ恋なんぞ歯牙にもかけぬか

阿國　そうや。私の歩く道には星々が鏤《あたえ》められてあたりを照らしだしてくれるのや

とっぱ　われらはこれより天下《てんか》一の幟をたてて終わりのない旅に出る

突然耳を劈《つんざ》く爆音が響きます。

同時におんな三人は竹幕に吸い込まれ、明かりは夜叉ヶ池のほとりの鐘撞堂を照らしだします。

そこに浮かびあがったのは龍神の化身、白雪姫と水の眷族、鯰入《ねんにゅう》であります。

白雪姫　それにしても耳に痛い音じゃことよ

黒和尚鯰入　御意

白雪姫　おや鯰入《ねんにゅう》、台詞を覚えられたかや

黒和尚鯰入　御意

白雪姫　わらわを悩ます空の轟《とどろき》は飛行機とか申す鋼鉄《てつ》の鳥の啼き声か
黒和尚鯰入　御意
白雪姫　さかしらな。一言《いちごん》のみの繰り返し。それで覚えたと誤魔化すつもりか
黒和尚鯰入　ここは福生ですから騒音被害、我慢してちょ
白雪姫　もういいさがれ

白雪姫が片手に持った打杖《うちづえ》をひとふりすると、鯰入はくるくると身体をまわし、たちどころに水の中へ消えてゆきます。

黒和尚鯰入　こんなちょっと？　ご無体な〜
白雪姫　台詞は五つじゃ狸より多い文句を云うな！
黒和尚鯰入　ご無体な〜

そのとき、ズドンと鉄砲が鳴り、里とお山のあわいに暮らす猟師の大神があらわれました。

大神　熊山さわげ。狼《いぬ》山だまれ。野獣を追って水の化生に出くわすとは
白雪姫　里の者か
大神　山とのあわいに暮らす又鬼よ
白雪姫　ならば村人たちに伝えるがよい。これ以上われらが棲む森を拓くなら夜叉ヶ池の主が容赦はせぬと

そういうと白雪姫は手に持った打杖《うちづえ》をひとふり。
するとと不思議、天から大蛇の鱗がきらきらと舞い落ちて白雪姫を掩蔽します。

大神 （眼を片方の手でこすりながら）不覚をとったか。物の怪の妖術に誑かされるとは
そのとき龍神を悩ます鐘の音が鳴り響き、大神の前に跛の老鉱山師、金蔵が姿をみせ
ました。

金蔵 ひひひ。ありもせぬものを追いかけるから、山の霊気に惑うんじゃ
大神 金蔵。山師のあんたこそ幻ばかりを夢にみて
金蔵 人生ひとつ、この手からこぼれ落ちたか
大神 金や銀の鉱脈なんてどこにもねえ
金蔵 狼なんぞもとうの昔に根絶やしじゃ
大神 するとわれらは影のごとき亡霊か
金蔵 世の人間たちからみれば死者も同然
大神 ひとつ褥で宿世《すくせ》をわたる
金蔵 一所不在の流れ者

♬のざらし姫のテーマⅡ（12秒〜） 東野康弘

黒暗天女 一生無藉ともおのれを嗤うわんざくれの破落戸《ごろつき》よ。風《しなど》の霊魂となりて大地を揺らす一夜《ひとよ》の月よ。拳にこめた石礫を誰《たれ》に放つあてもなく、どこまでもどこまでも滑ってゆくか。いつまで

金蔵　もいつまでも嘆きぶしを奏でるつもりか

大神　誰じゃい！　儂《わし》らをこの世の外へと追いやる魑魅魍魎は！

金蔵　吉祥天の双身の姉。黒暗天女のお婆が何をしにあらわれた

黒暗天女　夜の女神だったのか。わざわいの障礙神《しょうぎじん》がお山に降った

われは人の世を乱に導く後ろ戸の荒覇吐《あらはばき》なり。御生《みあ》れ、総ての自由なる魂よ。永遠を纏いて世間を毀すのじゃ

一転、空かきみだれ、雷光、雷鳴、はげしく地上を襲い来ます。

天空の瞬きと哭《おら》びは、すぐさま戦闘機の爆音と重なり、激しい地上戦の銃撃音とも重なって場面は現代世界の紛争の果てへ。人間を暗黒へと手招きする黒い翁の嗤いがきこえます。濛濛たる黒煙のなか、錆びついた戦車の上から戦場カメラマンのはびらと傭兵のリュウが顔をだしました。リュウのヘルメットにはZのマーク。

はびら　あぎじゃびよ〜くぬやなわらばーたーや

傭兵は手にした機関銃であたりを警戒しながら。

リュウ　（ロシア語で）なに云ってんだか、わかんね〜よ！

はびら　（英語で）あんたこそなに云ってんだかわかんない

リュウ　（ロシア語で）ここは戦場だぞ

はびら　（英語で）みればロシア人とも思えないけど

はびらがヘルメットのZマークを指すと、リュウは意味がわかったらしく、唾を吐き捨て、自嘲の嗤いとともに。

リュウ　（ロシア語で）世界中どこにでも征く、金で雇われた傭兵さ

はびら　（英語で）祖国のために闘うんじゃないのかよ

リュウ　外国語の会話はいかん。ここは羽村だ吹替版にしよう。それでなくてもわけわからん芝居だもん。（リュウはチェストリグからトランシーバーを出してまるで言語設定を変えるようにボタンを押します）かちっ。さぁ、ここからはおまえの嫌いなヤマト言葉だぜ

はびら　君、もしかして日本人？

リュウ　半分だけあたってるよ。おまえは？

はびら　君とおんなじあいのこさ。ぼくの身体にはアメリカの黒い血が混じってる。名前ははびら

リュウ　はびら？

はびら　ウチナーぐちで蝶々のことさ

リュウ　ふん、基地の島の舞姫かい。アメリカの手先がなぜこんな異国に流れてきた？

はびら　世界の果てでいったい何が起きてるか、この眼でみてみたいのさ

はびらは首から下げたカメラをリュウにかざします。

リュウ　メリーコルヴィン気取りかよ

はびら　きっと夢をみているのかもしれない

リュウ　こんな地獄で、たいそうなご身分だ

はびら　ぼくのうまれた沖縄では、はびらは死者のなりかわり。マブイは世を跨いで、ニライカナイに漂っているんだ

リュウ　霊魂なら砲弾飛び交う紛争地帯も怖くないもんな

はびら　南蛮渡来の追憶のなかに漂っているって云い伝えがあるんだぜ

リュウ　そうやって異国をさまよい歩くのか

はびら　場所だけじゃない。何百年もの時間の旅をしてきたような気もするよ

リュウ　不思議だな。俺もときどき思うんだ。ここでこうして恨みもない他人の命を奪ってる俺はきっと悪魔の生まれ変わりなんじゃないかって

♬大菩薩峠の歌　宮澤賢治

もしかしたらこのメロディーはリュウの耳の奥だけに届いているのかもしれません。

リュウは耳を押さえ頽れます。

はびら　どうしたの?

リュウ　あ、またこの旋律だ。耳の奥で鳴り止まぬ聞いたこともない、でも懐かしい、寂しい、不思議なメロディー

はびら　きっと疲れているだけよ

リュウ　違う! これが流れると俺の血が沸騰してどこまでも残虐になれるんだ

はびら　人の命も平気で奪える
リュウ　きっと前世の霊魂が俺に取り憑こうとしてるんだ
はびら　輪廻転生、果てもない繰り返し……ぼく、君と出会ったの、運命のような気がしてきたよ
リュウ　ふたりに同じ民族の血が流れているからか？　それとも……

はびらとリュウの前に、ふたりの男があらわれました。稀代の詐欺師と呼ばれた衛生博覧会のランカイ屋にして製薬会社有田商会社長、有田音松そのひとが憑依したかのような全裸監督と手風琴を抱えた高麗人、キム・ニコライであります。

音松　夢をみているからであります。いまここではないところ、もうひとつの居場所を探し求める営みは人間にとって必要な希望、愛とエロスそのものなのです。あなたがたはいずれ合体する！
はびら　なんか胡散臭いおっさんが割り込んできたよ
リュウ　できれば共演したくなかったぜ！
音松　さぁキム・ニコライ朝鮮とロシアとふたつの名前を持つ男。きみが何故ここにいるのか、その手に持った手風琴が凍りつく大地で何の旋律を奏でたか。このかたがたに篤《とく》と説明もうしあげなさい

するとと胸に抱いた手風琴がなつかしい曲節《メロディア》を奏でます。

キム　わたしは辻の楽士です。沿海州からシベリア鉄道に乗せられてカザフスタンまで流された

リュウ　追放された高麗人《コリョサラム》

音松　我輩も一緒に流された

はびら　このひとゴロフキン？

音松　我輩の薬はコロスキン！（とぽっけのなかから水絆創膏）

リュウ　（無視して）俺の先祖も同じ道を辿らされたんだ

音松　グルジアの野心家、スターリンによって

キム　わたしたち故国の山川想いながら必死に大地に齧りついた

音松　寂しいときには嘆きの歌でなぐさめながら

キム　（朗々と）空に囀《さえず》る鳥の声、峯より落つる滝の音。大波小波鞺鞳《とうとう》と、響き絶えせぬ海の音

リュウ　（耳に手をかざし）あえかな羽搏《はばた》きが耳を撃つ、蝶だ！

はびら　数えきれない死者の使いが舞い降りてくる！

消えていった別の時代の役者たち、まだ顔見世していない役者たち、全員がうち揃いひとかたまりとなって嘆きの歌をうたいます。

♬出雲阿國航海記テーマ1　鈴木都

全員　〽月に酔い　花に恋したはびらのねがい

生命《いのち》の蜜にキスしてる

カデナ　ヨコスカ　トーキョー　ネムロ

戦の時代に背をむけて
密航船が闇にまぎれる

リュウ　海に沈んだ難破船が俺を呼ぶ。砲弾飛び交う戦場が俺の虚無に火をつける

はびら　赤い森《アカムヤー》の悲しみがガマの奥からこぼれてくるよ。死んで生きた無数の蝶《はびら》が翅《はね》をふるわせる

平太郎　この世とあの世をひとまたぎ。天狗がおいらを浚《さら》ってく。神隠しの森のなかへと

全員　〽月の夜　瞬く星　草笛ふけば
沈黙《しじま》の闇がふるえてる
クナシリ　サハリン　ハバロフスクへ
氷の海をすべってゆくよ
シベリアの涯に流れてゆくよ

音松　眼《まなこ》ひらいて覗いてごらん博覧会が燃え落ちる。双神《ふたつがみ》の嗤《わら》いの中で悪魔と天使が溶けてゆく

石井　地上はいつだって殺戮だらけ、人間狩りが跳梁跋扈《ちょうりょうばっこ》さ。終わりのこない破滅のように

キム　それでも蝶は羽搏くよ。色の足りない虹の架かったふるえる大地を流れてゆこう

全員　〽ならず者　天を仰いでふりさけみれば
なにかが空を飛んでいる
故国山川《コグクサンチョン》遠く離れて
見知らぬ他郷に身を棄てる

終わりのない旅もういちどだけ
役者たちは歌いながら舞台の幕の向こうがわへ。
天下一の幟旗《のぼり》を立てた、とっぱと金平糖だけが消えずに、見物衆の前に陣取って。

とっぱ　暇にあかせた物見遊山もお上りさんの見物衆も愈々開場、天颷の鹿砦！
金平糖　今年は見物の仕方も去年と違う
とっぱ　ここに建つのは劇場なんぞでありませぬ
金平糖　客席にみたてた美術品
とっぱ　案内《あない》はせぬがお客の移動も止めはせぬ
金平糖　世にも珍奇な都条例
とっぱ　ギリギリ躱《かわ》す新解釈にて御座候
金平糖　入り口こちら。出口もこちら
とっぱ　お好きに座り、お好きに立ち去る
金平糖　勝手に観やがれ、唐変木（とっぱは幟で頭をポカリ）
とっぱ　大変長らくお待たせしました。一夜《ひとよ》の宴の目眩し、どうぞごゆるりと
金平糖　さっさと入れよ盆暗ども（ふたたび幟で頭をポカリ）

序◉水の滸りのアラベスク

♬ The Beast　J hann Gunnar J hannsson

遠くの空にヘリコプターの轟音が唸ります。幕のあちらで何かが燃えています。黒煙が見物衆の眼に燻って廃墟となった瓦礫の街が映しだされます。ウクライナやイラクの街が。パレスチナが。アフガンが。ソマリアが。ミャンマー、シリア、エチオピア。世界中のいたるところで絶え間なく戦争がつづいています。走馬灯は最後に沖縄の基地に変わります。返還前のベトナム戦争出撃拠点。コザ暴動の夜。四方八方から探照灯が誰かを探すように幕を照らします。サイレンの音が鳴り響き、刻の河をさかのぼるように開幕です。同時に上手上部から縄梯子がするすると落とされ、ふたりの米軍兵士が忍び足で降りてきました。

ひとりは黒人、ひとりは白人。どこか猪熊少将と名護屋山三に面影が似ています。

緊急警報はますます大きく、点滅する赤いライトに浮かぶのは、基地を取り囲んだフェンスの波。遠くで軍用犬が吠えたて、非常事態の怒号が飛び交います。

前舞台は開かれて夜の波が打ち寄せてきます。その中へふたりはどぼん。

黒人兵　静かにしろよ。見つかっちまうじゃねえか

白人兵　ちきしょう、最初から水の中とは！　まだ去年のほうがマシだったぜ
黒人兵　回想シーンに文句を云うない
白人兵　全体いまは何時《いっ》なんだい？
黒人兵　一九七〇年、十二月。まもなくメリークリスマス
白人兵　こっちはベリークルシミマスだけどな
黒人兵　冗談云ってる場合じゃない。早いとこずらかるんだ

ふたりはスイスイ海を渡って陸地を（前舞台）めざします。

白人兵　沖縄の冬の海はあったけえな
黒人兵　（海からはいあがり）軍道24号線だ。ここをまっすぐいけば胡屋《ごや》十字路にでられる
白人兵　それにしてもMPの奴ら、ひとりも追いかけてこねえぞ
黒人兵　あっちのゲートでも脱走騒ぎがあったのかな
白人兵　運玉義留の生まれ変わりがキャンプに忍び込んだんだ
黒人兵　戦後すぐに基地を襲った、命知らずの戦果あぎゃーのことか
白人兵　食料、弾薬、ペニシリン、フェンスを破ってなんでも盗んでいきやがった
黒人兵　そいつらが蘇ったとでも云うのか
白人兵　ベトナム戦争のために犠牲になってるのは俺たち兵隊だけじゃない
黒人兵　糸満じゃ民間の女が酔っぱらい軍人に轢き殺された

白人兵　沖縄の奴らを追いつめ過ぎたんだ
黒人兵　どっちにしろ追っ手を引きつけてくれりゃ俺たちには好都合だ
白人兵　この隙に逃げきろうぜ
黒人兵　コザのAサインバーまでたどり着ければジャテックが迎えにきてくれるらしい
白人兵　そっからどこへ行くんだよう

脱走劇を浮かびあがらせていた照明がぷっつり消えると、上下ふたつの回転舞台が海をふさぐように滑ってきます。奥舞台にはフェンスが張り巡らされた嘉手納基地。夜空には訓練を終えたオスプレイが、いましも帰還をはたすために浮かんでいるかもしれません。スライド舞台に明かりがはいると場面は現代のコザ沖縄市の歓楽街。上手回転舞台にはオフリミッツで営業できなくなったままシャッターをおろした店の前にふたりの老婆が微睡んでいる。楽しい夢でもみているのか、ひとりは笑みを浮かべながら団扇で風を送り、死んだように睡っています。

もうひとりの手には阿片の吸引道具が。手の甲には藍も鮮やかな針突《ハジチ》の文様が刻み込まれています。下手の回転舞台は営業中のかつてのAサインバーの名残を留める一軒の店に、客がひとり。ジャーナリストのはびらがマダムに取材しています。

はびらは山羊汁を肴に泡盛をぐいと呷って。

はびら　ふうん。その夜に暴動があったんだ

マダム　ウチンナンチュは次々と米軍のジープをひっくり返し火をつけた。街が炎につつまれたサ
はびら　コンディショングリーンが発令されたけど、怒りはおさまらなかったのね
マダム　今は昔の物語、とでも云いたいけどサ、この島は何十年経っても変わらんさ
はびら　アメリカ世《ゆ》からヤマトぬ世《ゆ》になっただけか

その時、ヘリコプターの轟音とともにオスプレイが飛来し、すぐに消え去ります。

マダム　寝ぼけたこと言いなさんな。こんなに飛行機が頭の上を飛び交っとるのに何が本土復帰五十年よ。アメリカ様の云うなりじゃないの。この半世紀ヤマトがウチナーに何してくれた？
はびら　他策ナカリシヲ信ゼムト欲ス。自裁した特使のほうがまだ良心があるか
マダム　女を騙して特ダネにしたどっかの新聞記者よりも
はびら　ジャーナリストとしては耳が痛いわ
マダム　ガマのなかでどんだけのひとが死んでいったかウチナンチュは忘れておらんからね
はびら　……死んだ人も生き残った人もどんな思いで戦争をくぐり抜けてきたのかなぁ

ふたたびオスプレイの爆音。マダムは塩壺から塩を取りだしドアから外に出て塩を投げつけました。

マダム　こら！　あっち行け！　墜ちるんなら基地のなかに墜ちろ！
はびら　……ぼくも先祖の供養しなけりゃならない年齢《とし》なんだけどなぁ
マダム　この街に門中《ムンチュー》でもおるんかね

はびら　父方じゃないの。母の供養
マダム　わけありの供養みたいだね
はびら　捜しびとさ。ベトナム戦争時代に行方不明になった
マダム　異人さんかい
はびら　写真しか知らないグランパだけどね
そう云うとはびらはポケットから一葉の写真をマダムにわたします。セピア色のポートレイトには幸せそうなカップルと、ちいさな女の子。

マダム　なんでゆきはぐれたの？
はびら　嘉手納基地から脱走した黒人兵だったんさ
マダム　あんたにそっくりな幼子だ
はびら　母親《アンマー》だもの
マダム　となりの女がおばーかい
はびら　赤い森《アカムヤー》の娼婦だった。コザ暴動のあと、母親《アンマー》を施設に預け、じぶんは姿をくらました
マダム　悲しい話だ
はびら　吐いて棄てるほど、どこにでもある悲しいお話
マダム　あんたを立派に育てたじゃないの
はびら　ぼくを育てて死んじゃった。いまは天涯孤独の身の上さ

マダム　それで五十年前の脱走兵を
はびら　まだ生きていればネタになる
マダム　おじーのことを追いかけて記事にするつもりだったか
マダム　図星だわ。下心だけの寝ぼけた記者にはなんの消息も掴めません
　　マダムは壁に掛けられた埃だらけの米軍証書をはずしてはびらに見せます。
マダム　この店も元はAサインだったんさ
はびら　そんなら脱走兵が立ち寄ったかもしれんねぇ
マダム　（大儀そうに腰をあげて）ちょいとお待ちよ
　　マダムは店を出て、上手の錆びれたシャッターの前でうたた寝している、ふたりの老婆の肩を叩きます。
マダム　黒おばー
　　肩を叩かれたほうのおばーがゆっくりと目を覚ましました。
黒おばー　誰じゃや。せっかくの昼寝を邪魔するあほうは？
マダム　國おばーも起きておくれ。客が来とるんさ
國おばー　赤い森《アカムヤー》からお呼びでもかかったのかい？
黒おばー　國ちゃん、寝ぼけたこといいなさんな
マダム　おばーたちが働いていた悪場所はもうどこにもありゃせん

國おばー　ならもっともっと時代を遡った頃の追憶かや
黒おばー　そりゃどれくらい古い想い出じゃ
國おばー　私《あたえ》は綺麗なべべ着てな、京の河原の小屋掛けで踊っておるのよ
黒おばー　國ちゃんこまい時分から舞うのが大好きじゃったもんねぇ
國おばー　ややこ踊りゆうてな、見物衆がやんやの喝采で迎えてくれたんや
黒おばー　南蛮船《ぶね》がこの島に立ち寄った時のことかい？
國おばー　あわてたお江戸の幕府が琉球を異国に取られてたまるか云うて
黒おばー　島津の殿さんに奄美を攻め落とせと命じたんさ
マダム　何百年前の話じゃ。おばーたち生まれてもおらんじゃろ
國おばー　生まれておらんでも憶えとる
黒おばー　みぃんな一緒にニライカナイで暮らしとる
國おばー　ひとははびら
黒おばー　マブイは花びら
國おばー　はびらは花に恋して蜜を吸う
黒おばー　花は蝶に化身する
國おばー　生きてる者は死んだ者に。死んだ者は生きとる者に
黒おばー　此の世は廻る。輪廻転生

マダム　おばーの手に彫られた入墨《ハジチ》がそうおしえているんだね
國おばー　地上の苦しみ忘れるための、淫豚草《トングヮアミンナー》でいいこころもち。いまは昔の夢物語
マダム　昔のことにはちがいないけど、おばーたちの憶えていることを聞きたいって娘《こ》が店に来てるんだ。相手をしておくれよ
黒おばー　ちるだいの
國おばー　こんな老いぼれになに訊ねるんじゃ
そう云いながら大儀そうに立ったふたりはマダムに導かれ下手のバーに戻ります。
黒おばー　なくなっちまった場処のありかを調べに来とる云うんはあんたさんけ?
國おばー　過ぎ去った時代の話を聞きたいって娘《むすめ》はおまえかえ
ふたりはそう云ってお店の一番奥に縮こまるように坐りました。
マダム　おばーなんもそんな隅っこに寄らんといても
黒おばー　此処でええ
國おばー　ほんの少しのあいだ現し世の片隅に腰掛けとるだけや
黒おばー　またすぐに旅に出る
國おばー　生まれ変わって別の世に
はびらは手にしたグラスの泡盛をぐいとひと呑みすると、おばーたちに近づいて。
はびら　コザ暴動を憶えとる?

國おばー　つい昨日のことのように
マダム　半世紀も昔のことじゃが
黒おばー　わったーやAサインで稼いでた
國おばー　アメリカさまの兵隊相手にえっと儲けさせてもらったさ
黒おばー　その金元手に糸満で台湾相手の密貿易じゃ
國おばー　私《あたえ》ら抱えきれんほどの札束で男どもを操っておったの
黒おばー　うんじゅは密航船に乗って世界中を廻るんよって云っとったなぁ
國おばー　みんな束の間の夢やった
マダム　ふたりともいいかげん夢から醒めてこの娘《こ》の話を訊いてやってな

はびらは先ほどマダムに見せた写真を見せて。

はびら　このひと。見覚えあるかなぁ
黒おばー　ベトナムゆきから逃げ出した脱走兵じゃろ
國おばー　……（写真を眼に近づけたり話したり）
マダム　知ってるならはっきり云いなさいよ！
はびら　（いたたまれなくなって話題を変えるように）その分身《いれずみ》、蝶々の翅みたいだね

おばーたちは針突《ハジチ》のはいった手の甲を突きだして、蝶が羽搏くようにお辞儀をしました。

國おばー　昔の女はみなしとったよ
はびら　明治時代に禁止されたんじゃなかったの
黒おばー　ヤマトのお上の命令を誰が聞くかい。琉球処分なんぞ認めんわい
マダム　こっそり隠れて自分たちの掟を受け継いで来たんだね
國おばー　これは海の彼方のニライカナイへ渡り、ふたたび生まれ変わってくるための大事なしるし
マダム　死んだものの霊魂は蝶にやどるんだろ
國おばー　花もまた蝶《はびら》に化身する
はびら　ぼくの名前ははびら。脱走兵のひとり娘が名付けてくれた
マダム　でも母親はもう此の世にいない
黒おばー　本気でおじーを探す気なんだね
國おばー　こんひとは世界の涯で生きている
黒おばー　逢《お》うたら何を伝えるんじゃ
はびら　母親《アンマー》の想い……
マダム　生まれてすぐに棄てられたこと怨んでたんじゃなかったのかい
はびら　ううん感謝していた。ありがとうって云えなかったこと悔やみながら亡くなった
マダム　ぐすん。それ聞いたらあんたのおじー、喜ぶだろうね
はびら　それだけは何があっても報《し》らせてあげなきゃ

マダム　そんなら誰もあんたを止められない
國おばー　どんなにその身に危険が待ち受けていようと
はびら　ねぇ、ぼくは何処《どこ》へ訪ねていったらいいの？
黒おばー　北の国さ
國おばー　あの時代、コザのAサインから秘密の荷物を運び出す組織があった
マダム　脱走兵だ
黒おばー　嘉手納から横須賀、東京。あとは根室ルートで赤い国へ消えていった
國おばー　オホーツク諜報船と呼ばれた密漁の船に乗せられて
マダム　とんでもない場処へ連れていかれた
はびら　アメリカに戻ったところでたいした違いはなかったさ
マダム　民主主義の国だもの、なんてったって自由があるよ
黒おばー　なんじゃそれ
マダム　アメリカじゃ大事なことはみんなで決めるってことサ
國おばー　まどろっこしくてかなわんの
マダム　ぬーんちそう考えるん？
黒おばー　大事なことはひとりが決めればええ
國おばー　皆の衆が一目置いとる立派な者が

はびら　そうかもしれない。人間は進化して世の中は便利になったというけれど
黒おばー　忘れちまったことのほうが多すぎる
マダム　昔のほうが良かったかぁ
はびら　おばーたちの針突《ハジチ》にだって深い考えが隠されてるのに
マダム　西洋に尻尾ふった明治政府にゃ恥ずかしいものにしか映らなかった
國おばー　毛唐の考えかたはいっちょう好かん
黒おばー　それでもうんじゅは北へゆくか
國おばー　遠い遠い旅になるやもしれぬ
はびら　覚悟のうえさ
黒おばー　ならばもう云うことはない
マダムは写真を取って黒おばーに。
マダム　はい念呪
黒おばー　ちるだいの〜
そういって写真を胸に抱くと、あら不思議。懐からは同じ写真がもう一枚。
マダム　（もとの写真を、はびらに返して）ほら、これでよし。じゃ、おばーたち頼んだよ
はびら　頼んだって？
マダム　こん人たちは時間旅行ができるのさ。きっと一足先におじーの居場所探しだしてくれる

國おばー　さあ、私《あたえ》らもつぎの夢を盗みにゆくとしよう
　そう云って、ふたりのおばーは下手袖へと消えていきました。
　霧がふたつの影をつつむのと入れ替わりに二階から平太郎と金平糖が、どたどた降りてきます。

金平糖　その旅、あたいらも連れてけよ！　島唄よっか面白そうじゃん！
平太郎　汽車かい？　船かい？　ＵＦＯかい？
　♬ＵＦＯ　ピンクレディ
　金平糖はヤンキー女子高生の制服。
　平太郎は片手に持った天狗の羽団扇をひらひらあおぎながら金平糖の背中から顔を出しました。

マダム　こりゃ！　金平糖、盗み聞きしてんじゃない！　それにそのキジムナーみたいな餓鬼は誰よ！　他人《ひと》んちに土足で勝手にあがるでない！
平太郎　平太郎と呼んでくれ。おいら天狗の子供だい
金平糖　二階の窓から突然あらわれた変な小僧さ。（はびらに）ねーちゃん。こちとら暇もてあましてんだ。面白そうな話ならいっちょ噛ませておくれよう
マダム　ふらーなこと考えてないで勉強せい！　この親不孝もん！
金平糖　その台詞、即死刑！（金平糖は死刑！　のポーズ）。

はびら　元気のいい娘さんだね
マダム　父親なしで育ったからどうにも手がつけられん
平太郎　おいらも孤児、神隠しの森から他人の夢を盗みに来たぜ
はびら　やれやれ。夢のなかに去るひといれば、別の夢から来るひとありか
マダム　父ちゃんとふたり、台湾から琉球へバナナつくりに移住した……その苦労も報われんうちにあのひとは旅だって……それをこん娘は
金平糖　うっせーな婆ぁ！　黙ってミミガー齧ってろよ
　マダムはいつのまにかミミガーを口に咥えてる自分に気がついて、あわてて呑みこもうとして噎せてしまいます。
　金平糖は、はびらが背中を擦ってあげるのをみながらケラケラ笑って。
金平糖　ちょー受けるぜ！
　平太郎は上手の特飲街の屋根を指さしながら。
平太郎　屋根のうえのシーサーみたいだ
金平糖　シーサーもミミガー食べんのかいな
　すると上手中空に、突然浮かんだものが。まだ登場には早すぎる、関東軍の将校石井四郎大佐であります。
平太郎　あっ！　何かが空を飛んでいる！

金平糖　あたいらの乗るＵＦＯか
はびら　なんだか偉い将校さんみたいだけど
マダム　どう考えても帝国陸軍。あきらかに時代錯誤じゃ
石井　じぶんは連合国をアジアから追い出すために満洲国から飛来した軍医であ～る
はびら　なんの脈絡もないけど
金平糖　完全に時代を間違ってんじゃん
石井　あんまり台本が遅いから、出番を待ちきれずに登場したんですぅ
平太郎　でたらめな作者にでたらめな役者じゃでたらめなお芝居しかできないよ
マダム　いつものことさ
金平糖　おっさんはお呼びじゃねーんだよ！
石井　どうやらじぶんは出番を間違えたらしい

大佐はそう云うと再び中空に消えてゆきます。

金平糖　もう出なくたって構わないぜ
マダム　あいつは台詞みっつで退場だ
金平糖　狸と鯰なみの役者だったか
平太郎　ほとんど意味のない存在だ

平太郎、天狗の羽団扇をひらひらとあおぐ。

はびら　さて、ぼくも長居をしすぎたようだ。（ズボンのポッケから、くしゃくしゃの札をカウンターの上に置いて）ありがとう、山羊汁《ヒージャー》美味しかったよ
マダム　もうゆくのかい
はびら　残された時間はそんなに多くないからね。キナ臭くなってきた世界が燃えあがる前に母親《アンマー》との約束果たさなきゃ

はびらは上手袖へと小走りに去っていきました。

平太郎　ちぇっ、天狗の船に乗りそこなったぜ
金平糖　しょうがない。ハーリーの練習でも見物にいくか
平太郎　おいらも一緒に散歩するぜ
マダム　勝手にせい。今日は店閉めるから、帰ってきても飯ないよ

マダムはカウンター横のカーテンで仕切られた小部屋へ消えました。

金平糖　ふん。子供を飢え死にさせる気か

マダムは顔だけ出して。

マダム　子なら親の云うこと聞け！（ピシャッとカーテンを閉めます）
平太郎　シーサー、怒っちゃったぜ
金平糖　ほっとけ

金平糖はかまわず下手の客席通路をあがっていきます。

平太郎　待ってくれよ

　　ふたりは客席中央まで来たところで片手をかざし、見物衆の頭を眺めました。

金平糖　ねぇ平太郎。どうやら暗闇に道をはぐれちまった

平太郎　ここは西瓜《すいか》畑じゃないか（目の前の誰かさんの頭をぽん）

金平糖　ひとつ盗んじゃおうか

平太郎　できそこないばかりだよ

　　金平糖が近くの客の頭を引き抜こうとするので、とうぜん声があがります。

金平糖　あれ？　なんか喋ったぞ

平太郎　こりゃ人間さまの頭だ

金平糖　天狗にでも誑かされたか

平太郎　天狗の子が天狗に騙されるわけないだろ

金平糖　それもそうだな。だったらもうひとつの時代へひとっ飛びするぜ

平太郎　合点承知のすけ！　おいらは異界をさまよう堕天使さ

　　颪。

　　♬ＵＦＯ　ピンクレディ

　　音楽とともにふたりは暗闇に消えました。

　　溶暗。

闇のなかで、ふたたび市街戦の銃撃音が鳴り響きます。ミサイル、砲撃、ヘリコプターの爆音。舞台奥の大扉がゆっくりと客席にむかってきます。
それは廃墟。いましも破壊された下手のビルの窓には狙撃兵の影。大扉の奥から幾つものひかりの軌条《すじ》がとどきます。上手客席前舞台の上のはね出しに明かりが灯り、機関銃を構えたリュウの姿を浮かびあがらせました。

リュウ　ちきしょう、聞いてた話とだいぶ違うぜ。国境を越えれば簡単に制圧できるはずが敵はこっちにもない最新兵器を持ってやがる

今度は下手客席前舞台の上に明かりがはいります。そこにカメラを担いでいるのは有田音松に憑依した全裸監督とキム・ニコライであります。

音松　肺病、虎狼痢《ころり》、花柳病！　黴菌、細菌、伝染菌。何でも治る奇跡のお薬販売業、有田音松商会です！　人間《ひと》が人間《ひと》の命を奪いあうその悲哀。平和を望むはずの民主主義がみずから撃鉄《ひきがね》をひくその矛盾！　あ、人間社会のなんと浅ましいことよ！　二十一世紀になって、こんな暴力の博覧会の現場に居合わせるなんて！

リュウ　おめぇなに云ってんだ。大体日本人はあっち側だろ、なんで敵陣からカメラ向けているんだよ

キム　わたしにもわからない。なにゆえあなたは此処にいる？　故国はどうして遠ざかる？

音松　歓待と消尽！　生まれ出ずる愛と消え去る死の協奏曲《コンチェルト》こそ、我輩が求める映像詩《ポエム》そのもの。

善も悪もありゃしない。そんな線引きは無意味です！　そのことを遍《あまね》く大衆に知らしめるため有田商会衛生博覧会は全世界をまわるのです。此処には永遠と混沌だけが踊ってる

キム　タルコフスキーみたいなこと云ってる

音松　彼の身体には国境線が横たわる。我輩のこころは刻《とき》のきざはしに引き裂かれてる

三人の会話の合間にも断続的に銃撃音が響きます。

リュウも負けじと応戦しながら。

リュウ　厄介な分裂症だぜまったく

キム　最初にあったときはロシアの大地を日本のサーカス一座と巡業するランカイ屋

音松　性病絶滅。衛生博覧会の有田音松そのひとであります

リュウ　（キムに）それでジンタを教わったのか

キム　ちがう。あれ、わたしの祖国のメロディア

リュウ　どっちにしろ薄れかかった大昔の記憶だろうが

音松　いまは衛星テレビの全裸監督ナイスちゃんと呼んでください

キム　いつか時代をさかのぼってふたりが登場するまでは

リュウ　どうでもいいけど邪魔だけはするな。こいつは俺の仕事なんだ

キム　祖国のために死ぬことが

リュウ　銭だよ。俺は傭兵なんだ、命を売ったからにはそれなりの意地もあるさ

またしても砲弾が突き刺さります。
下手のふたりが濛濛たる黒煙につつまれると、明かりがぷっつりと消えました。
闇のなかでリュウが呼びかけます。

リュウ　おい！　大丈夫か。おまえら味方の弾でくたばっちまったらお笑い草だぜ！　おい！　おい！
奥舞台の中央、月明かりのようなひとすじの青いスポットライトに、カメラを構えたはびらが浮かびます。はびらの台詞のところどころに閃光《フラッシュ》がひかります。

♬ワンモアソング　ベティラベット

はびら　生まれた南の国から黒い積み荷と運ばれて新大陸にやってきた。ミシシッピの濁った水辺。どこまでもひろがるコットンフィールズ。何世代も白人につかえ、漸《ようや》く人間らしい暮らしを手にいれた。民主主義と自由の国。そこには休息なんかなかった。見知らぬ国の戦争に駆り立てられて気がついた。ぼくの黒いおじい。あなたを訪ねて此処まで来たよ
後景が深紅に染まり、斑状の星明かりが廻りの砲煙を照らすなか上手奥から廃墟の街の移動舞台が滑り込んできます。
その二階から、機関銃を構えたリュウがあたりを伺うように姿をあらわしました。照明が青白く変わると、闇のなかで沖縄の悪場所は上下に退き、夜の川の水面が揺れています。はびらが素早くリュウをみつけて駆けつけます。

はびら　リュウ！

リュウは二階から身軽に地上に飛び降りて。

リュウ　おまえ、まだ戦場から逃げださず何やってんだ
はびら　やらなきゃならない仕事が残ってる
リュウ　夢みるためだけに来たわけじゃないってことか
はびら　ごめん。隠してた
リュウ　ほんとの理由を教えろ
はびら　捜し人さ
リュウ　大切なひとかい
はびら　そのひとがいなければぼくは此の世に存在しなかった
リュウ　わけありの家系図ってとこらしいな
はびら　半分だけの血がユーラシアの大地のどこかに消えたんだ
リュウ　いつ頃の話だよ
はびら　ベトナム戦争
リュウ　ロシアがソ連だった時代じゃねえか!
はびら　ぼくのおじーは脱走兵。まだこの国のどこかで生きている
リュウ　気持ちはわかるけど、あきらめて南の島へ帰ったほうが身の為だぜ
はびら　決めつけるなよ

リュウ　考えてもみろ。おまえの血族は戻る場所がなくなってシベリアの涯へ運ばれた
はびら　歓迎されざる亡命者……
リュウ　タダで飯を食わせるほど共産主義は甘くない
はびら　当時グラーグと呼ばれた労働収容所があったのは知ってるさ
リュウ　国内の反革命分子、強制移住させられた沿海州の高麗人《コリョサラム》、戦争の捕虜となった抑留日本人、
　　　　生き残れた奴はまれだった
はびら　それでも希望は棄てたくない
リュウ　収容所群島はソビエト連邦全域に拡がっていたんだぜ
はびら　廃墟となった此処キエフの郊外《はずれ》の森のなかにも
リュウ　このウクライナまで脱走兵を尋ねてきたのか！
はびら　カムチャッカからひとつひとつグラーグを訊ね歩いて脱走亡命者の噂を追いかけた
リュウ　隠された地図を塗り潰すようにして
はびら　いまは国境線がひかれた街へもいった。いろんな人種にも逢えた
リュウ　そしてふたたび俺がおまえをみつけた
はびら　云ったろ。君とは運命的な出会いだって
リュウ　いつ戦場の塵と消えるかもしれない俺につきまとうなよ
　　　♬ゴジラ出現　伊福部昭

突然水面のなかからカメラを担いだ全裸監督が怪獣のように出現します。

音松　運命的な出会ぃ！　ナイス過ぎるお言葉！　我輩、前回云ったでしょ。あなたがたは、やがて合体すると！（かっくんかっくん）

リュウ　死んだんじゃなかったのかよ

音松　（ヘルメットの上から片手で髪をかきあげる誰かさんの真似をして）ぼくは死にましぇん！

はびら　誰にもわからないギャグ云ってる

リュウ　一番つきまとって欲しくない奴があらわれやがった！

すると廃墟の街の扉が開いて音松と行動を共にする辻楽士のキム・ニコライが手風琴を抱いて登場します。

キム　わたしもなぜだか生き残ったよ

音松　われわれは生きながら死んでいる。死にながら生きている。エロス+虐殺。あ、間違っちゃった。わたくし小難しい映画は撮りません。橋の下で客をひく薦被りの女郎なのです

そう云いながらゴジラは、はびらが差し伸べた手に捕まりながら上陸します。

はびら　あいかわらず台詞が諄《くど》いなぁ（掴んだ腕をはなしたので、ふたたびどぼん）

リュウ　あんた、なんでこんな奴に寄り添ってるんだ

音松　めげません。我輩、こんなことではめげません（と、ひとりで陸にあがる）

キム　この男とはずっとずっと遠い昔、もうひとつの時代で出会ったのです

リュウ　やっぱりおまえらも幽霊か
音松　幽世《かくりよ》に漂う魂が、有田音松そのひとがこの全裸監督に憑依したんです
キム　海を渡った曲芸師たちのなれの果て
はびら　万国博覧会を渡り歩く稀代の詐欺師のなれの果て
キム　異国の土になった骸《むくろ》が空の彼方で嗤ってる
はびら　それは追放されたあなたたちの嘆き
リュウ　居場所のない俺たちの叫び
音松　さぁキムニコライ、此処にいて此処にいない者よ。胸に抱いた手風琴《アコーディオン》の旋律鳴らし、一所不住の旅にゆこう
キム　流浪のなかでならわたしたちも自由になれる
音松　それでは永遠の恋人たちよ（かっくんかっくん）この幕の最後で会いましょう
　ふたりは手風琴《アコーディオン》の旋律《メロディア》とともに舞台奥へと去ってゆきました。
　ふたたび爆撃音。照明はぜんたい深紅に染まります。ストロボが照らし出すのは街のいたるところであがりつづける黒煙。
はびら　退場まで勝手なひとたち
リュウ　幕切れまで指定しやがって
はびら　でもぼくたち恋人にされちゃった

リュウ　その気になるなよ。流れ者に女はいらねえ
はびら　照れてんの？　どこかで聞いた台詞だよ
リュウ　そんなことよりおまえの目的地へ急がなきゃ
はびら　一緒に訊ねてくれるのかい
リュウ　日本の諜報船が米軍の脱走兵を運んだと聞いちゃ俺も無縁じゃいられない
はびら　その身体にも日本人の血が半分混じってるって云ってたものね
リュウ　父親《おやじ》が密漁船の水夫だったのさ
はびら　オホーツクの海境を破ったの？
リュウ　国境警備隊に拿捕されてハバロフスクへ送られた
はびら　もしかしたらぼくのおじーも同じ船に乗せられてたかも
リュウ　闇のなかの魑魅魍魎、真実は海の底に沈められた
はびら　その後は？
リュウ　漁師は頑丈だ。二十年もの長い間、収容所で生き延びたんだ
はびら　気の遠くなるような孤独と闘って
リュウ　ペレストロイカで開放されるまで
はびら　日本には帰れなかったの？
リュウ　海賊まがいの水夫の行く末なんて誰も気にしない

はびら　船と一緒に沈んだことにされちゃった
リュウ　根室に届けられたのは死亡通知一枚だけさ
はびら　強制労働させるために
リュウ　戸籍がないほうが便利だろ
はびら　そして少しずつ忘れられてった
リュウ　あ、……自由になっても祖国に戻らなかった父親《おやじ》はロシア人の母と一緒になった
はびら　それでリュウが生まれたんだ
リュウ　だがすぐに首を吊った
はびら　どうして！　漸く掴んだ幸せじゃないか
リュウ　病みがたいノスタルジアに襲われたんだろ
はびら　父さんの気持ちがわかるの？
リュウ　俺のなかにも、どうしようもない虚無がのたうちまわってる
　　リュウは急に身体をガタガタ震わせて何かに怯えだしました。
はびら　また誰かの霊魂ね
リュウ　今度は姿もはっきりみえる。そいつはずっと時代を遡った大菩薩峠にいる盲《めくら》の剣士だ。やみがたい虚無に操られ冥府魔道に落ちた……
はびら　しっかりするんだ

リュウ　振り払っても振り払っても消えてくれない悪魔のように！
　そう云ってはびらの腕のなかに倒れ込みます。
はびら　あんたの身体に魔物がいるなら、ぼくが退治してやるよ！
リュウ　……おまえ……物好きな女だな
はびら　だから世界の果てまでやってきてリュウに逢えたんじゃないか
リュウ　曠野のようなこの寂寞がいつか裏切ることになっても
はびら　それまでは運命のふたりさ
リュウ　母さんが云ってたことを思いだした。親父の収容所仲間に黒い肌の軍人がいてバビヤールの峡谷《たに》へ連れて行かれたと
はびら　ナチスがユダヤ人虐殺をした場所だ
リュウ　あたりは森に蔽われている
はびら　世間から隠れてひっそりと生きるには好都合
リュウ　おまえの想い、無駄にならないかも
　そう云ってリュウは上手袖のほうへ、はびらを案内します。
　その時ふたりは、袖から登場した石井四郎大佐と鉢合わせ。
石井　これは失敬。またしてもじぶんは早すぎる登場ですかな？
リュウ　あんたに構ってる余裕はない

石井　そろそろ今回の物語の種明かしをしてもいい頃かと
はびら　台本はまだ書きなおし続けているぜ
石井　歴史を捏造されたら困るんですよ
はびら　ぼくたちの行き先を知っているのか
石井　バビヤールにいくのなら時間旅行を覚悟しないと
リュウ　七十年前の戦争の時代か
石井　そこにじぶんは生きている
はびら　こいつも幽霊？
石井　たしかに東京裁判では裁かれるはずの法廷にいなかった。戦争の亡霊かもしれません
リュウ　あんた満洲の関東軍って名乗ってたな。過去の禍《わざわい》を蘇らせるつもりかい
石井　ご明察。と云いたいところだが、すでに此の世にいない者にとってはどうでもいい。世界が忘れた追憶ならば忘れたままにしてくれたまえ
はびら　ぼくのおじーを訊ねることがどうして寝た子を起こすことになる？
石井　じぶんは哈爾浜《ハルビン》でおこなった人体実験の成果をアメリカと交換したんだよ
リュウ　見返りは戦争犯罪のもみ消しか
石井　ところがスターリンはあきらめなかった
はびら　東京裁判のやり直しを訴えた

石井　ハバロフスクでの軍事法廷でソ連が捉えた関東軍司令官の供述を引きだしたからね
リュウ　だがアメリカは無視し、相手にしなかった
石井　ＧＨＱはソ連より先に実験データがどうしても欲しかったのさ
はびら　第二次大戦のあと、自分たちが世界の盟主となるために
リュウ　いつだって大国は自国のことしか考えない

上手の移動舞台の上に喧しい音松が登場します。一階の扉からはキム・ニコライ。今度は全裸ではなく紳士服に身を固めた有田商会社長、有田音松その人として。音松は意味もなく、門付けの言祝ぎ芸人となって太神楽の番傘を廻しながら。

音松　石井四郎閣下、昇進おめでとうござりまする〜。これで七三一部隊は、帝国陸軍の栄えあるエリート集団！

音松が指を向けた先に耀く襟章はいつのまにか少将になってます。

はびら　七三一だって！
リュウ　悪魔の細菌戦部隊と怖れられた関東軍防疫給水部
石井　おわかりいただけたみたいですな
はびら　それならますます関わり合いたくないね
リュウ　さぁぐずぐずしちゃいられない
はびら　きみはどうするの？　いんちき社長についてゆく？

キム　わたしきっとノスタルジア、でも祖国へは帰れない。きみたちと一緒にゆくよ
石井　どうしても墓を掘り返すつもりなら時計の針を逆さに廻すしかないな。音松くん愈々幕切れを準備して。次の時代へ舞台まるごと掻っ攫ってくれたまえ！
音松　御意。しまった！　こいつは三文役者の台詞だった

俄に空かき乱れ、雷鳴とどろき、照明は落ちて光の筋が地上にさしました。

♬ Ballroom　Bark Cat Bark

音楽とともに空中に吊られていたあの世とこの世の橋懸かりがゆっくりと降りてきます。中央で上下ふたつの橋がひとつになると、そこに真横から橙色の夕日が差しこみました。そこに立っているのは跋折羅の衣裳に身をつつんだ阿國です。

阿國　此の世はかげろう。私《あたえ》の生命《いのち》は大海原に浮かんだ一粒の粟《あぶく》のようなもの。天地《あまつち》の果てに棄てられた五条河原のわんざくれ。何処より来たりて何処へ去るか。展転総《すべ》て是空《これくう》にあり、私《あたえ》も刹那そこにある。蝶が花に恋するように、花が蝶を抱《いだ》くように阿國の身体から無数の蝶が飛び立つように、ひらひらと舞い降りてきます。
はびら　阿國おばー
リュウ　おまえを此処に旅立たせた眠り姫か
阿國　私《あたえ》はこうして刻のきざはしを渡り歩いた。あの世と此の世を往来《ゆきき》した
音松　閣下、とんだ邪魔がはいりましたぜ

石井　ならば其奴ごと時代を移し替えてみせよう

音松　どうやらこいつも女だてらの芸人風情。見せてなんぼの浮草稼業は飛んで火にいる夏の虫

阿國　ふん。天下一の歌舞妓者がいかさま野郎に遅れをとっちゃぁ末代までの恥さらし

はびら　ぼくらも別の時代へ流されるのかい

阿國　この阿國がそうはさせないよ。おまえたちは暗い峡谷《たに》へゆけ

リュウ　死者が蠢くグラーグの森へ！

はびら　母親《アンマー》の最後の言葉をおじーに届けるため

キム　約束を果たすため、喪《うしな》われた時間を取り戻すんだ

三人は下手奥舞台のさらに奥へ走ってゆきます。

上手にあった移動舞台も流れるように奥へ。

♬ Maybe I was wrong（0:36～）　Aira

音松　猪口才な！　お前だけが時間の渦を操れるわけじゃないぞ！

石井　蝶の化身を名乗る者よ。待っているぞ、かつてあった戦争の世紀で

雷鳴が高鳴り橋懸かりが霧に包まれて、稲光がストロボのように瞬きます。阿國は霧とともに去り、橋もふたたび跳ねあげられて、序の幕が閉まってゆきます。

破◉怪物から天球へ

♬労働レゲエ　マディ山﨑

上手客席最後方に、あの幕間《まくあい》役者が登場します。
山伏だか雲水だかわからぬ格好《なり》で錫杖をつきながら、精も根も尽きた様子で。

黒和尚鯰入　遥々《はるばる》と参った。……以ての外の旱魃なれば、思うたより道中難儀じゃ。（と、閉じられた幕を仰いで）はぁ、まだ幕は開いとらんが峰の空に水気《すいき》が立つ。嬉しや……夜叉ヶ池は彼処《あれ》に近い

するとし反対の下手客席後方に、煙とともにあらわれたのは、妖気ただよう老木の杖をかざした黒暗天女。上下の灯りは出来れば蝋燭がのぞましい。

黒暗天女　珍しき長広舌《ながぜりふ》、幕間《まくあい》にのみ出してもらえるお主にしては、よう覚えたの

黒和尚鯰入　誰だ。これへ来たのは何ものだ

黒暗天女　われは此の海山をつかさどる黒暗天女、双面《ふたつおもて》の禍《わざわい》の神。龍神さえも従える夜の化身じゃ

黒和尚鯰入　これはこれは。白雪姫より偉いお方か

黒暗天女　なのに鯰《なまず》ごときと共演せねばならぬとは。一年休んだばっかりに……

黒和尚鯰入　お婆よ

黒暗天女は無視します。

黒和尚鯰入　お婆のお婆よ
黒暗天女　爺ぃ、気安く呼ぶでない
黒和尚鯰入　裏ではいま大忙しで舞台道具の転換中じゃ
黒暗天女　わかっておる
黒和尚鯰入　屎《くそ》の役にも立たぬ老人ふたり
黒暗天女　せめて見物衆が飽きぬよう
黒和尚鯰入　海山のあわいに泛《うか》ぶ神話でも聞かせて進ぜよう
黒暗天女　いい加減な台本書きめ、鏡花の百年前の戯曲に眼をつけた
黒和尚鯰入　草木蟲魚の神々と
黒暗天女　強欲な人間どもの諍《いさか》いに
黒和尚鯰入　生贄にされる手弱女《たおやめ》の悲劇
黒暗天女　村を襲う水の妖《あやか》し
黒和尚鯰入　いっさいが夢に呑みこまれてゆく
黒暗天女　まるきり夜叉ヶ池そのものではないか
黒和尚鯰入　剽窃《バクリ》に剽窃《バクリ》を重ねる気でおる
黒暗天女　引退すれば何でもありか

黒和尚鯰入　だがこの物語、今の時代にこそふさわしい
黒暗天女　もはやこの星じたいがひかりを喪い、暗黒の闇に堕ちようとしている
黒和尚鯰入　それゆえ其方《そなた》が遣わされたのでは？
黒暗天女　果てしなき銀河の未来より衆生を救わんがため
黒和尚鯰入　ふん。口ではなんとでも云えましょう
黒暗天女　人間どもの味方をしてはならぬとな
黒和尚鯰入　お婆どのはそもそも乱を呼び、治を滅ぼす宿神であると聞き及ぶ
黒暗天女　鯰よ。その肚《はら》に蟠《わだかま》った泥のようにわれを混沌へと誘うつもりであろう
黒和尚鯰入　それが我が姫《ひい》さまの御為《おんため》なれば
黒暗天女　それほどまでに白雪姫に義理立てするか
黒和尚鯰入　御意
黒暗天女　ええい口惜《くちお》しい。白雪との癒着にも思えるその捩れごころ、いかに糾《ただ》してくれようぞ
黒和尚鯰入　鯰は鯰じゃ。いかにもたこにもなりましぇん
黒暗天女　物の怪の分際で天界に住まうわれに弓引く所存とは
黒和尚鯰入　愚僧とて白山は剣ケ峰千蛇ヶ池の御公達《ごきんだち》より預かりし大切な文づかいに参るもの。どうでと
あらば水の眷族打ち揃い、姫《ひい》さまの恋の道を成就せしめん

♬モツナベ　マディ山﨑

妖しげな音楽が鳴ると下手袖から白雪姫の家来が踊りながら登場します。
金魚丸と蟹太郎と名乗る夜叉ヶ池の物の怪は、金平糖と平太郎そっくりです。
ただし金魚丸には赤い鰭と斑模様、蟹太郎の右腕は蟹の鋏が生えています。

金魚丸　やぁ、今宵は山も田圃《たんぼ》もキラキラとした月の夜

蟹太郎　銀いろの畷《なわて》を囃しながら夜叉ヶ池に戻ろうぞ

金魚丸　山を川にと唄ってゆこう

蟹太郎　里を池にと唄ってゆこう

黒暗天女　こりゃ小童《こわっぱ》、人間との固い取り決め忘れたか

金魚丸　あれれ。こんなところに婆ぁと爺ぃ。いまにも消えん蝋燭あかりでこの世の最後を足掻いておるわ

蟹太郎　池の主《ぬし》に盾ついて、おいらたちの希《のぞみ》を邪魔するな

黒暗天女　何もわかっておらぬ。釣り鐘が其処にあるのを忘れたか……夜昼三度、撞く鐘を人間どもが忘れぬうちは、村は滅びぬ天地の誓盟《ちかい》、白雪姫にもままならぬ

黒和尚鯰入　さすれば我が主人の愛しい呼びかけにも応えられぬ

金魚丸　姫《ひい》さまがかあいそう

黒暗天女　その玉梓《たまずさ》をわたしたならば主《あるじ》は本性顕わにし、たちどころに龍となり恋しい男のもとへ急ぐに違いない

蟹太郎　そんなら大雨が降ってくる
金魚丸　旱魃《かんばつ》だってなくなるぜ
黒和尚鯰入　龍神さまが正体みせればそれだけでは済むまいぞ
黒暗天女　雲湧き風を吹かせ大嵐を呼ぶであろう。夜叉ヶ池は大洪水を起こして里村をひと呑み
蟹太郎　おいらたちは水の眷族、なんにも困らないよ
金魚丸　人間の里など池の底に沈めばいいじゃん
黒和尚鯰入　みなみな魚となりて愉快に暮らそう

黒和尚は鼻の下を伸ばしながら金魚丸のお尻を撫でました。

金魚丸　なにすんだよう！

黒暗天女はあきれ顔で、鯰入和尚の頭を杖で打擲します。

黒和尚鯰入　あいたたた
黒暗天女　このエロ坊主、御先祖いらいの約定をなんと心得る！

その時、幕の向こうで鐘が鳴ります。

蟹太郎　鐘だ、暮れ六つの報せが鳴っている
金魚丸　また人間どもの忠義だてだ
黒暗天女　おのれ作者め鐘を鳴らして、われを幕の外へと追いやるつもりか！
黒和尚鯰入　こうしちゃおられん。さっさと物語に参画しよう

黒暗天女と黒和尚は上手の袖口へ急ぎます。

蟹太郎　おいらも

金魚丸　あたいも

物の怪ふたりは下手の袖口へ。黒暗天女が気がついて。

黒暗天女　こりゃ、水の物の怪ども。おまいたちが退場する場処《ところ》はそこではない

蟹太郎と金魚丸の目の前の東西幕が少しだけ開きます。お婆の杖が指し示した池からの湧水が、ごぼごぼと音をたてて手招きしています。

蟹太郎　え？（揺れる水面を指して）ここに消えるの？

金魚丸　（水面をのぞき込んで）濡れちゃうじゃん

黒暗天女　年端もゆかぬとて魚族は魚族。水を怖れてなんとする

躊躇《ためら》う蟹太郎と金魚丸。上手のふたりは顔見合わせ頷くと鯰が後ろから金魚を水のなかへ。蟹はすばやく身を躱し、するりと下手奥舞台へ。

蟹太郎　あっかんべ〜。もうこんな芝居出てやんないぞ！（と奥へ逃げてゆきました）

金魚丸　ちべてー！

黒和尚鯰入　では幕の内で相まみえよう

黒暗天女　おぬしも笑ってばかりおられぬぞ

哀れ、黒和尚もまた黒暗天女に突き落とされてしまいます。

黒和尚鯰入　ひぇぇい！　何をなされる！

黒暗天女　ほほほほほ。鯰よ、おまえも水の族《うから》のひとりであろう。泣き言申すな

黒和尚鯰入　御無体な〜御意。御無体な〜御意。御無体な〜御意（いったん幕が閉じます）

眷族どもが水に沈むと鐘の音。東西幕がゆっくりと開いてゆきます。

暮れ六つの西の空、茜色に染まった奥舞台には、頽れんばかりの鐘撞堂。

上手の移動舞台は、山の中腹にある夜叉ヶ池へと続く嶮《けわ》しい獣道。水晶のように岩場からは、ひとすじ石清水が流れています。

下手移動舞台には芒の野辺にお地蔵さんと石仏が並んでいます。

上手回転舞台はくるりと廻って山里の隠れ家になっています。

下手回転舞台には獣の骸のような廃れた納屋があらわれます。

猟師が山に獣を狩にゆくときの仮の宿にでもしたのでしょう。蓆小屋の梁の下、ランプの灯火《ともしび》に照らされた、大神が念入りな鉄砲の手入れ。此処に来る間に仕留めたのでしょうか。その傍らには獲物の野うさぎが吊られています。

鐘を撞き終えた山師の金蔵が湧水で咽をうるおし、とぼとぼと家に戻って来ました。

日に三度鐘を撞くという夜叉ヶ池の龍神との約束を守ってきたお堂の主の後を継いで来たのです。大神は金蔵の帰りを待ちかねたように声をかけました。

大神　金蔵

金蔵　誰かと思えば大神《おおがみ》じゃねえか

大神はランプを吹き消して、あばら家に向かい野うさぎを無造作に手渡しながら。

大神　ほれ、手土産だ。たまには精をつけるがいい

金蔵　いつも済まねえな。待ってろ茶でも入れてやる

金蔵は家の裏の竈に消えました。大神は縁側に腰かけて。

大神　あんた、いつまで鐘をつくつもりだい

金蔵　ひひひ。時限をくぎるほど長く生きるつもりもねえよ

金蔵はふたたび竈から縁側に茶を乗せた盆を持ってあらわれました。

大神　此処に流れついて何年になる

金蔵　忘れちまったよ

大神　最初はとんでもねえ山師と睨んだが、こうまで里の者《もん》に義理立てするとはの

金蔵　この家《や》の先代には世話んなった。最後の鉱脈と踏んで全財産賭けたまでは良かったが……

大神　金も銀もでなかった

金蔵　尾羽打ち枯らして夜叉ヶ池に身を投げようとしたところを助けられた

大神　その恩義を忘れたくねえか

金蔵　こっちがまごまごしてる間にさっさとくたばっちまった

大神　あんたという跡継ぎができて安心したんだろうよ

金蔵　水底《みなぞこ》に棲むと云う龍神さまを怒らせねえために
大神　来る日も来る日も鐘を撞いてやる
金蔵　怠れば水難、村をひと呑み。百姓どもも生きておられん
大神　只の云い伝えさ誰ひとり信じちゃいねえ。むしろ池が暴れたほうが良いとさえ考えておる
金蔵　こうまで日照りが続いちゃなぁ
大神　今年も凶作、村総出で贄の話まで出る始末。呆れてものもよう云わん
金蔵　おまえさん、そんなに奴らが嫌《きれ》えかい
大神　あ、あの狡賢《ずるがし》こさを押し付けられると反吐がでる
金蔵　土地にしがみついて生きとる者《もん》から見れば儂らは一生無籍の流浪の輩
大神　嫉み半分の僻見《びゃっけん》さ
金蔵　儂がおさらばする時が里の寿命かもしれねえ
大神　ときに先代の孫娘のお百合さんはどうした
金蔵　恋人の晃さんが長いこと留守にしとるからなぁ……
大神　夜叉ヶ池を調べに来た東京の学者先生か。どうも好かん
金蔵　そのうち都へ呼び寄せるつもりだろう
大神　さぞかしこころ細いじゃろ
金蔵　今宵も庄屋の屋敷に呼ばれていった

大神　なんの用事だ
金蔵　さぁ。東京から偉い代議士が米を届けにやって来るから宴のお酌にでも駆り出されたんじゃねえか
大神　いたるところで米騒動。村には代議士様々だろう。気をつけろ。雨乞いの生贄にされちまうぞ
金蔵　まさか

そのとき障子が真っ赤に染まります。人形を抱いた女の影。なかから子守歌が聞えて。

百合の声　〽ねんねんころりよおころりよ。坊やのお守りは何処《どこ》へいた
大神　誰かいる
金蔵　お嬢さん、帰《けえ》ったのか

金蔵が障子をあけると明かりはぷっつり消えて虫の啼き声。

大神　惑わされたか
金蔵　縁起でもねえ
大神　疫病神がこれからお山にはいるんだ。魑魅魍魎もついてくるさ
金蔵　どうあっても山犬を仕留めるつもりか
大神　人間がもっとも畏れる野獣《のけもの》を
金蔵　狼なんてもう何処にもいねえ
大神　だが見たという小僧がおるでの

金蔵　世迷言を追いかけるか
大神　又鬼の性分さ
金蔵　いまさら小言言ってもなおらねえ
　大神は茶を飲み干して狩りの支度をして立ち上がりました。
大神　金蔵、生きていたらまた逢おう
　猟師は鉄砲を背中に獣道を登ってゆきます。
金蔵　今生の訣かれはまだ早い
大神　代議士の奴らにお百合さん渡しちゃなんねえぜ
金蔵　おまえさんこそ用心しろよ
　夜叉ヶ池のある山の中腹から風が唸りをあげました。
　暗転。
♫ Alice Wading　Dirty Three（0:18～）
　鐘撞堂がふたつの影を載せて奥舞台から水の滸りへ滑ってきます。
　夜空に無数の星が煌めくと、青白い月明かりが差し込んで影の正体があきらかになりました。白雪姫と黒暗天女。白雪姫の手には黒和尚から渡された千蛇ヶ池の御公達の文箱が。姫はその文を鱗のひかりに翳《かざ》しながら。
白雪姫　月も星も美しい。夜叉ヶ池の水面《みなも》に映《は》える、宵の銀河の明滅さえも幽《かす》かに微笑んで螢が舞っているようじゃ（白雪姫は玉梓の文字を目で追いながら）人間どもは何故にこの景色をみずから毀す。天体さえも支配しようと謀んで神々の怒りを呼醒ます。末法の世を畏れもせぬ不埒な所存、必ずや白雪が天罰降そうぞ。一切合切池の底に沈めてくれるわ

黒暗天女　いつのまにその文箱《ふばこ》を

白雪姫　さきほど黒和尚が届けておじゃった

黒暗天女　鯰め、油断も隙もありゃしない

白雪姫　文遣いのお役目、果たしたが故、暇をとらせた

黒暗天女　早くも台詞をおぼえる容量が限界を超えたか

白雪姫　それにしても近頃、人間のふるまい、眼にあまる

黒暗天女　とかなんとか云っちゃって、ホントは彼氏に逢いたいだけじゃん

白雪姫　ばれちゃった？

黒暗天女　嘆かわしい。恋は盲目とはこのことなり

白雪姫　姥《うば》よ。可懐《なつか》しい、優しい、お床《ゆか》しい音信《たより》を聞いた。わらわは参るよ

黒暗天女　姫よ。われはそなたの姥ではないぞ。天上界から遣わされたお目付け役じゃ

白雪姫　そんなもの要らぬ！　わらわのしたいように生きるまで。約定なぞ知ったことか！　愚か者の里が滅ぶのならばそれも宿命《さだめ》と思い知ればいい

黒暗天女　なんたるたかビーな振舞いぢゃ。あ、……幽世《かくりよ》の父母《ちちはは》がどれほど嘆いていることか

白雪姫　だって苦労知らずのお嬢さまだもん

黒暗天女　よいか。山ながら、川ながら、そなたが座を移すならば幾千、幾万の生類の生命《いのち》を絶たねばならぬ。剣ケ峰千蛇ヶ池の主とておなじこと。こちらへ参れば白山谷は湖になりはてる

白雪姫　大洪水もいいじゃん。北極だって氷が溶けてる。白熊だって困ってる

黒暗天女　斎藤幸平の読み過ぎじゃ

白雪姫　この星の温暖化なんてわらわの所為《せい》じゃないもん

黒暗天女　だからというて約束はかえられぬ。尾のない猿どもをかばいだてして云うのではない。あの鐘は鳥の啄《つつ》いた蔦葛で釣《つる》したようなもの、鎖も絆も切れるまでいましばらくの辛抱よ

白雪姫　そんな気の長いことばかり。あこがれ慕うこころには冥土《よみじ》の関を超えたとて、夜のあくるのも待たりょうか

その時下手移動舞台の石仏とお地蔵さんの影から金魚丸が姿をあらわしました。

金魚丸　姫《ひい》さま、お気を鎮め遊ばして

白雪姫　こりゃ金魚丸ではないか

金魚丸は四百年前の時代の金平糖のいでたちに成り代わっております。

金魚丸　はえ

白雪姫　小魚の分際でわらわに意見する気かえ

金魚丸　そこの婆ぁの云うことも尤もかと

黒暗天女　（杖でこつん。あ痛とばかりに頭をおさえる金魚に）婆ぁではない
金魚丸　ふん。あたいを水底に落としやがって。溺れるところだったぞ
黒暗天女　なのに先《せん》とはまるで違うその姿。着替えたようじゃ
白雪姫　川の流れに揺蕩《たゆと》うて、とろりと夢でも見ていたのかい
金魚丸　はえ。あたいは遠い遠い昔の時代に流されておった
黒暗天女　天狗の小僧にたきつけられたに相違ない
金魚丸　あいつとはゆきはぐれたまんまさ
黒暗天女　彼奴め、芝居が嫌になったか
金魚丸　耳の奥で笛や太鼓の音色がなって眼をさました
白雪姫　それは如何《いか》ような場処じゃ？
金魚丸　赤や白、あたいとおなじ華やかなべべ着た異形の人間たちが行き交う、水の滸りの賑やかな
通りでありんす
白雪姫　その頃はひとの世も荒れ野ではなかったのであろう
金魚丸　黄昏や闇や明星《あけぼし》が、あたいら物の怪と人間とのあわいに横たわっておりました
白雪姫　図に乗って空の雷神に断りもせず、ゑれきてるとか申す火花まで操る始末
金魚丸　思い上がりもはなはだしい
白雪姫　分を弁《わきま》える作法をしらん

金魚丸　みずからの首を絞めてることがわからぬのじゃ
白雪姫　放っておけば自然《じねん》の奥にひっそりと佇んでいた眼にみえぬ細菌どもが暴れだすぞ
金魚丸　疫病《はやりやまい》が世界を死人《しびと》で覆い尽くすよ
白雪姫　昔から、のどかに暮らしてきたこの辺りの森と里も騒がしくなってきた
金魚丸　都からきたごうつくばりの代議士が、ダムとかもうす堰堤を夜叉ヶ池に拵えるたくらみ
白雪姫　それで庄屋は夜ごとに宴か。百姓も地に落ちた
黒暗天女　おい、ふたりだけで会話を進めるつもりか
金魚丸　あれ婆ぁ、まだ居ったんか
黒暗天女　ぬぅ〜、かえすがえすも生意気な！
白雪姫　（黒暗天女に）もうよい。さがれ、さがれ
金魚丸　（手で追い払うように）さがれ、さがれ
黒暗天女　われを邪険にした仕打ち、かならず大日如来の耳に届けるぞ。報いを楽しみに待つがいい

つんつんしながら杖で大地を突くと、たちどころに霧。
黒暗天女を乗せたまま、ふたつの回転舞台が廻りながら大きく開いていきます。

金魚丸　いっちった
白雪姫　金魚よ。先ほどの庄屋たちの思惑、詳しく話してごらん
金魚丸　なんでも大普請を恙《つつが》なく進めるために龍神さまに村一番の美女をささげる贄柱の惨憺まで出

たらしい
白雪姫　そんなもの要らぬわ
金魚丸　あわれなのは美しいお百合さん
白雪姫　鐘撞き堂の孫娘かや
金魚丸　恋人の留守をいいことに生贄にされかかってる
白雪姫　さすればお百合さんは？
金魚丸　愛しいお方との今生の訣かれを儚んで、子守歌をうたいまする

照明が暗くなり星が瞬いて。

風。

ふたたび百合の子守歌がとぎれとぎれに聞こえます。

百合の声　〽あの山超えて里へいいた。里のみやげに何もろた
白雪姫　人間はうたを唄えばこころが紛れるものかえ
金魚丸　おおせの通りで
白雪姫　思いせまって、つい忘れた。……わらわがこの村を沈めたら、美しいひとの生命《いのち》もあるまい。掟を破る罪は人間のほう、いましばらくの辛抱じゃ。おとなしゅうしてあやかろうな
金魚丸　はえ
白雪姫　お前も唄うかい

金魚丸　理由《わけ》もなく人形《ひとがた》が欲しゅうなっちった

白雪姫　あれには魂が宿ると云い伝えがあるからね

風。

白雪姫　風がわらわを呼んでいる

白雪姫は踵をかえして鐘撞堂をくぐり抜け、闇のなかへと去りゆきました。

奥舞台は星明かりだけになり、仄青いスポットライトのひとすじが金魚を浮かびあがらせます。

♬ Blue Lights (Instrumental)　Jorja Smith

金魚丸　あたいも風になりたいな。月に呼ばれて星になり、銀河の果てまで吹きわたる、見えない翼になりたいな。刻が生命《いのち》を追い抜いて魂ばかりが歌ってる。草や木や蟲や魚、生きてるものも死んだものも、たったひとつの風になる。ちいさな蝶の翅に宿る夢のかけらを胸に抱《いだ》いて、遠い時代へ羽搏きたいよ

そのとき複葉機のプロペラの音が唸りをあげました。

金魚丸は何ごとかとばかりに前舞台へ駆け寄り、東西幕の影に隠れて上手のほうをみやります。つづいて紀元二千六百年のラジオニュース（森儀八郎）が流れます。袖からは荷車に複葉機を乗せて、天下一の幟をたてた旅の一座があらわれました。

先頭は阿國ととっぱ。荷車を押すのは山三。手持ちぶさたにつきそった猪熊少将の片

手には旭日旗。

跋折羅の時代の衣裳を着込んだ慰問団という風情であります。

阿國　（耳をすませて）誰かの声がしなかったかえ

とっぱ　風があただに吹きよるだけじゃ

山三　しかしこんな格好でこんな羽目に陥るとは考えてもみなかった

猪熊少将　日の丸破っちゃおうか？

とっぱ　阿呆う、検挙されるぞ

猪熊少将　そういえば左翼劇場が解散させられる噂が流れてる

山三　新協劇団は奉祝芸能祭に大仏開眼って大作出品してるじゃん

猪熊少将　当局にとっちゃずっと目の上のタンコブだ。どっかで潰すつもりかな

山三　こういうご時世だからなぁ

阿國　おまいたち、いつの時代の話をしとるのえ

とっぱ　阿國姉。いまは紀元二千六百年

猪熊少将　上海事変以来、大陸じゃ関東軍の暴走が始まってる

山三　蔣介石を封じるために武漢作戦まで遂行したけど

猪熊少将　戦争はさらなる泥沼になっちまった

山三　支那の奴ら細菌兵器を開発してるって噂もある

猪熊少将　日本軍も負けてはおらぬ
とっぱ　マルタと呼ばれる中国人が人体実験に使われた
山三　このままじゃ世界中が流行疾病《やまい》に蔽われちまう
とっぱ　お江戸じゅうで死人が出た虎狼痢《ころり》みたいなものかいな
猪熊少将　いずれにしろ今の時代、眼に視えぬものが戦争の武器になるでおじゃる
阿國　合戦の世はとうにお終いや。私《あたえ》らは慶長年間に生きておる
山三　座長、なに云うてますのんのんのんのんのんのんすめる
猪熊少将　すめるじゃこふは人殺し
とっぱ　わからん、つまらん、たたいてごらん

とっぱは指さしで少将の顔を横に向かせていきなりパチン！

山三　（笑いながら）らんらんらんらん乱暴な
阿國　台詞で遊ぶな（今度は阿國が山三の頬を思いきりバチン！）
猪熊少将・山三　痛い！　い鯛！（鯛をだします）とっても板い！（板を出してまっぷたつ）
とっぱ　こんなんじゃ、プロレタリヤ演劇の灯《ともしび》は消えゆく寸前
猪熊少将　新築地の千田是也も治安維持法違反手記を書かされたらしい
山三　なんだそれあ？
猪熊少将　転向声明みたいなものでおじゃる

山三　拙者たちは大丈夫か？　おなじ芸能祭で踊ったりしたからなぁ

猪熊少将　八雲起出雲阿國《やくもたついずものおくに》

阿國　そうや、私《あたえ》らは出雲の一座。一天四海《いってんしかい》を跨いで踊る、一所不在の跋折羅者

山三　という設定の芝居で大陸を慰問して廻るのけ？

猪熊少将　座長のために佐藤春夫が書き下ろした新作舞踊劇

山三　あのセンセイも目をつけられてたんじゃないか

猪熊少将　一応ペン部隊のメンバーだし戦争には協力的な立場だろ

阿國　いつのまに戦が始まったのえ

　ふたたびとっぱの懐からとり出した、ロシアの大統領のお面を山三の頭につけます。

山三　ぷうちゃんが攻めて来たのはこの二月です

猪熊少将　ぷーたろーが空き缶でも投げてきたの？

　今度は少将に眼玉に♡マークの、ウクライナとアメリカの大統領が握手しているお面をつけます。

山三　ばい菌がでれの介に裏で手を貸すとも考えず

とっぱ　それは百年後の戦争じゃないの

阿國　日本の将軍はなんと云うた

　とっぱはじぶんの頭には元・お坊ちゃん首相のお面。

猪熊少将・とっぱ　ウラジミール！　ぼくは君と同じ未来を見つめてるんだ！　北方領土で石油を掘ろう！

阿國　心臓《晋三》に悪い冗談はやめておくれ

猪熊少将　国策芝居で大陸を慰問するという設定の現代劇を阿國一座が演ずるという設定であ〜る

山三　設定の多重構造！　なんと云うメタシアター！　なんと云う姫だるま！

　　そういいながら身体を捩じって姫だるまにメタモルフォーゼ。

阿國　姫だるま？

　　山三は大事そうにとっぱの懐からマトリョーショカを出して阿國に見せます。

猪熊少将　あけてもあけても同じ人形が顔を出す

　　今度は玩具をポンと割ります。なかから、ちいさな同じ人形があらわれました。

山三　日露戦争で捕虜になったロシア兵が愛媛の郷土玩具をまねてつくったと云う土産物です

阿國　この国は合戦ばかりやっておるのか

猪熊少将　近代国家に戦争は不可欠

山三　世界のどこかで途切れることなく人間が人間を殺しているんです

猪熊少将　むしろ徳川の治世が歴史上類いまれなる平和漬け

とっぱ　それも百姓どもの犠牲のうえに築かれたまがいもの

阿國　嫌じゃ。聞きとうないわ！

とっぱ　阿國姉、ほんとに今がいつかわからんの？

阿國　私《あたえ》には、いま此処しかありゃしない。刻を超える船旅が、手招きをして誘うのなら、天下一の歌舞妓と呼ばれたこの藝を港、みなとで踊るまで
とっぱ　なんだかおらまで夢の随《まにま》に漂っているようじゃ
　　その言葉におもわず下手袖で様子を窺っていた金平糖が飛び出して来ました。
金平糖　その船にあたいも乗せておくれよう
山三　金平糖
金平糖　四百年前はそう呼ばれていたんだね
とっぱ　（マトリョーショカをポン）紀元二千六百年や
山三　（マトリョーショカをポン）明治時代じゃなかったの？
猪熊少将　（マトリョーショカをつぎつぎと元にしまって）すべて現代からの追憶でおじゃるヨ
山三　なんと云うメタメタのメタ芝居！
阿國　（バチン！）口が酸っぱいわ！
とっぱ　狸丸は何処いった？
金平糖　しらん
猪熊少将　仕事にいったんじゃないの
山三　今回まったくといっていいほど出番がないな
とっぱ　自業自得じゃないの

金平糖　そんなにずる賢い奴なのか
阿國　振り払ってもあとを追いかけてくる、女たらしのだいだらぼっちや
猪熊少将　（小指をたてて）座長のコレ
阿國　（バチン！）縁はとうに切れたわ
山三　（中指をたてて）此処の一座の宿敵よ
とっぱ　（バチン！）狸の思惑なんかに躍らされるか！
猪熊少将・山三　なんでわれらが叩かれるんじゃ！
金平糖　こんな情けない野郎より、あたいのほうが頼りになるぜ
とっぱ　（阿國に）どうするが
阿國　来るもの拒まず、去るもの追わず。出雲阿國は風まかせや
猪熊少将　金平糖、お許しが出ましたぞ
とっぱ　そうと決まれば武漢にゆこう
山三　旅順総攻撃じゃなかったのけ
猪熊少将　ぷうちゃんやでれの介はどうするの
金平糖　全部まとめて一本の芝居にしたらいいじゃん
阿國　あかん。慶長の世に戻るんや
金平糖　あたいらに夜叉ヶ池は必要ないわ

山三　龍神の怒りに触れて水の底に沈む前に逃げ出そう
山三はすぐに荷車を上手に向けます。
猪熊少将　今来た道を何故《なにゆえ》戻る？
山三　まっすぐ突き進んだら下手が狭くて出られないんです
とっぱ　また設計ミスかいな
山三　台本が変わったんです！
猪熊少将　作者に責任押し付ける気だ
山三　今年の春も痛恨の極み！
阿國　どうせ戻るのならば四百年
とっぱ　刻の川を遡り
阿國　追憶の夢を踊りあかすのや
♬ショットガン節　マディ山﨑
阿國一座が上手へと去ると狸丸が上手袖から登場します。（拍子木よろしく）
狸丸　（なぜか六法を踏みながら）待てい！　待て待て待て待て、しばらく待てい！
すると下手の移動舞台の獣道から猟銃を狸丸に狙い定めた大神があらわれます。
大神　待つのはてめえだ野獣め！　舞台を引っ込むその所作を登場につかう馬鹿がどこにいる
狸丸　（振りむいて）出雲の踏鞴《たたら》師の棟梁を鉛の弾で仕留めようとする間抜けな猟師はだりだ？

大神　ふん。その股からぶらさがった狸の尻尾、人間さまを誑かす性悪の証《あかし》にちがいない

狸丸　山に生きる者なら、だいだらぼっちと畏れられたこのわいの、怒りにひとたび火がつけば里もまるごと燃え尽きると心得るんだな

大神　百姓なんぞどうでもいいが、何をそんなに怒ってる

狸丸　愛し愛しの女房を都の妖気に掻っ攫われた口惜しさ、鉄砲打ちにゃわかるめえ

大神　てめえの甲斐性がねえだけだ

狸丸　きーっ！　狸を舐めると後が怖いんだぞう

大神　その汚え尻尾なんぞ誰が舐めるか

　　大神はそう云うと、ずどん、と一発銃を鳴らします。
　　狸丸は腰を抜かしてその場にへたり込み、大神にひれ伏して蝿のように両の掌を擦ります。

狸丸　ひええぇ〜助けておくんなせ〜

大神　口ほどにもない。空撃ちよ

　　そのとき夕顔の蔓の絡まったあばら家から金蔵が姿を見せました。

金蔵　狼が狸を脅して何とする

大神　ははは。戯れ言がすぎたわ、獲物を仕留め損ねて虫の居所が悪い。勘弁じゃ

金蔵　やっぱりあんたの宿敵はこの森から絶えちまったんじゃ

狸丸　おめさま山犬を追いかけてるのけ
大神　こころあたりでもあるのかい
狸丸　此処、三国嶽《みくにだけ》の噂ではねい
大神　そんなら出雲か
狸丸　うんにゃ。京の都にほどちかい竹田の里のおなごの話じゃ
金蔵　ひひひ。どうせ寝物語でも聞かされたに違いねえ
狸丸　そんならどんなに夢心地か
大神　だらしがねえ男だ
狸丸　今ごろ何処でどうしているやら……さゆちゅわん！
大神　この野郎、さっき追いかけようとした一座の女の他にも懸想してるのか
狸丸　その娘の旦那がおめさまと同じ猟師なんですぅ〜
金蔵　その猟師が狼をみたというのかい
狸丸　見たも何も咬み殺されちまっただ
金蔵　それじゃ亭主が死んだのをいいことに若後家に云い寄ったのか
大神　（銃口を狸丸に咥えさせ）吐け！　今度は脅しじゃすまねえぞ。そいつは何処で殺られたんだ
狸丸　なんでも吐くから許してたもれ〜

金蔵　都の娘と夫婦《めおと》なら狩場も丹波あたりの山奥か

狸丸　ちゃうちゃうちゃう！　安芸の国、三次《みよし》藩の峠のほう（と懐から絵図をとりだします）

金蔵　ひと山超えれば出雲じゃねえか

大神　それだけじゃねえ。三次と云えばその昔、物の怪騒ぎがあった場所

金蔵　その娘、篠田の森の白狐あたりのなれの果てじゃねえのかい

大神　面白い。狸が狐に化かされたかい

狸丸　さゆちゅわんは獣なんかじゃございませぬ〜

大神　てめえ、許嫁と若後家と、どっちの女が欲しいんだ

狸丸　両方！

金蔵が思わず狸の頭をぽかり。

金蔵　そいつは太え料簡だ

大神　（猟銃で狸丸の腰を小突いて）やい出雲の狸、おいの前に姿をあらわしたのも何かの縁。三次《みよし》の里へ案内《あない》せい！

狸丸　（手をあげておそるおそる振り返り）いちゅでちゅか

金蔵　いますぐだ

狸丸　道に迷うてしまいます〜

金蔵　それはあやしき理屈だぜ

狸丸　嘘ではごじゃりませぬ〜

なんとか道案内をのがれたい狸丸は、そう云いながらぺろりと舌を出しました。

大神　この爺さんは金銀眠る山陵《やまなみ》を捜し、日本六十六州の偏僻《へんぺき》まで歩いた男だ
狸丸　三次と出雲の国境《くにざかい》でわいと逢うたとでも?
金蔵　踏鞴《たたら》師の群れとはよう出会《でくわ》した
大神　さっき、てめえはみずから金屋子神《かなやごかみ》の長《おさ》だと名乗りをあげた
狸丸　しまったぁ!
大神　観念しろい!

さっそく大人しくなった狸丸を引き立ててゆく大神に。

金蔵　もしかしたら西国《さいこく》の妖異幻怪、神の獣の仕業かも
大神　おいもそう見た
金蔵　命を賭けて退治するか
狸丸　わいを巻き込まないで〜
大神　さっさと歩け!

ふたりは下手袖へと去りました。

♬ Waltz Of The Bride　Eleni Karaindrou Ensemble

奥舞台の空が明るくなります。

金蔵　お、東の空が明るくなる、明け六つも近い。この老いぼれもいつまで鐘を撞けることやら

金蔵は鐘撞堂へと向かうのでした。

溶暗。

音楽、すこしずつ大きくなって、暗がりのなかで鐘の音が響きます。

前舞台上の上手跳ね出しに明かりが灯り、はびらとリュウとキムが浮かびます。

はびら　森のなかへは来たけれど、此処はあきらかにグラーグの廃墟じゃない

リュウ　国も時代もまるで違う

キム　ただ戦争への足音だけが響いてる

はびら　ぼくたちの半分だけの祖先の国

キム　どこかで道をまちがったか？

リュウ　いつのまにか関東軍の亡霊の夢に巻き込まれたのかもしれないな

キム　でも満洲国ができるのはずっと後のことだ

はびら　猟師が米騒動って云ってたよ

キム　旅の一座は四百年前に戻るとも

はびら　天下一の女跋折羅《ばさら》は確かにお國おばーだった

リュウ　おまえに夢を焚きつけた南の島の霊媒師

はびら　まるで万物流転の万華鏡をみているみたい

キム　わたしたちはどこに流されていくんだろう
リュウ　すべてを繋げるみえない糸があるはずだ
はびら　覗き機関《からくり》の迷路から脱け出す、アリアドネの赤い糸が
突然、三人を照らしていた明かりが消えます。
同時に下手跳ね出しに明かりが灯り、石井四郎と有田音松が浮かびます。
石井　ランカイ屋だけに随分手の込んだ錦眼鏡をみせてくれるね
音松　今は世界大戦前夜。まもなくですよ、閣下の登場は
石井　それも歴史の一齣にすぎぬ
音松　黄昏ないで……コロナちゃん！
石井　きみは悩みがなくていいなぁ
音松　閣下の人体実験のデータのおかげで衛生博覧会は大盛況！
石井　まやかしなる新薬も飛ぶような売れ行きと聞いているよ
音松　しかし人生には三つの坂がある。上り坂、下り坂、最後にまさか
石井　そのまさかをきみのカメラは追うんだね
音松　我輩とて一寸先は闇。だからこそ生きてる実感が湧くんです
石井　もういいよ。所詮、科学者の苦悩なんて多寡がしれてる。我々の文明は、すべて滅びる運命にあるのだよ

音松　ご謙遜にも程がある。かのナチス親衛隊ハインリヒ・ヒムラー博士のアーネンエルベ研究所にも比肩しうる七三一部隊こそ大東亜の輝ける道を照らしているのです
石井　それを他人《ひと》は悪魔の所業と呼ぶんだよ
音松　悪魔で結構。後悔は天使にまかせて我が道をゆくのです。あのぷうちゃんのように！
石井　音松くん。きみは悩みがなくていいなぁ
砲弾の被爆音。下手跳ね出しの明かりもぷっつりと消えました。
♬ Abandon　Kali
夜叉ヶ池の水面が月明かりに揺れているのでしょうか。奥舞台、最後方から深い緑色の逆光が走ると跳ね橋が上下から降りてきます。
その橋の上を下手から狸丸と大神が歩いてきました。
狸丸　又鬼の旦那、どうしても化物退治にゆくんだか
大神　いまさら怖じ気づくんじゃやねえ
狸丸　もう足裏がへこんじまうくらい歩いただ。それに腹もへこんで背中の皮とくっつきそうだ
大神　泣き言云うな。まだ夜叉ヶ池が見えるじゃやねえか。ようやく峠にさしかかった頃合いだ
狸丸　おんなじ道をぐるぐる廻ってるだけだじぇ
大神　劇場構造の欠陥を指摘するな
狸丸　いっそのこと天狗の翼で飛んでみたいわ

するとふたりの行く手、橋の上手に煙がたって、天狗面の平太郎があらわれます。

狸丸はまたも「ひえぇ〜」と声をあげて尻餅をつきました。

平太郎　（お面をはずして）狸に羽が生えたら出来損ないの鵺《ぬえ》じゃないか

狸丸　小僧、大人をからかうんじゃねえ

平太郎　おいらは稲生平太郎のうまれかわり、天狗の子だい！

大神　なに、わっぱが三次《みよし》の妖怪どもをたったひとりで退治した少年剣士か

平太郎　百五十年前の懐かしの七月さ

大神　刻を経てくり返される異界の目眩し、いまだ収まってはいないはず

平太郎　おじさんがやっつけてくれるんだろう。案内するぜ

大神　出雲の山々を支配する神の悪行ならば、おいの仇じゃ

狸丸　此奴は運良く助かった。鉄砲くらいじゃお化けは退散せんぞい

平太郎　やい狸、おまえもいっぽんだたらの家来だろ！

大神　一つ目、片足の巨人のことか

平太郎　踏鞴《たたら》の森の怪物のことさ

狸丸　なじぇそのことを知っている

平太郎　三次《みよし》の山の向こうは出雲の踏鞴師たちの住み処じゃないか

大神　狸の尻尾の正体みたり

狸丸　畜生、ばれたら仕方がねえ。かねの尾のあだい婆を呼んでくるぞ
平太郎　そいつがお化けの頭領かい
大神　人間を食い殺す悪鬼となった狼だ
平太郎　及ばずながら助太刀するぜ
狸丸　とほほ。こいつらを止める魔物はおらんがかえ
大神　今年は水に落とされないだけマシだと思え
平太郎　泣くな、溢《こぼ》すな、仕事にいくな
狸丸　うるせい！

狸丸と大神は橋をわたり、平太郎とともに上手の暗がりに消えました。
ふたたび跳ね橋があがるのと同時に、鐘撞堂に真上からスポットが入ります。

♬虹の都　星野利美江

きらきらと銀の鱗がふりそそぐ下、白雪姫が鐘にしなだれるように頬よせて。

白雪姫　お百合さん…いまは悪党どもに囚《とら》われの身となった美しい生贄よ。そなたはわらわで、わらわはそなただったのじゃ

すると鐘の反対側から黒暗天女が顔を出します。

黒暗天女　姫よ、過ぎ去りし追憶にかまけておると、みずからの恋路を果たせなくなるぞよ
白雪姫　また姥か。今度は里を水に沈める忠告とは……上げたり下げたり忙しいこと

黒暗天女　ひとの世が治に傾けば乱を呼ぶ、黒い翁をあやつる禍《わざわい》の神こそわれの正体
白雪姫　それならわらわが何故《なにゆえ》夜叉ヶ池の龍となったか存じておろう
黒暗天女　いまも昔も雨乞いのために水底に身をなげた、汚れなき処女があった
白雪姫　その名も白雪
黒暗天女　おまえのことじゃ……

そう云うと黒暗天女は森に咲く野辺の花をとって、お地蔵さまのたもとにそっと手向けました。

白雪姫　いまさら仏心とは片腹いたい
黒暗天女　地上がひとたび乱世になれば、われの妹吉祥天が衆生を救いにあらわれる
白雪姫　ひとつ身にそなわる双頭の女神は
黒暗天女　消えるしかない宿命《さだめ》だわい

箒星がひとつ朝まだきの東の空に流れました。
黒暗天女は静かに奥へと去りゆきます。

♫ Kalakuta Show　Fela Kuti（1:02～）
下手袖口にざわざわと狐面をつけた百姓たちが片手に松明、鳶口などを振り翳して集まり、白雪姫を取り囲みます。もの云わぬ化生たちは襤褸《ぼろ》につつまれた阿國一座かもしれません。

上手袖には石井四郎と有田音松。

音松　神の名を語る怪物め！　白雪だろうが百合だろうが人間さまにはどっちだっていい！

石井　音松くん。こんな幕切れしかなかったんだろうか

音松　躊躇しないで。ここで逃げたら我輩たちは奴らの領域に一歩も足を踏み入れられない

白雪姫　お前たち人間があらわれるよりも遥か以前に太古よりこの星に生きてきた、草木蟲魚を支配する気でおるらしいな

石井　それが人間の本性さ。大地が叫んで血を欲しがっているのが聞こえないか

音松　そのお言葉待ってました！　少将閣下、あとはよしなに！　任せましたぞ！

音松はすたこらさっさと上手脇に消えました。

その間にも狐面たちは鐘撞堂を取り囲みます。

白雪姫　身勝手な家来じゃ

石井　わかるかね、この星がうなりをあげて破滅に向かっているのが！

白雪姫　お前には消え去るものを慈しむこころがないとみえる

石井　ははは。獣の血でも罪人《つみびと》の血でも贖えない全生物の凶暴な破壊こそがじぶんには美しいさかしらな！

白雪姫　地上とは生きとし生けるものどもが絶え間なく犠牲に供《とも》する広大無辺の祭壇なのだ。ゆえに戦争こそが聖なる神の所業と昇華する！

白雪姫　ならば森羅万象は慈悲を持って応えるであろう
石井　世界の結末は人間のみが知っている
白雪姫　曼荼羅地獄に堕ちるがいい！

雷鳴。霧。霧。霧。

閃光。雨。雨。雨。

狐面たちは雲散霧消。くるくると鐘撞堂が激しく廻り始めます。

白雪姫は鐘をみずからの打杖で切り落とします。

巨大な落雷音。鐘の影に隠れた白雪姫が廻転する移動舞台のおもてに姿をみせると、般若の面をつけた蛇身に変成しています。

閃光。空が割れます。

すべてを呑みこむように夜叉ヶ池が暴れ狂います。

滝のような水。天から嵐のような白い龍の吐息が吐き出されると水面が呼応します。

水面から巨大な龍が天に舞いあがります。

役者たちが全員舞台に勢ぞろい。

（幕間の登場人物はそれぞれ、つぎの作業にとりかかる時間で退場してゆきます）

♬出雲阿國航海記テーマⅡ　山本紗由

全員　〽身をそらす　虹の絶巓《ぜってん》　処刑台

海と山とのあわいに浮かぶ
深泥《みどろ》の沼に磔《はりつけ》された
龍神姫があらしを呼ぶよ
龍神姫があらしを呼ぶよ
龍神姫があらしを呼ぶよ

大神　葛《くず》の花、踏みしだかれて色あたらし。この山道を行きし獣が風になる

白雪姫　鎮魂《たましずめ》の鐘の音《ね》が海山のあわいに火花と散れば、星が鏤められて夜を呼ぶ

〽廃《すた》れたる　夢の古墟《ふるつか》　悩ましき
追憶の星がふりそそぐ
荒野に風が吹きわたり
障子の影が燃えているよ
障子の影が燃えているよ
障子の影が燃えているよ

黒暗天女　此の世の終わりは神代《かみよ》の始まり。月は黒く沈み、蛹は蝶となって飛び立ってゆく。死よ、来たりて我と遊べ！

金蔵　地の果てまでも追いかけた焔の川の水底に、龍の化身が嗤ってる！　金色《こんじき》にひかる砂が鱗となって舞いあがる！

黒和尚鯰入　水の眷族ここにあり
〽五月蠅なす　草木蟲魚　鐘を撞き
水の流浪《ながれ》の随《まにま》にうたう
無明の天女が闇のなか
大地の終わりがやってくるよ
大地の終わりがやってくるよ
大地の終わりがやってくるよ

幕間◉鮑とバナナ

幕が閉まると同時に上手より機関銃を担いだＪＫ姿の金平糖が逃げてきます。追いかけるのはフライパンを持ったマダムであります。

マダム　こら泥棒娘、また鮑《あわび》を盗み食いしやがって！
金平糖　（口をもぐもぐしながら）三十六計逃げるが勝ちさ！
マダム　逃げてばかりで人生どうなるの！　世間の笑いものになるだけじゃない
金平糖　ふん、世界なんか消えてなくなれ！
マダム　星になった父ちゃんが嘆いているよ。夜空は真っ暗闇になる

金平糖　銀河が闇に溶けたなら流れ星に乗るだけさ。此処じゃない遠い場所へ！

そこへ下手から黒和尚がバナナを抱えて登場します。

黒和尚鯰入　これこれ諍いするでない！　親子丼にしてたいらげちゃうぞ！

金平糖　あれ、もう出番終わったんじゃないの？

黒和尚鯰入　いまは幕間《まくあい》。愚僧とて台詞覚えができることを示さねばならぬ

マダム　それで小道具いっぱい抱えてんの？

よくみるとバナナの一房ごとに台詞が書かれています。

黒和尚鯰入　あわれなる母娘《ははこ》に大変美味なる果物を進ぜよう（と、台詞を読みます）

金平糖　眠り薬でも入ってんじゃないの？

黒和尚鯰入　毒ではない。ほれ、珍味じゃ（と、股間からバナナを出して皮を剝きます）

マダム　台湾からきたウチらにバナナが珍しいとはいい度胸だぜ

黒和尚鯰入　そんなばなな（あわれバナナはちぎれてぽとり）

金平糖　中折れちんぽじゃ吉原千人切りは夢のまた夢

黒和尚鯰入　よし、もっとバナナ（さらに股間からバナナを出します）

マダム　やめろ、殺すぞ

ふたりは黒和尚をどつきながら、下手袖へと去りました。

急◉アガルタの星の凱歌

♬壬生狂言

五条河原の喧騒が壬生狂言の囃子とともに大きくなり、ゆっくりと幕が開きます。

上手回転舞台は頽れた茶室。乾涸びた手水《ちょうず》鉢、躙《にじり》口の縁台の下には割れた茶碗の骸が転がり棲む者のない廃屋と成り果てて、鬼哭啾啾と風吹きわたる按配。

つらなる小さな移動奥舞台は丸太で組まれた露店商い。蓆には、番傘や蛇皮線も並べられています。

中央は鴨の河原の橋懸かり。奥には錆びついた鐘の転がるお堂が横たわります。

そのさらに奥には蜘蛛舞いの綱が張りめぐらされて、花火が打ち上げられているかもしれません。竹矢来に囲まれて珍獣たちが観衆を驚かせ物売りは声を張りあげます。

下手回転舞台は蓆掛けの見世物小屋。天下一の幟がいくつも翻り、異形、異風の跋折羅者が火吹き芸など披露して道行くひとを手招きしています。

竹矢来をくぐって名護屋山三《なごやさんざ》と猪熊少将が登場します。時代は傾き、異装異形の跋折羅者が通りを闊歩しているのです。

山三は南蛮人の、猪熊少将は筍の仮装を纏いながら。

山三　やぁやぁこれは奇態な。やんごとなき血筋の少将さまが筍に変成とはこれいかに
猪熊少将　傾《かぶ》いておるのよ
山三　在原業平にもくらぶられた天下《てんが》の美丈夫がかたなしでは
猪熊少将　おぬしこそ南蛮渡来の異装に身をやつし、なにゆえ河原にあらわれた
山三　印地でも打つとの明察か？
猪熊少将　徳川の栄華に向かってか？
山三　無駄じゃ天下《てんか》の趨勢はすでに決した
猪熊少将　あきらめの早ぃ奴
山三　ところで少将さま、拙者気になることがある
猪熊少将　なんなりと
山三　この登場、この会話、既に顔見世において果たしたはず
猪熊少将　あたらしい台詞じゃないから楽でいいじゃん
山三　なにか作者の謀《はかりごと》では？
猪熊少将　疑り深い奴よのう
山三　ひとが良すぎるにも程がある
猪熊少将　なにが云いたい？
山三　いまは越前の浮世絵師、岩佐又兵衛が祭礼図の写しを描《か》いた

猪熊少将　太閤さまの七回忌に豊国《とよくに》神社でおこなわれた祭りの屏風であろう
山三　われらと同じ跋折羅者
猪熊少将　大鳥逸平《おおとりいっぺい》の刀に刻まれたものと同じ、いきすぎたりや廿三の文字もある
山三　死没した年があわん
猪熊少将　そういえば江戸の無頼が処刑されたのは二十五じゃ
山三　絵師が重ね描いたのは別の人物
猪熊少将　秀吉公と淀殿の御子であり、滅亡寸前の豊臣の総帥
山三　大坂の陣で家康に敗れ自害した秀頼公の御年齢《とし》は
猪熊少将　喧嘩するならず者の朱鞘《あかざや》とおなじ二十三。ならばあの絵は
山三　徳川の天下に礫を投げたも同然
猪熊少将　さすが又兵衛、信長の刃に掛かって根絶やしにされた
山三　一族の血みどろの記憶をやどす男にふさわしい
猪熊少将　あきらめている場合ではござらん
山三　すでに死んだ者に何ができる
猪熊少将　そっか
山三　罠じゃ。作者はわれらを亡霊のまま舞台に乗せた
猪熊少将　考え過ぎじゃないの

山三　既に何度も水に落とされておる
猪熊少将　いつものことよ
山三　もうこんな芝居は嫌じゃ
猪熊少将　あっそ
山三　なんと冷たい
猪熊少将　とにかく幕は三度《みたび》開いた
山三　今少しの辛抱か
猪熊少将　ほら噂をすれば阿國ととっぱじゃ
山三　しばらく様子を覗き見しよう

ふたりはお地蔵さんの陰に隠れました。とっぱと阿國が下手袖から登場します。きょろきょろと五条河原を眺めながら上手の寂れた茶室のほうへ。

♬ややこ踊りのテーマ　須藤五郎

とっぱ　阿國姉《おくにあね》、都はなんと人が多いことよのう
阿國　疲れたか、とっぱ
とっぱ　何のこれしき。佐渡のお山で、金掘り大工相手に幕を張った時なんぞ、飯を食らうのも忘れて稚児《ややこ》踊りの鉦鳴らしたもの
阿國　あの頃は楽しかったの

とっぱ　お今でも見物衆《しゅ》の前に立つと、こころの弾む

阿國　五条河原に幟をたてるなら、それだけじゃすぐに飽きられてしまう

とっぱ　また旅に出たらええが

阿國　阿呆。のたれ死にたいか！　白骨になって月明かりにさえざえと骨晒したいか

とっぱ　おらそげな恐ろしいこと考えたこともねぇ

阿國　黙っていたらいずれそうなる

とっぱ　河原者《かわらもん》の宿命《さだめ》じゃ云うんか

阿國は茶室の縁台に坐り、欠けた壺などを手に取りながら。

阿國　この茶室だっていずれ名のある陶工屋敷

とっぱ　朝鮮から天下《てんが》さまに連れてこられてのかのう

阿國　藝はあまねく流行廃りじゃ

とっぱ　おらたちの行く末も？

阿國　黙っていたらいずれそうなる

とっぱ　栄枯盛衰《えいこせいすい》、寂れてみる影もねい

阿國　私《あたえ》らも、いまは出雲の大社《おおやしろ》の巫女じゃゆうて町衆の耳目をあつめとるだけや

とっぱ　旅の一座はみな鄙から流れ着いたまれびと風情を装っておるが

阿國　都のお人はすぐに流行にとびつくからの。物珍しさが勝っとるうちに、次の手考えねばな

らん

阿國は腰を上げて鐘撞堂のほうへ。とっぱも従《つ》いてゆきます。

とっぱ　さりとて藝人風情がなにでける？

阿國　新しい踊りを拵える

とっぱ　へ？

阿國　この阿國がだぁれも見たことのない風流を都にはやらせてみせる

とっぱ　なんと大それた

阿國　われらが幼き頃、女院御所でかわいがられたことを思いだす

とっぱ　宮廷の悪くるいと誹られていつのまにか取りやめになった

阿國　悪狂いでなにが不足じゃ。ひとは辛いほどに夢に酔うわ

とっぱ　天下さまがお隠れになって三河の田舎侍が柳町にもあらわれるようになった

阿國　とっぱは政《まつりごと》もわからんくせに世情にだけは明るいのう

とっぱ　狸丸の受け売りよ

阿國　踏鞴《たたら》師の長の風上にもおけぬあの阿呆どうしておるやら

とっぱ　三國岳《みくにだけ》の猟師に捕まって三次《みよし》の化け物屋敷に物の怪退治にいったとか

阿國　天狗に攫われた子を憶えとるか

とっぱ　遠い昔のような、遥かなる未来のような、夢うつつでぼんやりしとる

阿國　世間には死者と生者が烈しく往き交う場処がある
とっぱ　おら、そこへ流されていたのかもしれん
阿國　鴨川の水を眺めておると不思議なこころもちになってくるのえ
とっぱ　おらには苦界の、濁りきった泥にしかみえんが
阿國　故郷の川を思いだせ。そこから何が飛びだしたかや
とっぱ　砂に混じった鐵や
阿國　私《あたえ》らもそれを求めて棲みついた。その仕事が土地をどれだけ苦しめるか返りみもせんと
とっぱ　毎年のように斐伊川《ひいかわ》の水が氾濫して百姓どもは田畑を壊された
阿國　大蛇《おろち》が八岐《やまた》に裂けて暴れておるのよ
とっぱ　鑪師《たたら》の簇《うから》が玉鋼を生み出すために石を砕いて川に流し続けてきたからじゃろ
阿國　おかげで水底に砂が溜まり、堤防をいくら築いても天井川では洪水を防げんわ
とっぱ　狸丸は村下《むらげ》だったもん、羽振りはようごすた
阿國　刀剣やら種子島やら人殺しの道具は侍たちが高う買うじゃに
とっぱ　長い間この国は戦の世の中であったからの
阿國　いまは遠い昔の御伽話よ
とっぱ　侍より商人《あきんど》が大手を振って歩いとる
阿國　狸も都でおなごに血迷うてあたらしい世のなかをみることも叶わぬか

とっぱ　豊臣の残党が、もいっぺん兵を挙げるって町衆は噂しとるが
阿國　それもまもなく移ろいゆくわ
とっぱ　新しい天下さまの時代が来るのけ？
阿國　私《あたえ》の耳にゃ世のなかが音をたてて流れる渦のような叫びが鳴り響いておる
とっぱは転がった鐘を叩いてみます。
鈍い音だけがあたりに漂って。
阿國　これ、罰当たりなことするでない
とっぱ　だってこの鐘は弥勒菩薩さまが衆生の苦しみを救うために人間に造らせたのじゃろ
阿國　そやから大切に鳴らさなあかん
とっぱ　釣鐘堂があった頃は衆生のこころを慰めておったのか？
阿國　そうや
とっぱ　平和になるといいの
阿國は頽れた鐘をやさしく撫でながら。
阿國　またいつの日か、誰かが勧進してくれるじゃろう
とっぱ　……
阿國　乱世に及べば藝が生まれる。その荒々しさも、ほんのひととき。われらは治によって消えてゆくのや

溶暗。

ややあって、天からはあえかなひかりの軌条《すじ》が無数に地上にとどきます。

それはちいさな星の声かもしれません。石清水の流れる移動舞台だけが真上からの青ざめた月あかりに浮かびあがります。

舞台は生きもののように、ゆっくりと廻転します。

そこは戦場。かつてのグラーグ。バビヤールの瞑い溪谷《たに》かもしれません。

あるいは日本の南の果て、琉球の海につらなる島嶼《しまじま》かもしれません。

世界のいたるところで発生している戦場を嗅ぎつけようとプロペラの轟音が唸りをあげています。軍隊が駐留する金網に囲まれたキャンプの上空をヘリコプターやジェット機が飛び交っているのです。

機械の羽音が遠ざかると、濛濛たる煙のなか二階にリュウの影があらわれました。

リュウ　はびら！　キム！　俺の声がきこえるか！
呼応するようにはびらとキムが一階の扉をあけて出てきます。

はびら　耳も眼玉も壊れちゃないみたい
そういって首から下げたカメラのシャッターを切りました。

キム　わたしもなんとか生きている

リュウ　ここは戦場からみえた時代と同じ場所だぞ

リュウも梯子をつたわり地上へおりてあたりを窺います。

はびら　あいつらがいないだけマシかもね

キム　わたしたち、時間の気流に流されている

そのとき下手の見世物小屋の二階に霧がたなびき、一羽の蝶が舞い降りました。

♬針突の歌　演奏・山本紗由

黒おばー　そうじゃ。おまいたちは夢の中径《なかみち》なのじゃ

はびら　黒おばー

リュウ　それは誰の夢なんだ

黒おばー　もう、この世を去った幾千幾万の魂たちだよ

リュウ　そのなかにこいつの会いたかったひとも？

黒おばー　星降る夜空の向こうはたくさんの想いを抱えて現世《うつしよ》をはなれなければならなかった者たちの悲鳴をあつめた滝壷のような銀河の涯じゃ

はびら　（首を振って）ぼく間にあわなかったの？

黒おばー　ひと足先にニライカナイへ赴いた

リュウ　なんてことだ！

黒おばー　（静かに涙を流しながら）わったーが駆けつけたときは元気じゃった

はびら　生きていたんだ

黒おばー　うんじゅのアンマーの写真をみせたよ……
はびら　……よかった
リュウ　畜生！　あと少しだったのに！
はびら　戦争だ
黒おばー　そう、おじーは一度は助けられた赤い国に見放された
リュウ　収容所にひっそりと生き長らえていたのに今度の爆撃で命を奪われた
黒おばー　なんの因果が重なったのか……
リュウ　なんか言付けはないのかよ
黒おばー　そう云えばもうひとりの白い兵隊が茶の湯をたててくれた
はびら　一緒に逃げた友達だ
黒おばー　緑いろの苦い薬さ
はびら　そのひとの恋人はヤマトンチュだったたって聞いた
黒おばー　日本人のこころを忘れたくなかったんじゃろ
リュウ　他には
黒おばー　筍と金平糖が茶菓子で供《とも》された
はびら　たけのこ？
リュウ　金平糖は南蛮菓子だよ

黒おばー　ふたつともわったーの相方にゆかりあるもの
はびら　國おばーのことね
黒おばー　遠い時代を航海している、もう一羽の蝶《はびら》だよ
はびら　もう逢えないいんだね
黒おばー　(首を振って) 夢の外に出た途端
リュウ　時間の気流に呑みこまれて俺たちも消えてしまう
黒おばー　(頷いて) それだけは、どうしてもお前に謝っておきたかった
はびら　じゃ國おばーにも、此処では逢えないの
キム　危ない目にあいながら、バビヤールまで来たと云うのに!
はびら　………
黒おばー　娘たちよ歎くでない。死者はかならず戻ってくる
はびら　ぼく、それまで待つよ
黒おばー　ならばこの蓆小屋を潜るがいい。ゆくべき場所にかならずゆける
黒おばーは霧とともに消えました。
リュウ　だったらおまえの棲む南の島かな
はびら　リュウが望む場所ならどこでもいいさ
キム　わたしやっぱり沿海州に帰りたい

リュウとはびらがおそるおそる莚を潜ります。
最後にキムも見世物小屋に入ろうとした途端、お地蔵さんから猪熊少将と山三がとびだしました。

山三　ちょっと待って未来のひと
キム　あなたたちは何者ですか
猪熊少将　理由《わけ》あってこの治世には暮らせぬ者じゃ
山三　右に同じ
キム　死んだままにされるの、嫌なんですね
猪熊少将　そなたの祖国に連れてって
山三　右に同じ
キム　寒い寒い氷の世界ですよ
猪熊少将　沿海州なら蝦夷に近い
山三　右に同じ
キム　時間の気流に呑みこまれますよ
猪熊少将　死んだ者なら大丈夫
山三　右に同じ
キム　御所で悪狂いするのとは違います

猪熊少将　太閤さまの朝鮮派兵には同行した
山三　右に同じ
猪熊少将　まろを朝鮮に逃がしておくれ
キム　二度と帰ってこれないかもしれませんよ
猪熊少将　死んだ者が消えたとて誰《たれ》も悲しまぬ
山三　拙者もお供いたすでござる

するとリュウとはびらが戻ってきました。

はびら　キム、そのひとたちは連れてゆけないよ
リュウ　はびら
はびら　みてごらん。筍に南蛮装束。このふたりこそ、いましがた黒おばーが逢えないと戒めた、ぼくのおじーたちの前世《ぜんせ》の姿
リュウ　じゃ
キム　わかってる。わたしここでお別れだ
リュウ　沿海州にはなにもないぞ
キム　それでも故国山川《コグクサンチョン》ふるさとね
はびら　もうなにも云わないよ
リュウ　俺たちは夢から夢へ旅してる

はびら　あんたたちは國おばーと死者の国を生きている

リュウ　もういちど出雲の一座と航海するんだ

キム　あなたがたがわたしと朝鮮へ逃げたこと、徳川の世に噂だけは流してあげます

三人は蓆のなかへ消えてゆきました。

ふたりはすごすごと上手袖に向かいます。

猪熊少将　詮方ない

山三　いまいちど阿國の夢に同衾するか

少将と山三が去ると同時にバビヤールの廃墟が霧につつまれます。

そのままゆっくりと、もとの石清水の森に廻転すると、高みに阿國がたちつくしています。

♫ Beyond The Desert　マディ山﨑

阿國　ねぇ、山三。夜空はみんなに平等だ。私《あたえ》みたいな河原者にも御所のなかの貴族たちにもおんなじように星が瞬く。裸一貫、無頼の風がたまには嘆いてみても許されるだろ。ねぇ、少将。身を焦がすほど慕うものを奪われたなら私《あたえ》はこうもこたえるだろう。夜よ早くあたりをつつんで。追憶がこの身に寄り添うように闇にすべてを隠しておくれ。そのまぼろしさえも消えたなら、きっとおまえに返してあげる。切り刻んでちいさな星にすればいい。そうすれば想い出は夜空を飾り、地上のひとというひとたちはおまえを恋するようになる

見世物小屋の木戸からとっぱが出てきて阿國のもとへ歩みます。

風。

気流の鳴る音。

とっぱ　阿國姉はそれでも踊りつづけるか

阿國　私《あたえ》をもとめる者がおるかぎり

とっぱ　やがて見向きもされなくなっても

阿國　誰からも忘れ去られてゆくならいっそ藝に生きる者にとって本望

とっぱ　虚しゅうはないか

阿國　形が消えてはじめて見えるものもある

とっぱ　眼閉じてうかぶものもあると阿國姉はいつも云っとった

阿國　生涯追い求める阿國歌舞妓の魂さ

とっぱ　河原に生まれ河原に帰る

阿國　ゆく川の流れは絶えずして、しかも、もとの水にあらず

とっぱ　水のほとりに育った者にはことのほか身に染みる

阿國　死はこんなにも確かなものなのに

とっぱ　おらたちの生はあやふやじゃ

阿國　ひとのいのちはふわふわと、いろんな場所をただよいながら、風に吹かれて消えていく

とっぱ　ひとつとておなじ形のためしなし
阿國　見目うるわしき花の姿はくだけ散って
とっぱ　荒野の涯に野晒しの骸となって月明かりに照らされる
阿國　跋折羅の宿命《さだめ》を折角したが所詮此の世の未練じゃった
とっぱ　おら、呼びようもない大きなものに踊らされてただけかもしれん
阿國　私《あたえ》もさ。阿母《かっか》と阿父《たった》の故郷棄てて夢に狂うた報いを受けるときがきたのじゃろ
とっぱ　時間が混じりおうたこの気流の底にも賽の河原はあるんかのう
阿國　地獄は一定すみかぞかし。所詮われらは道なき道を歩む簇《うから》。濁世《じょくせ》を渡って泥梨《ないり》に堕ちるか
とっぱ　それからどうなる？
阿國　血肉は腐《くた》れ、しらじらとした骨だけが月白の草陰にうかびあがるわ
とっぱ　それから？
阿國　雨に打たれ、土に還って、蟲たちに運ばれる
とっぱ　それから？
阿國　河の流れに呑まれ、魚の餌となり水をはぐくむ
とっぱ　それから？
阿國　無数の水脈《みお》となって草木を育て森をつくる
とっぱ　それから？

阿國　水の流浪は大海原へととそそぎこむ
とっぱ　それから？
阿國　日輪に炙られ蒸気となって天高くに溶けてゆく
とっぱ　それから？
阿國　眼にみえない光の屈折となってさらに遠くへ
とっぱ　それから？
阿國　小さな小さな星屑にかわり、はるかなる銀河を渉ってゆく
とっぱ　それから？
阿國　あえかな螢火となって私《あたえ》らのこころを慰めてくれる
とっぱ　それから？
阿國　その果てもない繰り返し

とっぱの眼から大粒の涙がぽろぽろこぼれ落ちる。

とっぱ　あれ……（とっぱは思わず涙を拭い）どうしたことじゃ。おもうてもないのに雨がこぼれる
阿國　その涙の一滴《ひとしずく》、いつかは海に変成《かわる》じゃろう

溶暗。

♬壬生狂言
またしても物語は振りだしに戻ったのか、壬生狂言が華やかに鉦を鳴らして。

木戸から金平糖があくびをしながら登場します。
その手には南蛮渡来の錦めがね。

金平糖　あ〜ぁ。錦めがねも厭きちった。近頃見物衆もとんと減った。そろそろ河岸を替える頃かなぁ
つづいて少将と山三も奥の岩肌から顔を出して。

猪熊少将　新人にしてはなかなかよい思案

山三　遊女歌舞妓にすっかり押されちまったからなぁ。そろそろ仕舞支度しなくっちゃ
そこへ上手袖より狸丸が全速力で走ってきます。
いきおいあまって止まれずに、金平糖に指で押されて池へぼちゃん。

金平糖　とんだところに護摩の灰

狸丸　ぷ〜！　ぷ〜っ！（口から水鉄砲）幕引きはわいがしたるわい

金平糖　やっと水に潜れたたな

猪熊少将　鼬、獺、狢に狐。はたまた踏鞴の狸丸

山三　いずれにしろまともな呼び名がひとつもない

狸丸　野獣《のけもの》なりに時代を越えて真実をみたわい

金平糖　くっせー、だっせー、似合わねー

猪熊少将　二枚目の台詞でおじゃる

狸丸　世界中を巡り巡ってたどり着いたが五条河原《ごじょうがわら》

金平糖　もとの木阿弥じゃん
山三　所詮此の世の橋懸かり
猪熊少将　死者も生者も相身互い
狸丸　綯交ぜの夢に微睡《まどろ》めば
金平糖　地上もすこしは趣深い
猪熊少将　頃もほどよい、みなみな家路につくとしよう
金平糖　えっ、もう終わっちゃうの
山三　舞台はいつだって序破急さ
金平糖　序だけじゃん。破も急もこれからじゃん
狸丸　野戦攻城、これにて大詰め
山三　続きは今秋、枯葉舞う三軒茶屋、八幡神社にて！

　狸丸がどこからかポスターをかざします。
　山三はチラシを客席に撒き散らします。

猪熊少将　さすらい姉妹「むすんでひらいて」なにとぞご贔屓のほど賜りますよう切に願い奉る〜
全員　ぐわっし！（まことちゃんのポーズで指のパネルをつきだしました）
金平糖　またしても宣伝じゃん
猪熊少将　ジャンジャックルソー原案。戯作・桃山邑、工作・毛利嘉孝お楽しみに！。

山三　そんならもいちど阿國を呼ぶか
猪熊少将　われらが慕うたのざらし姫を
山三　とっぱ、準備万端ととのえた
　　とっぱが蛇皮線を担いであらわれます。
とっぱ　出雲の一座の建立じゃ
猪熊少将　いつでも傾いてみせるでおじゃる
金平糖　阿國姉〜皆が待っとるよ〜
　　♬イレイザーマン　マディ山﨑
　　呼び声に応ずるように阿國が鉦を叩きながら、中空からゆっくりと舞い降りて来ました。
阿國　ここでしか生きられぬ者たちが揃うたか
山三　集うては訣かれ、訣かれては集う
狸丸　無限のつづら折りの果てにある
とっぱ　夜の銀河に船出しろ
猪熊少将　難破船の骸が沈む、死の海峡を越えてゆけ
阿國　歩き巫女枯銀河《かれきなだ》見てまた歸《かえ》る
山三　風をはらんだ破れ船が港をめざすように

阿國　天も裂けよ、地も響け！
　轟音をあげて激しい霧が水面から何かを呼ぶように噴射して。
　前舞台から滝のような水が暴れます。
　ふたたび阿國が天へと舞いあがってゆきます。
　阿國が消えると今度は奥舞台から、いっさいを流し去る滝が落ちてきました。
とっぱ　踊りじゃ踊りじゃみな傾け！
　そう云うととっぱは蜘蛛舞の櫓を登りはじめています。
猪熊少将　水の滸りのわんざくれ
山三　遠い声を礫に込めて
金平糖　天下一の跋折羅者、阿國歌舞妓のお出ましじゃぁ！
　役者たち、鉦や太鼓を打ち鳴らしはじめます。
　高みにたったとっぱが危険な蜘蛛舞、綱渡りに挑みます。
狸丸　さあさ、とくとご覧じろ！　一座の花形蜘蛛舞を！
　華麗に舞いながら扇をひろげて拍手喝采にこたえる、とっぱ。
　♬出雲阿國航海記テーマⅢ　東野康弘
猪熊少将　ふるさとや踏鞴《たたら》の郷《さと》をあとにみて
金平糖　都は春のはなざかり

山三　根のさだめなき浮草の影を照らして傾《かぶ》く月
阿國　のざらしの果てに灯《あかり》がみえる。祷《いの》りのような蝶《はびら》のうたが
全員　〽都の河原の蓆《むしろ》小屋
　風をあつめて婆娑羅者
戦《いくさ》の褥《しとね》にまどろんだ
南蛮の夜が揺れている
流浪《さすらい》の彼方みえるもの
誰かが詠んだただ狂え
　一期は夢よただ狂え
とっぱ　歌え！　哭《おら》べ！　出雲の社《やしろ》に火を放て！
狸丸　金屋子神《かなやごかみ》が白い鷹にのって舞う
阿國　私《あたえ》の火処《ほと》より蝶《はびら》がとびたつ。根の国へ！　暗黒《くらやみ》のみつる場処へ！
全員　〽賽の河原のうつろ船
　花をあつめて白波が
般若の水に散らしてる
狼藉の果てに浮かぶもの
焔の川がふるえてる

誰かが詠んだただ狂え
一期は夢よただ狂え
♬ I'm Going Home (To Live With God)　O.V. Wright
棟梁がこの日の舞台をつくりあげた者たち全員の紹介をします。
最初は木戸。つづいてオペレーター。舞台裏。奮闘した役者群。最後に千代次。
千代次が棟梁をお披露目。最後に生きていれば剽窃《さく》・謀術《えんしゅつ》の桃山を。
今後の応援要請および、打ち上げなしのひと言を添えて。
♬ We'll Meet Again　Vera Lynn
見物衆は名残惜しそうに家路につきます。桃山最後の野戦攻城、これにて完《おしまい》。

［二〇二二・八・八　第四稿　詰］

CLUB
SHOW BOA

CLUB
SHOW BOAT
PEPSI

ぼくたちの死は自然への還帰であり、
ぼくたちはそこでふたたび、
虫や草木や水としてありつづけるだろう。

——真木悠介

水族館劇場二〇二三野戰攻城
Naufrágio 出雲阿國航海記

棟梁　秋浜立
制作　梅山いつき　伊藤裕作
音楽　山本紗由　鈴木都　東野康弘
設計　秋浜立　原口勇希
美術　淺野雅英　千葉大二郎　高野幸雄
照明　楠瀬咲琴　松林彩　田中哲
衣裳　千代次
音響　沼沢善一郎　松林彩
炊事　石井理加　松林彩　藤井七星
車輌　臼井信一　田中哲　二見彰
電脳　淺野雅英　石井理加
映像　居原田遥
通信　千代次
記録　小林直樹　DJ.YOU
木戸　杉江ゆかり　菅生衣里子　藤中悦子
　　　川上敦子　高野多恵子

忘却　lieを云う・リッチー
珈琲　蝸牛さはら
自爆　松文禍
排泄　汚水井
消火　吉原蜜豆
癒着　鬼頭雁
生意気　りぴぁ八星
迷惑焼　田中薫製
小道具　石井理加　高野幸雄
宣伝美術　齋藤基正
特殊造形　津田三朗　まこ
剽窃謀術　桃山邑
企画製作　Koola Lobitos

時　5月27日〜6月1日　3日〜5日　9日〜13日
処　羽村　宗禅寺第二駐車場　特設野外儛臺　天颷の鹿砦

◉参考・引用・剽窃

『方丈記』鴨長明（ちくま学芸文庫）
『信光と世阿弥以後』梅原猛・観世清和（角川学芸出版）
『観音変容譚』彌永信美（法藏館）
『日本演劇史』伊原敏郎（早稲田大学出版部）
『日本劇場史の研究』須田敦夫（相模書房）
『歌舞伎成立の研究』服部幸雄（風間書房）
『近世庄内における芸能興行の研究』佐治ゆかり（せりか書房）
『城と隠物の戦国誌』藤木久志（ちくま学芸文庫）
『河原者ノススメ』篠田正浩（幻戯書房）
『出雲のおくに』小笠原恭子（中公新書）
『利休の茶室』堀口捨己（岩波書店）
『日本のムラージュ』石原あえか（青弓社）
『人は死なない』矢作直樹（バジリコ）
『死をふくむ風景』岩田慶治（ＮＨＫブックス）
『明治のサーカス芸人はなぜロシアに消えたのか』大島幹雄（祥伝社）
『琉球・沖縄寄留民の歴史人類学』玉城毅（共和国）
『沖縄アンダーグラウンド』藤井誠二（講談社）
『ハジチ　蝶人へのメタモルフォーゼ』喜山荘一（南方新社）
『南嶋入墨考』小原一夫（筑摩書房）
『夜叉ケ池・天守物語』泉鏡花（岩波文庫）
『水神傳說』水神祥（泰流社）
『シベリア出兵　革命と干渉1917-1922』原暉之（筑摩書房）
『追放の高麗人』姜信子（石風社）
『民族の世界史　スラヴ民族と東欧ロシア』森安達也（山川出版社）
『オホーツク諜報船』西木正明（現代教養文庫）
『狼の民俗学』菱川晶子（東京大学出版会）
『山に生きる人びと』宮本常一（未來社）
『折口信夫集』東雅夫編（ちくま文庫）
『妖怪の肖像』倉本四郎（平凡社）
『稲垣足穂全集3』稲垣足穂（筑摩書房）
『蘇東坡詩選』蘇軾（岩波文庫）
『政治人類学研究』ピエール・クラストル（水声社）
『ウクライナ・ロシア紀行』ヨーゼフ・ロート（日曜社）
『全体芸術様式スターリン』ボリス・グロイス（現代思潮新社）
『収容所群島3』アレクサンドル・ソルジェニーツィン（新潮文庫）
『グラーグ―ソ連集中収容所の歴史』アン・アプルボーム（白

水社）
『作家の日記四』ドストエフスキー（岩波文庫）
『SS先史遺産研究所アーネンエルベ』ミヒャエル・H・カーター（ヒカルランド）
『アンチモダン』アントワーヌ・コンパニョン（名古屋大学出版会）
『山の花環　小宇宙の光』ペタル二世ペトロビッチ＝ニェゴシュ（幻戯書房）
『痴愚礼讃』エラスムス（慶應義塾大学出版会）
『ファウスト』ゲーテ（新潮文庫）
『放下』マルティン・ハイデッガー（理想社）
『ならず者たち』ジャック・デリダ（みすず書房）
『人間怪物論』ウルリヒ・ホルストマン（法政大学出版局）
『諸世界の戦争』ブリュノ・ラトゥール（以文社）
『暗黒の啓蒙書』ニック・ランド（講談社）
『人間狩り』グレゴワール・シャマユー（明石書店）
『ラディカント』ニコラ・ブリオー（フィルムアート社）
『オリジナリティと反復』ロザリンド・クラウス（リブロポート）
『陸と海』カール・シュミット（日経BPクラシックス）
『正義論』ジョン・ロールズ（紀伊國屋書店）
『排除型社会』ジョック・ヤング（洛北出版）
『リアルの倫理』アレンカ・ジュパンチッチ（河出書房新社）
『世界の悲惨』ピエール・ブルデュー（藤原書店）
『至高性』ジョルジュ・バタイユ（人文書院）
『社会問題の変容』ロベール・カステル（ナカニシヤ出版）
『祖国のために死ぬこと』E・H・カントロヴィッチ（みすず書房）
『愛国の血糊』エドマンド・ウィルソン（研究者出版）
『定本・想像の共同体』ベネディクト・アンダーソン（書籍工房早山）
『アメリカのユートピア』フレドリック・ジェイムソン（書肆心水）
『アメリカ大都市の死と生』ジェイン・ジェイコブズ（鹿島出版会）
『ニンファ・モデルナ』ジョルジュ・ディディ＝ユベルマン（平凡社）
『放浪者』ジョウゼフ・コンラッド（幻戯書房）

名も無き

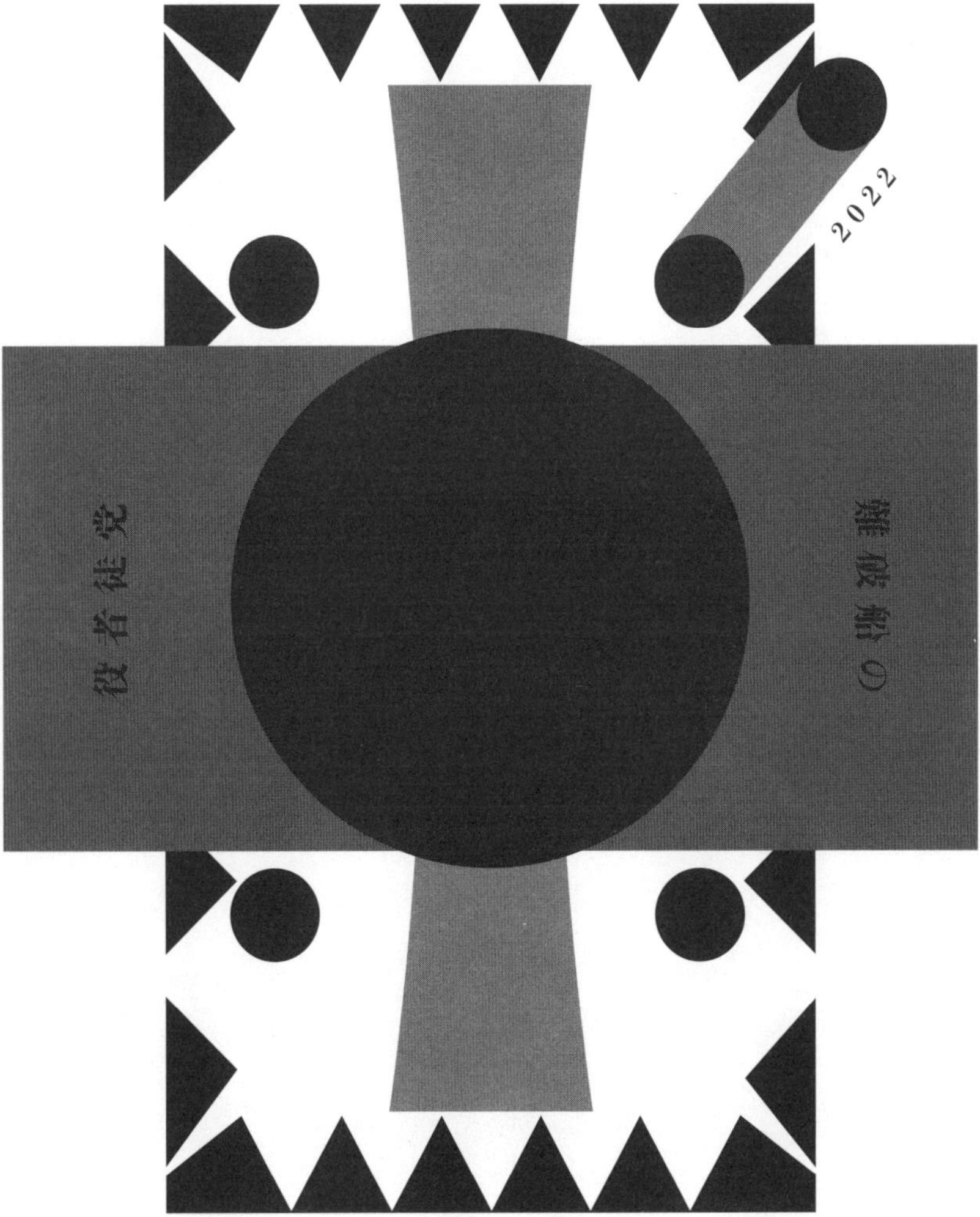

錨をあげる

口幅ったいが、
世直しの手段であることに
かわりはない。

千代次

野戦攻城の復活にあたり、桃山とともに、もっとも苦心したであろう看板役者。年齢的な衰えにくわえ、比重を増す、さすらい姉妹の重要度。女優以外の集団的まとめ役を担う自覚がめばえてきた。老いて果敢にいどむエロス的存在の根源は水族館劇場の行く末をみつめてあまりある。

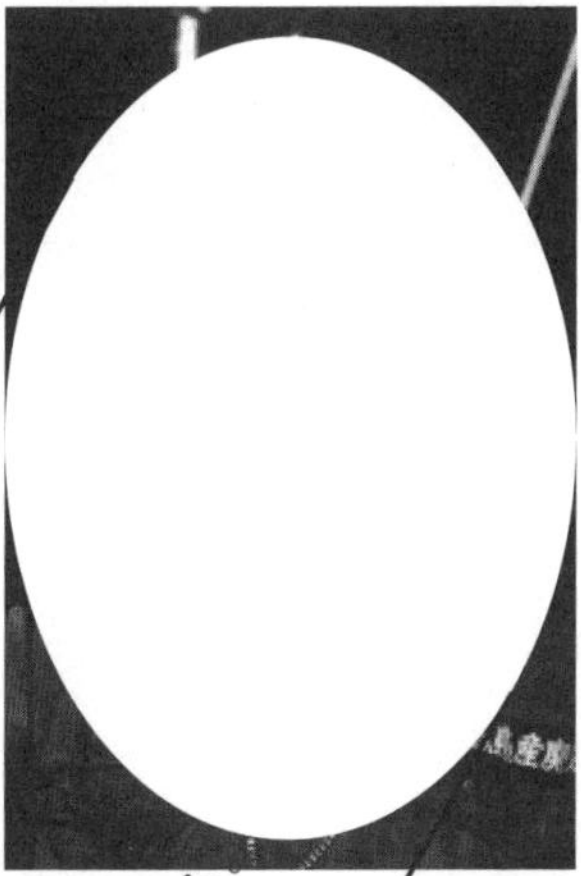

秋浜立

東京生まれ。劇団分裂直前に門をたたいた硬骨漢。桃山が再出立を決意するまで半年待った。合流後はあれよ、あれよと云う間に新棟梁へ。役者としても中軸を担う、いまや水族館劇場になくてはならぬ主要メンバー。東洋哲学をこよなく愛する、普段はもの静かな沈思黙考の大黒柱。

何度でも回帰する。
見たことあるのに見たことない。
張り巡らされた水脈を泳ぐ魚が出会う先。
水面の反射と奈落の薄闇、昏く明るく、
見たことないこと繰り返す。

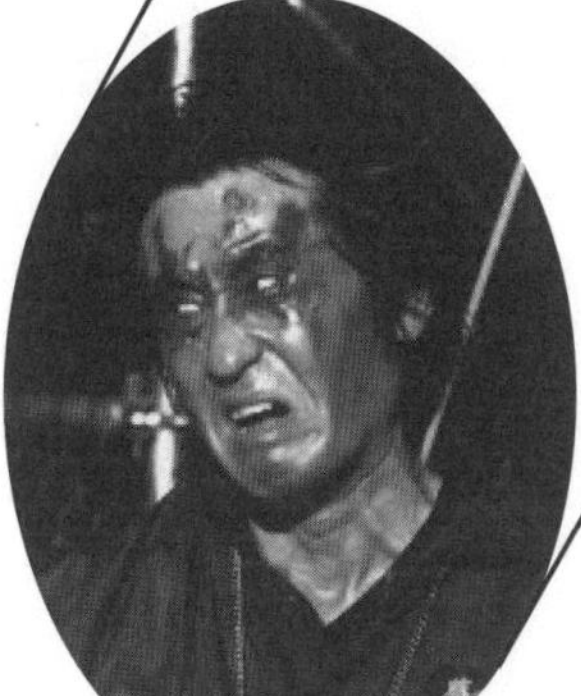

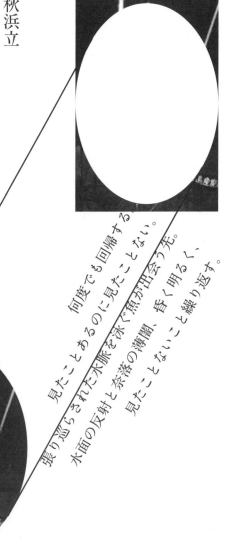

これまでもこれからも　私の夢
風兄宇内　音になる
自由なる魂の集う場。

風兄宇内

水族館劇場の危機のとき桃山、千代次が身を引くなかで、もっとも過激に新興勢力に抵抗した牢固たる職人気質の女優。解散を賭して劇団の看板を死守した。持病が悪化するなか、年末年始のさすらい姉妹は出演留保しているが野戦攻城は元気いっぱいに復帰した。

いささか不安な航海を待つ手作り舟。
ゆめゆめ泥で補修するような真似はしたくないものだす。

臼井星絢

お目付け役も、お目付けられ役も両方こなす満身創痍の大ベテラン。近年は台詞覚えもめでたく頭の血管が切れた後遺症を克服した。美術セット造形の職人仕事には定評あり、淺野マジックにとっては必要不可欠な存在。いつまでたっても花嫁募集中。

小さいころ田舎の場末の小屋でみた大衆演劇、その時の強烈ないかがわしさとなつかしさを水族館劇場とはじめて出会った時に感じた。そのことともに、われわれは浮草なんだということをわすれないようにしたい。

七ッ森左門

苦節十五年。成長どころか退化をくりかえす責任意識に漸く変化が訪れた。棟梁、秋浜立の右腕として資材算出、スケジュール管理を担う。邪悪の仮面を脱ぎ捨てた、あたらしい役者魂をみせることができるか。もう故郷宮崎に帰る場所はどこにもない。

松林彩

珈琲をこよなく愛する津軽のジャグシカ。上京直後の二十歳で役者デビュー、ホームグラウンドであるキネマの世界で働いていたが十年前、一念発起。水族館劇場の音響を担当し復帰する。さらに役者としてもデビュー、堅実な演戯をこなす中堅女優に成長した。

つぎはぎだらけの服を着て、薄暗い森を裸足で歩くようで身がすくむ。
それでも、ひとりでは絶対に辿り着けない情景が広がるんじゃなかろうか。

世界との格闘、日常と地続きの。

石井理加

東京生まれ。静岡まで観劇しにきて、そのまま入団直訴の八年め。水族館劇場の再起動はこのひととの加入から始まった。おっとりした気性で時間がかかったが、昨年あたりから自覚が出てきて役者としても急成長。制作、通信、小道具、衣裳と八面六臂の大活躍。

少数派多数派、年齢、性別関係ない
そんな水族館が大好きなのでそこを大切にしていきたいです。
心を奪い衝動性を掻き立てるそんなお芝居を続けていきたいです。

藤井七星

長野、飯田市生まれ。養護施設から迷い込んできた未成年の少女。今年で二十歳、高齢化のすすむ水族館劇場の新風となるべく野生の牙を研いでいる。暴力的乱雑性が歩くそばからこぼれ落ちる。老若男女、あらゆる階層の役者がつどってこその劇団。

未知の世界に
新たに踏み出したと感じています。

山本紗由

普段はヴァイオリン教室の先生と女だてらに罠の猟師で生活をあがなう京都在住の楽師でもある。桃山たっての願いで分裂時に正式メンバーとして迎え入れた。以来、野戦攻城に楽曲を提供。「この世のような夢」三部作では主演女優として千代次とわたりあった。

変わらない。揺らぎながら進み続ける。
いままでもこれからも水族館劇場は水族館劇場であり、
自分にとっては人生の中の宝物である。

淺野雅英

水族館劇場の黄金時代だった第二世代が軸になる頃より頭角をあらわし、もっとも桃山が信頼する舞台美術監督と成長をとげた。集団のリーダーとしても副司令官以上の能力を駆使、その人的交流ネットワークは舞台を拵えてゆくなかで無類の強さを発揮する。淺野マジックと云われる由縁だ。

水族館劇場 上演年表

1987 — 2023 ｜昭和62 — 令和5

＊特記のない限り作品はすべて作演出・桃山邑。基本的に天幕公演。
＊作品には通し番号を付けた。本公演のほか、さすらい姉妹、番外的なものも含む。本年表では、『水族館劇場のほうへ』（2013年刊）の上演年表に掲載された26年分（67まで）以降を記した（68から101）。番号には、本公演〈〉、さすらい姉妹《》、上記以外に〔〕を付して区別した。
＊イベント・講義など公演以外の活動も記載した。
＊本公演については、旗揚げ以降の全公演を一覧にして冒頭に掲げる。

本公演（1987〜2023）

1987 星澄ム郷へ 筑豊暗黒星巡り
星澄ム郷へ 東京漂流闇巡り
1989 NEUROMANTIC BLUE 水の罠 亜細亜の戦慄 第一部
flowers of romance 氷の涯 亜細亜の戦慄 第二部
1990 SOUTHERNCROSS BLODDY 海の柩
亜細亜の戦慄 第三部
GETDOWN IN THE DARKNESS 漂流都市
亜細亜の戦慄 第四部 ＊作 翠羅臼／演出 桃山邑
1991 THE HARDER THEY COME 幻の街
亜細亜の戦慄 第五部
昭和雨月物語 星の鱗
平成雨月物語 雨の檻
1992 A CHANGE IS GONNA COME 星澄ム郷へ
亜細亜の戦慄 第六部
1993 異族のパジャドール さまよえる日本人 迷路ノ壱
1995 東京軍艦島 さまよえる日本人 迷路ノ弐
1997 風《シナド》の荊棘《いばら》 さまよえる日本人 迷路ノ参
1998 NORTH 夜の果ての旅 さまよえる日本人 迷路ノ四
1999 DARK SIDE OF THE MOON 昭和雨月物語
2000 NOISE 廢墟の森のディアスポラ
さまよえる日本人 迷路ノ五
2001 パラダイスロスト 懐かしい夢
2002 ワールズエンドワルツ 白鳥の歌
2003 EXILES IN A BABYLON 虹の都
2004 SHIROKANIPE RANRAN 大いなる幻影
2005 NOSTALGIA 月と篝り火と獣たち

2007 FLOWERS OF ROMANCE 花綵《はなづな》の島嶼《しまじま》へ
2008 NOIR 永遠の夜の彼方に
2009 メランコリア 死の舞踏
2010 NOMAD 恋する虜
2012 NADJA 夜と骰子とドグラマグラ
2013 NOSTROMO あらかじめ喪われた世界へ
2014 Ninfa 嘆きの天使
2016 パノラマ島綺譚外傳 この世のような夢
2017 この世のような夢・全
もうひとつのこの世のような夢 寿町最終未完成版
2018 望郷オルフェ 終わりなき神話の涯に
望郷オルフェ 来るべき追憶の後に
2019 Nachleben 揺れる大地
2020 乾船渠八號 DRYDOCK NO.8［公演中止］
＊作 乾緑郎／演出 桃山邑
2021 Naked アントロポセンの空舟
2022 Naufrágio 出雲阿國航海記
2023 GETDOWN IN THE DARKNESS 新漂流都市
＊桃山邑に捧ぐ 作演出 翠羅臼

2013

【EVENT】特別講義「藝能の始原を求めて」小二田誠二＋桃山邑対談
6月28日 静岡大学

《68》さすらい姉妹 火山列島南下ツアー
7月21日 ヒグラシ文庫（逗子）
第1部 芝居「谷間の百合 -NAKED-」／第2部 幻想耽美演奏劇「赤い蠟燭と人魚」箱庭コラァル 山本紗由／第3部 対談「星回りを流離う人々へ」姜信子＋桃山
7月25日 スノドカフェ（清水）
第1部 芝居「谷間の百合 -NAKED-」／第2部 対談「水の星座は銀色の夢をみるか——河原者芝居の現在」鈴木大治 -ayame（水銀座）＋桃山邑
7月26日 水曜文庫（静岡）
第1部 対談「火山列島、至るところで落花狼藉——追憶のハイウェイ80」鈴木大治 -ayame（水銀座）＋桃山邑／第2部 芝居「谷間の百合 -NAKED-」

7月28日　Hair Design Gram（博多）
マチネ―第1部　水族館劇場東京公演「あらかじめ喪われた世界へ」メイキングDVD（約30分）上映／第2部　芝居「谷間の百合 –NAKED–」
ソワレ―第1部　対談「谷間を巡る花――水族館劇場と一条さゆり」津田三朗（劇団健康相談）＋桃山邑／第2部　芝居「谷間の百合 –NAKED–」
7月29日　Hair Design Gram（博多）
第1部　幻想耽美演奏劇「赤い蠟燭と人魚」箱庭コラァル山本紗由／第2部　芝居「谷間の百合 –NAKED–」
7月31日　津あけぼの座スクエア（三重）
第1部　幻想耽美演奏劇「赤い蠟燭と人魚」箱庭コラァル山本紗由／第2部　芝居「谷間の百合 –NAKED–」
8月1日　UrBANGUILD（京都）
第1部　幻想耽美演奏劇「赤い蠟燭と人魚」箱庭コラァル山本紗由／第2部　芝居「谷間の百合 –NAKED–」
8月2日　コミュニティーカフェ　パンゲア（堺）
第1部　幻想耽美演奏劇「赤い蠟燭と人魚」箱庭コラァル山本紗由／第2部　芝居「谷間の百合 –NAKED–」
8月3日　立ち呑み・難波屋（釜ヶ崎）
「一条さゆりを偲ぶ会」参加
芝居「谷間の百合 –NAKED–」2回公演

【EVENT】「桃山邑トークショー〈世界劇場としての、藝能・寄せ場・天皇制〉」
9月28日　QualiaJunction（銀座）

【EVENT】「Theatrum mundi――世界は劇場」
10月26日　明治大学駿河台キャンパス
対談1「舞台《いた》の底から来《きた》るもの―襤褸《ぼろ》と官能《エロス》とスペクタクルⅠ」桃山邑＋高山宏／DVD上映「『なげきの歌は水とともに』水族館劇場公演野戦攻城ダイジェスト」／対談2「舞台《いた》の底から来《きた》るもの―襤褸《ぼろ》と官能《エロス》とスペクタクルⅡ」桃山邑＋中沢新一／対談3「「傾く」ということ――バロック／マニエリスム／ピクチャレスク」中沢新一＋高山宏

《69》さすらい姉妹　NORTH VIII 骨の散る海
13年→14年　寄せ場越年越冬闘争参画
山谷センター前辻／横浜寿町生活館／渋谷神宮通公園／新宿中央公園／上野公園科学博物館前

2014

【EVENT】「旅するカタリ」

4月25日　東京芸術大学北千住キャンパス

第1部　カタリの時間「さすらい安寿──『山椒太夫』よりさまよいでた物語」作姜信子、カタリ手千代次（水族館劇場）、琵琶デュオ後藤幸浩・水島結子、案内人姜信子

第2部　旅する時間「シンポジウム「宿神・藝能・放浪」」姜信子＋桃山邑＋梅山いつき＋毛利嘉孝

〈70〉Ninfa 嘆きの天使

5月16日―18日、22日―25日、27日―6月3日

鎮守の杜 太子堂八幡神社境内（三軒茶屋）特設野外儛臺［化外の杜］

《71》さすらい姉妹　un ga yokerya 落語版マイフェアレディ

14年↓15年　寄せ場越年越冬闘争参画

山谷センター前辻／横浜寿町生活館／渋谷宮下公園新階段下路上／上野科学博物館前／高田馬場

2015

【EVENT】「この世界の片隅がもうすぐなくなるのだとしても」

毛利嘉孝＋桃山邑対談　司会小二田誠二

6月19日　静岡大学

---

〔72〕水族館劇場兇状旅駿河篇　黒船前後

6月19日　LiveBar Freakyshow（静岡）

【EVENT】「サーカスと藝能」大島幹雄＋桃山邑対談

9月18日　古書ほうろう（千駄木）

《73》運がよけりゃ さすらい姉妹版マイフェアレディ

10月11日　太子堂八幡神社境内（三軒茶屋）

《74》さすらい姉妹　ぢべたすれすれバッタもん

戯作桃山邑、工作毛利嘉孝

15年↓16年　寄せ場越年越冬闘争参画

山谷センター前辻／新宿中央公園／横浜寿町生活館／上野公

園科学博物館前／渋谷美竹公園

2016

【EVENT】「この世のような夢をもとめて――2016年 寄せ場から芸濃町への旅」毛利嘉孝＋小二田誠二＋桃山邑
2月9日　東京藝術大学千住キャンパス

【EVENT】「水族館劇場芸濃町公演トークライブ」　桃山邑＋伊藤裕作
4月17日　お馬のおやこ（名古屋市）

【EVENT】「芸濃中学校全学特別授業」　桃山邑
4月21日　芸濃中学校→特設野外儛臺［黒翁の走り］

〈75〉パノラマ島綺譚外傳　この世のような夢
5月5日―8日、13日―16日
三重八十八ヶ所巡礼　第六十番札所　東日寺境内
特設野外儛臺［黒翁の走り］

【EVENT】「終わりなき銀河へ旅立つために――『パノラマ島綺譚外傳　この世のような夢』芸濃町公演 東京報告会」
7月30日　青山 CUBE　グリックス
7月31日　古本遊戯 流浪堂（学芸大学）

【EVENT】「水族館劇場　特別写真展」
7月31日―8月21日　古本遊戯 流浪堂（学芸大学）

【EVENT】「ブックバーレスク『水族館劇場のほうから』」
8月22日―9月7日　古本遊戯 流浪堂（学芸大学）

《76》さすらい姉妹　憂鬱なサザエさん
10月9日　太子堂八幡神社境内（三軒茶屋）

《77》さすらい姉妹　蟻の街のサザエさん
戯作桃山邑、工作毛利嘉孝
16年→17年　寄せ場越年越冬闘争参画
山谷センター前辻／新宿中央公園／横浜寿町生活館／上野公園科学博物館前／渋谷宮下公園

2017

【EVENT】「映画『山谷 やられたらやりかえせ』上映会
講演「千代次に聞く——山谷の玉三郎と「さすらい姉妹」」
1月14日　中野 plan-B

【EVENT】「早桜祭　連続写真展&関連グッズ＋ブック展」古本遊戯 流浪堂（学芸大学）
3月4日—11日「さすらい姉妹の呑界」
3月13日—21日「水族館劇場のほうから」

【EVENT】「公開ゲネプロ」
3月10日　萩原建設前倉庫（芸濃町）

〈78〉この世のような夢・全
4月14日—23日　新宿花園神社境内特設野外儛臺「黒翁のまぼろし」

【EVENT】「カルチュラルタイフーン2017」「さすらい姉妹のほうへ」毛利嘉孝＋桃山邑
6月25日　早稲田大学早稲田キャンパス

【EVENT】「公開授業「藝能の古層へおりてゆく」」小二田誠二＋桃山邑
6月26日　静岡大学

【EVENT】「蜂起／野戦攻城2017@駒場　「出来事」（としての知」、第2部「野戦攻城——藝能としての知」、桃山邑「藝能としての建築」
7月29日　東京大学駒場キャンパス

【EVENT】「アウトオブトリエンナーレ 盗賊たちのるなぱあく」
8月3日—9月17日　寿町総合労働福祉会館建替え予定地（横浜寿町労働センター跡地）

8月3日　鬼海弘雄「人間の海 肖像写真展」［〜9月17日］、会田誠「芸術公民館」、シンポジウム「誰のための芸術？アウトオブトリエンナーレ」毛利嘉孝＋藤田直哉＋千代次　司会居原田遥

8月4日　基調講演「寿町・どっこい人間節の街――老いるということの意味」野本三吉＝加藤彰彦、上映会「水族館劇場旗揚げ映像」
8月5日　会田誠「芸術公民館」
8月12日　岡本光博 美術展（DADAモレ、ドザえもん）［～9月17日］、東京大学大学院表象文化論研究室パネル展示「蜂起／野戦攻城2017@寿町」［～9月17日］、会田誠「芸術公民館」
8月13日　上映会 NDUドキュメンタリー『風ッ喰らい時逆しま』布川徹郎監督（1979）
8月14日　上映会 水族館劇場野戰攻城・博多海の砦『NADJA夜と骰子とドグラマグラ』撮影編集 古賀正一（メディアジョグ／2012）
8月19日　青空ジャズ喫茶ちぐさ、会田誠「芸術公民館」、講演「黒い道化をめぐって」大島幹雄、上映会「水族館劇場旗揚げ映像」
8月26日　会田誠（マスター代行 岡田裕子）「芸術公民館」、星空上映会（「ボッチンのコマ撮りアニメーション」ボッチン、「Faces」尾形一郎・尾形優、「岡本光博ショート映像」岡本光博）、るなぱあく古本街（古書信天翁、古書往来座、丸三文庫、古書サンカクヤマ、たけうま書房、尾花屋、古書赤いドリル）
9月1日―5日　るなぱあく古本街（古本遊戯 流浪堂、古書ほうろう、古書信天翁、中島古書店、古書サンカクヤマ、古書赤いドリル）、港のバーバー（博多Hair Design Gram）［9月3日―5日］、青空ジャズ喫茶ちぐさ［9月5日］、大坂秩加版画展［～9月17日］
9月6日　上映会 映像制作集団 空族「サウダーヂ」
9月7日　上映会 映像制作集団 空族「FURUSATO2009」、相澤虎之助＋桃山邑対談
9月8日　安田登＋玉川奈々福「怪談アヤシノカタリ……暗闇の夢語り……」、上映会 さすらい姉妹「谷間の百合」（釜ヶ崎）
9月9日　座談会「黄金時代のエロ本水滸伝」鈴木義昭＋本橋信宏＋東良美季＋伊藤裕作、上映会「Faces」尾形一郎・尾形優、講演「江戸文化のからくり」田中優子
9月10日　座談会「芝居・寄せ場・抵抗」翠羅臼＋鹿児島正明＋高沢幸男＋荒木剛　司会 桃山邑、講演「歴史の地震計から蜂起／野戦攻城へ」田中純
9月13日―17日　るなぱあく古本街（古本遊戯 流浪堂、古書

ほうろう、古書信天翁、中島古書店、古書サンカクヤマ、古書赤いドリル）、津田三朗 美術展「鐵の梦」、飛行塔・お化け屋敷 展示、青空ジャズ喫茶ちぐさ［9月17日］、港のバーバー（博多 Hair Design Gram）

〈79〉もうひとつのこの世のような夢 寿町最終未完成版
9月1日—5日、13日—17日 特設野外儛臺［盗賊たちのるなぱあく］

《80》さすらい姉妹 ちょっと見るだけ——百貨店の屋根の上
10月8日 太子堂八幡神社境内（三軒茶屋）

《81》さすらい姉妹 ちょっと見るだけ——百貨店の迷子たち
台本 桃山邑、演出 毛利嘉孝
17年↓18年 寄せ場越年越冬闘争参画
山谷センター前辻／新宿中央公園／横浜寿町生活館／上野公園科学博物館前／渋谷美竹公園／芸濃町萩原建設前倉庫／芸濃総合文化センター前エントランス／芸濃町普門寺境内

2018

〈82〉望郷オルフェ 終わりなき神話の涯に
3月1日—5日 東日寺境内特設野外儛臺［月白の絶巓］

【EVENT】「夢野久作と杉山3代研究会 第6回研究大会」講演「世界藝能としての夢野久作」桃山邑
3月17日 拓殖大学文京キャンパス

【EVENT】「水族館劇場 桃山邑氏を迎えて——「もうひとつのこの世のような夢」から「望郷のオルフェ 来るべき追憶のあとに」へ」
4月11日 東京大学本郷キャンパス

〈83〉望郷オルフェ 来るべき追憶の後に
4月5日—9日、12日—18日 新宿花園神社境内特設野外儛臺［星の筏］

《84》さすらい姉妹　冒険ぴいたん波まくら漂流記
10月14日　太子堂八幡神社境内（三軒茶屋）
10月20日　まねきショップ駐車場（石巻）
【EVENT】石巻公演記念イベント「水族館劇場ってなんだ?」映像上映「水のサーカス！　野戦攻城の軌跡」、対談　桃山邑＋大島幹雄、会場ラ・ストラーダ La Strada
10月21日　カンケイマルラボ隣空き地（石巻）

《85》さすらい姉妹　冒険ぴいたん波まくら漂流記　參の替わり上野篇
11月10日 東京藝術大学美術キャンパス
【EVENT】「藝術ではなく、藝能を——上野から山谷へ」上映「横浜トリエンナーレ・水族館劇場『盗賊たちのるなぱあく』ドキュメンタリー」、講演「こんにち〈芸術〉は誰のためにあるのか」毛利嘉孝

《86》さすらい姉妹　冒険ぴいたん波まくら漂流記——寄せ場迷宮篇
戯作桃山邑、工作毛利嘉孝
18年→19年　寄せ場越年越冬闘争参画
山谷センター前辻／新宿中央公園／横浜寿町生活館／上野公園科学博物館前／渋谷美竹公園

2019

【EVENT】「PANTA暴走対談 LOFT編 VOL.6」PANTA＋桃山邑
3月16日　NAKED LOFT

〈87〉Nachleben 揺れる大地
4月4日—6日、8日—16日　新宿花園神社境内特設野外儛臺［大地の牙］

4月7日
【EVENT】「どっちみち風は吹く」第1部、対談1 毛利嘉孝＋梅山いつき、対談2 乾緑郎＋桃山邑
第2部「頭脳警察 揺れる大地に」結成50周年 1st ライブ

《88》さすらい姉妹　陸奥の運玉義留《うんたまぎるー》

作演出 翠羅臼

―

5月31日　上野水上野外音楽堂

【EVENT】「風車の便り 戦場ぬ止み音楽祭２０１９」

7月5日　新大久保 EARTHDOM

【EVENT】「ANOTHER SIDE OF OKINAWA　赤い森の彼方へ――沖縄のアンダーグラウンド」

ＮＤＵ『沖縄エロス外伝　モトシンカカランヌー』上映、トーク 桃山邑＋居原田遥＋翠羅臼

7月12日　辺野古キャンプシュワブゲート前

7月13日　新都心公園　渋さ知らズ天幕

―

《89》さすらい姉妹　GO! GO! チンボーラ～満月篇

10月13日　太子堂八幡神社境内（三軒茶屋）

―

【EVENT】「夕刊フジ・ロック PLUS2　頭脳警察50周年 3rd「Right Left the Light～ど真ん中から叫んでやる～」水族館劇場出演

11月25日　渋谷 duo MUSIC EXCHANGE

―

《90》さすらい姉妹　海を越える蝶　GO! GO! チンボーラ～満月篇 弐の替わり

12月13日　新大久保 EARTHDOM

第1部　沖縄報告会　桃山邑＋翠羅臼

第2部　ＮＤＵ『アジアはひとつ』上映

―

《91》さすらい姉妹　GO! GO! チンボーラ～ 參の替わり 三日月篇

戯作 桃山邑、工作 毛利嘉孝

19年→20年　寄せ場越年越冬闘争参画

山谷センター前辻／新宿中央公園／横浜寿町生活館／渋谷美竹公園／上野公園科学博物館前

２０２０

【EVENT】「キックオフイベント」

3月1日　高田馬場 Lone Star ★ Cafe

対談 乾緑郎＋桃山邑、『乾船渠八號』一部公開

―

〈92〉乾船渠八號　DRYDOCK NO.8

作乾緑郎、演出桃山邑
4月10日—19日↓中止（4月17日に関係者のみ集めて公演）
新宿花園神社境内特設野外儛臺［月への砲彈］

《93》さすらい姉妹　女の友情〜いとしのコロナちゃん
10月10日、11日　太子堂八幡神社境内特設野外舞台

《94》さすらい姉妹　みあげてごらん夜の星を
20年↓21年　寄せ場越年越冬闘争参画
新宿中央公園／横浜寿公園／羽村宗禅寺境内

2021

【EVENT】「宗禅寺土曜講座　桃山邑講話「水族館劇場とは！」」
3月13日　宗禅寺客殿（羽村）

【EVENT】「水族館劇場を彩る音楽展」
4月3日—18日　古本遊戯 流浪堂（学芸大学）

〈95〉Naked　アントロポセンの空舟
5月14日—16日、20日—23日、25日—31日　臨済宗建長寺派宗禅寺　第二駐車場　特設野外儛臺［虹の乾坤］

《96》さすらい姉妹　モスラ
10月2日　宗禅寺境内（羽村）
10月9日、10日　太子堂八幡神社境内（三軒茶屋）

【EVENT】千葉大二郎「HASSUISM-WM」展示協力
10月29日—31日　3331 Arts Chiyoda 屋上
野外美術展「のけもの」

【EVENT】「水族館劇場がまたやって来るヤァヤァヤァ！」
11月7日　宗禅寺客殿（羽村）
上映 さすらい姉妹『モスラ』、講演「不思議な時代の不思議な河原者たち」大島幹雄、座談会「来春の野戦攻城にむけて—『モスラ』から『世界の涯までつれてって』へ地元の声を聴く」高井和正＋桃山邑＋千代次＋大島幹雄　司会 梅山いつき

【EVENT】「「日本文化をめぐる ４つの展覧会」最終回「水族館劇場の向こうがわ」」
12月４日—25日 eitoeiko（神楽坂）

——

《97》さすらい姉妹 のざらし姫
戯作 桃山邑、工作 毛利嘉孝
21年→22年 寄せ場越年越冬闘争参画
神楽坂 eitoeiko／新宿中央公園／横浜寿公園／渋谷美竹公園／羽村宗禅寺境内

２０２２

〈98〉Naufrágio 出雲阿國航海記
５月27日—６月１日、３日—５日、９日—13日 臨済宗建長寺派 宗禅寺 第二駐車場 特設野外舞臺［天颷の鹿砦］

—

５月28日 居原田遥企画イベント「Back To/Think About 1972 これまで／これからの沖縄について」宗禅寺客殿
５月29日 クラウンパレードプロジェクト主催イベント「クラウンパレード in Tokyo」水族館劇場特設野外舞臺
６月２日 伊藤裕作主催イベント「昭和の阿国・一条さゆりをめぐって」水族館劇場特設野外舞臺
６月７日 ドキュメンタリー『風ッ喰らい時逆しま』上映会 宗禅寺客殿
５月27日—６月５日、９日—13日 坐禅会 宗禅寺本堂
５月27日—６月５日、９日—13日 鬼海弘雄 野外写真展「人間の海２０２２」、千葉大二郎 野外展「HASSUISM——野戰攻城編」、古本遊戯 流浪堂「流浪する古書店」

——

【EVENT】「宗禅寺土曜講座 秋浜立講話「水族館劇場の公演を行って」」
９月17日 宗禅寺客殿（羽村）

——

《99》さすらい姉妹 むすんでひらいて
戯作 桃山邑+千葉大二郎、工作 毛利嘉孝
10月６日 美麻遊学舎跡地（長野大町）
10月８日、９日 太子堂八幡神社境内（三軒茶屋）
10月10日 原爆の図 丸木美術館（東松山）

——

《100》さすらい姉妹　むすんでひらいて——寄せ場版
戯作桃山邑＋千葉大二郎、工作毛利嘉孝
22年→23年　寄せ場越年越冬闘争参画
新宿中央公園／横浜寿公園／渋谷神宮通公園／羽村宗禅寺境内
——
〈101〉GETDOWN IN THE DARKNESS　新漂流都市
作演出　翠羅臼
5月17日—21日、26日—29日、6月2日—6日　臨済宗建長寺派　宗禅寺第二駐車場　特設野外舞臺
——
5月17日—21日、26日—29日、6月2日—6日　古書漂着市（古本遊戯 流浪堂&古書ほうろう）、桃山邑の世界「水の星座」、写真展「曲馬舘の千代次——虚実の狭間で」黒田康夫、坐禅会（宗禅寺本堂）、野戦音楽室 出張ジャズ喫茶ちぐさ
5月21日　クラウンパレード in 羽村
5月22日　映像制作集団空族 映画上映会『典座 -TENZO-』、相澤虎之助トークイベント
5月27日　渋さ知らズライブ　宗禅寺本堂
5月28日　シンポジウム『「寺山修司　母の歌、斧の歌そして父の歌」（伊藤裕作編著）をめぐって』　宗禅寺客殿

メモリー。

千代次

mini紙面水族館劇場『幻の街』

——もしもし！　もしもし！

——誰？

——スミマセン、はじめてなのでドキドキしちゃって。おじゃまだったら出直します。

——出直さないで！

——いいんですか。

——あたしもお客をトルのははじめてなんだ。今お店から貰った名前はメモリー。よろしくね。

——素敵な名前ですね。

——だろう。こんな仕事の女なんて他人の記憶のドブの中に引っかかったぼろ切れのようなもんさ。メモリーって呼べば少しは生臭い匂いもとれるだろ。

——確かに。

——話してごらん、性の悩み。

——そんなものありません。僕には肉体がないんです。戸籍上は死んでいるんですがココにいるんです。肉体のない男なんてまともな女が相手にするわけないじゃありませんか。藁をもつかむ思いで肉体のいらない女、つまり受話器の向こうのあなたに電話したんです。

そしたらあなたの名前はメモリー。たとえはへんですが、エリを正したい気分です……

――……もしもし！　もしもし！　大丈夫よ。あたしはまともな女じゃないから。


これは一九九一年の桃山台本だ。テレフォンセックスが商売として登場した頃か。

最底辺の女は私がもっとも希んだ役柄だった。

水族館劇場の公演は、台本の遅れのために困惑混乱のピークまでいくのが常であったが、それが毎回繰り返されようと、桃山は台本の再演を提示したことはなかった。

常に世界とのキワドイ接触を狙っていた桃山にとって〝今〟にどう切り込んでいくかが重要であり、その切り口はさすがと思わせることが多かった。

だからかつての上演台本は見向きもされず何十年も押し入れの片隅でひからびていた。

そんな台本たちが、桃山が死んでしまったが故に、桃山そのものとなった。

ナンテコッタ……。私は嘆きながらちょくちょくうす汚れた台本を手にとるようになった。

全てがそうだというほど身びいきはしないが、古台本は素敵な言葉の宝庫だった。そのなかに好きだったシーンをみつける。云いたいと熱烈に思うセリフをみつける。私はつい頭の中でシーンを復活させ、その上お客の前に立ちたいとまで思ってしまう。

そうして最底辺の女をやりたい気持ちに何ら変わりはない私は、老いてエロスどころではないが姿を見せない女でいいのだから、メモリーとなって紙面舞台に立つ。

肉体のない男はそのまま桃山である。

花鳥風月を照らす月あかりのように

思いもかけぬ疾病《やまい》を得たことで、長年味わったことのない感覚がぼくの全身をつつみこみました。仕事からの開放です。朝まだき暗いうちから起きて、お弁当をつくり、二時間かけて仕事場に着く。帰りは夜おそく、往きも帰りも夜空には星が瞬いておりました。まったく芝居のための時間はつくれませんでしたが、その日暮らしの日銭を稼げなくなったことで自由に時間をつかえることになりました。徹夜をしようが、昼間に寝ていようが気ままにやれるのです。皮肉な話ですが、仕事と休み（芝居）の日をくぎって二重生活をしていた頃より、台本はずっと手早くすすんで、これまで以上に余裕を持って役者に手渡せそうです。

そんななか、羽鳥書店から二冊目の本の出版のはなしが舞いこみました。『水族館劇場のほうへ』から丁度十年。またもぼくのほうから、さまざまな我儘をきいてもらいました。前著では判型、紙、インク、フォント、印刷方法など、ありとあらゆる部分に〈お願い〉を連発し、贅をこらした豪華本の体裁に仕上げました。こんどはできるかぎりシンプルに。もし電車の棚に忘れられても、誰かが読み継いでくれるようなコンパクトな軽さにしてもらいました。今度はぼくの単著ということで、統一したカラーを持たせることをこころみました。

「難破船《Naufrágio》を慈しむように——水族館劇場とはなにか」は機関誌『FishBone』七四号（二〇二二年）に全力で書いたものに、わかりやすい文章をこころがけて、さらに加筆、修正を施し、なかなか容易にすがたを現さない水族館劇場という現象に補助線をひきまくったものです。ぼくにとっても思考しながら、一歩一歩刻みつけるように思いを書いていった愛着のある文書です。

「こんなふうに芝居の獣道を歩いてきた」は人生をふりかえるロングインタビュー。即ち、ぼく＝桃山邑という人間がどのようにしてつくられていったか。そのオーラルヒストリーを、いっぽんの柱にしました。もちろん、どんな記憶でも捏造を余儀なくされます。芝居屋の与太話にならないよう、記述には正鵠を期しました。必要なら、現場へ赴いて確認もしました。それでも絡まりあった追憶の糸屑をほぐすのは、おもいのほか面白い作業でした。

三本のエッセイは水族館劇場の根幹に触れるものばかりです。山谷、沖縄、作劇術。いままであきらかにしてこなかった秘法（そんなだいそれたものでもないけれど）などを纏めたものです。ぼくたちと芝居のうえでもっとも関係の深かった街である山谷の大スターだった玉三郎の死のさいに、追悼文と、小さな運動機関紙に発表したものです。両方とも、一〇〇部にみたない発行部数でしたので、加筆せず、そのまま収録しました（「日雇下層労働の変容と山谷玉三郎の死」は後に機関誌に再録されました）。「朱もどろの海の彼方から」も沖縄にまつわる二本のエッセイをひとつにまとめました。それまで琉球弧にかんしてはなんとなく遠ざけていました。彗星のようにあらわれた、西表カナタの、沖縄問題に対するひとつひとつの立ちふるまいをみて胸の奥に火がついたことが大きかった。「ぼくの作劇法——座付き作者の使命」は、唯一無二の役者徒党であるぼくたちの〈当て書き〉の本体を明らかにしようとしました。

この十年、ぼくは『水族館劇場のほうへ』に対して、ひとつだけこころ残りがありました。折りたたみの蛇腹のカードに役者ひとりひとりを紹介したコーナーです。前著を上梓してほどなく巻きおこったお家騒動の余波で、半分以上のカードが無駄に終わったことです。いつか復活にちからをかしてくれたパーマネントメンバーを、あたらしく紹介したいとかんがえていました。千代次、風兄宇内、臼井星絢、七ッ森左門、秋浜立、山本紗由、松林彩、石井理加、藤井七星。全体を視る眼を持っている淺野雅英。このひとなしでは再建は難しかったであろう、西之一舟。鈴木都と東野康弘は音楽で。高野幸雄と千葉大二郎は美術で。伊丹宗丞と楠瀬咲琴は照明で。小林直樹と沼沢善一郎は音響で。津田三朗とツダマサコは特殊造形で。デザインは近藤ちはると齋藤基正、梅山いつきと伊藤裕作は制作で。その他、木戸や写真、美術や記録をふくめたら、たくさんのひとたちが助けてくれたのです。また、これらのひとびとが活躍できたのも、花園神社、ヨコハマトリエンナーレ、宗禅寺。媒体《メディウム》となるべき魅力的なロケーションをふくんだ公演地が存在したからです。みんな水族館劇場の方法にとまどいながら、最後はぼくたちのことを大好きになってくれました。全員に、こころからの、ありがとうを。

収録した台本「出雲阿國航海記」は、みなさんに観てもらった二〇二二野戰攻城のものより、だいぶ手直しされています。これもぼくの往生際の悪さだとご理解ください。いつかふたたびぼくたちではない誰かが台本に眼をとめて、上演したいと申し出たとき、すこしでも善き物語、善き台詞、善き舞台装置でみたされていますよう、祷りにちかい気持ちから、罷むに罷まれず書き足しました。

ふたたびタッグを組んだ矢吹有鼓さん、ロングインタビューをまとめていただいた桑田光平さんにも感謝のことばもないほど、ありがとうの花束を抱えています。編集のみならず、病院の世話から、基金の取りまとめ、病院の手配すべてが彼らの愛情からつむぎだされた希望の糸車でした。おふたりの優しさが世のなかに伝播するよう、糸の先が四方八方にちらばってゆくのを楽しみにしています。

抗がん剤投与の治療を施すため、毎週、病院の送り迎えをしてくれた静岡の鈴木亜美さん、流浪堂の二見彰&祥子ご夫妻、水族館劇場のメンバー、ロングインタビューの内容確認のため、実家の周囲で写真を撮ってくれた片岡一英さん。何度も会いにきてくれたジュネはじめ、外部のサポートメンバーにも感謝を。最後になって、すこしでも長く生きようと願い、そうすることができたのは、支えてくれるひとびとがいたからこそ。ありがとうございました。

松尾工務店の三人のかたがたには取りわけ眼をかけていただきました。松尾文明会長をはじめ、松本文明新社長、あいだを継いで支えてくれた道家篤夫さん。半端な職人を現場で使い、芝居では無償で資材を供出、という、末端の肉体労働者という関係では考えられない協力をしてもらいました。このゼネコンで働いてなかったら、三十五年にわたる野戦攻城も不可能だったでしょう。もう恩返しは叶いませんが、よりよき舞台を拵えることでお礼の気持ちにかえようと思います。

最後に。水族館劇場のメンバーのなかでも、とりわけ千代次には手厚くお礼を述べたいと思います。曲馬舘時代から数えれば、半世紀ちかい長い間、彼女は公私ともに伴走者でありました。劇団が変わっても、ぼくの立場が変わっても、それは途切れることなく続き、そのつど希有な女優として、ぼくの台本を可視化してくれました。ひとりとり残してゆくのが心配です。いつまでも水族館劇場が千代次のこころの支えでありますよう、願ってやみません。

それではみなさん、いよいよお別れのときですね。死者と地上とはどれくらい遠く隔たるのでしょうか。この無限の天体の遙かなる岸辺に流されるのなら、ぼくは銀河の涯から、さよならをお伝えします。ほんとうにありがとうございました。

二〇二一年神無月　月あかりの冴えわたる宵に
水族館劇場副司令官　桃山邑

※文中、「出雲阿國航海記」製作にかかわったメンバーは敬称を略させていただきました。また文章のバランスを崩すと考え、すべてのメインスタッフを紹介できませんでした。最後に彼らを紹介したいと思います。

制作　中村聡泰　宮地健太郎　宮地美華子
木戸　杉江ゆかり　川上敦子　藤中悦子　菅生衣里子　高野多恵子
美術　森知行　松隈宣浩
写真　藤本正平　中島宏樹　（順不同）

桃山邑（ももやま ゆう）
一九五八年生れ。現代河原者にして水族館劇場座付作者。
若い頃より建築職人として寄せ場を渡り歩く。
一九八〇年、曲馬舘最後の旅興行から芝居の獣道へ。
一九八七年、水族館劇場として一座創設。
以降、三五年にわたり寺社境内を漂流しながら人の縁を結んでゆく。
二〇二二年十月、銀河の涯へと旅立つ。

桃山邑編『水族館劇場のほうへ』（羽鳥書店、二〇一三年）
［水族館劇場発行］
『横浜寿町公演 FishBone 特別編集号』（二〇一七年）
『横浜寿町公演【総集編 2018】FishBone 特別編集号』（二〇一八年）
『朱もどろの海の彼方から――報告・琉球幻視行』（二〇一九年）
『報告・凍りつく世界と対峙する藝能の在り処』（二〇二〇年）
『銀河の涯から Good Bye――桃山邑と愉快な仲間たち』（二〇二三年）

謝辞

水族館劇場座長 桃山邑は、二〇二二年三月下旬に肝内胆管がんと診断され、半年という余命宣告を受けました。六月、命をけずりながら台本を書き終えた「出雲阿國航海記」が千穐楽を迎えるなか、私たちはもう一度桃山邑と本をつくりたいと考え、病気療養と本づくりなどの活動を支えるための「桃山基金」を設けて寄付の呼びかけを始めました。幸いにもたくさんの方から賛同を得ることができ、多くの活動支援金を寄せていただくことができました。

桃山邑はその励ましに応え、十月十八日に亡くなる直前まで、本書製作のための造本イメージを伝え、原稿を少しでも充実したものにして残そうとしてくれました。残念ながら本人の手にとってもらうことは叶いませんでしたが、桃山邑が思い描いた「桃山邑の本」に、限りなく近づけることができていればと願います。ここにお名前を記せなかった方も含め、ご支援を賜りましたすべての方々に心より感謝申し上げます。

桃山基金

発起人　羽鳥和芳・矢吹有鼓（羽鳥書店）

世話人　梅山いつき（近畿大学／水族館劇場 制作）

村井良子（プランニング・ラボ／水族館劇場 元制作）

桑田光平（東京大学）

毛利嘉孝（東京藝術大学）

宮地健太郎・宮地美華子（古書ほうろう）

二見彰・二見祥子（古本遊戯 流浪堂）

桃山基金　支援者のみなさま

相澤虎之助
相澤政洋
秋浜立
穴澤万里子
荒川茂代
荒川ともよ
石井理加
井上攻
臼井星絢
梅山いつき
えのきどいちろう
仰木ひろみ
逢坂恵理子
太下義之
大島幹雄
大塚聡
大山佐智子
尾形一郎
尾形優
小野智美
川上敦子
川原理子
姜信子
楠瀬咲琴
熊谷憲之
桑田光平
桑野隆
鴻池朋子
小林直樹
近藤亜美
近藤道彦
佐藤良明
澤井まり
鹿野安司
島田昭博
庄司尚子
翠羅臼
杉江ゆかり
高井健太郎
田中純
竹本幹夫
崔美貴
千葉大二郎
津田正子
津田三朗
鶴澤寛也
中島隆博
中村聡泰
なかむらみつお
七ツ森左門
西堂行人
野田日文
畑中一彦
畑中信子
羽鳥和芳
東野康弘
風兄宇内
藤井慎太郎
藤井七星
藤田直哉
二見彰
二見祥子
松林彩
眞野純
三森妃佐子
宮地健太郎
宮地美華子
宮本啓子
村井まや子
村井良子
毛利嘉孝
森知行
矢吹有鼓
山崎哲
山崎香世
山崎範子
山本紗由
吉田精子

〔五十音順〕

・カバー表――リスボン／テージョ川（Getty Images, 123RF）
・カバー裏――「後戸の神」（比叡山西塔常行堂）、桃山邑が手掛けた台本
・写真――水族館劇場記録担当 DJ.YOU および劇団関係者の撮影による
アーカイブより（上記以外の提供写真は、個別に記した）
・「絢交の世界」扉イラスト――鈴木都
・「出雲阿國航海記」扉デザイン（公演時のロゴ）――齋藤基正

河原者のけもの道

二〇二三年六月一〇日　初版

著者　桃山邑

装幀　近藤ちはる

発行者　羽鳥和芳

発行　株式会社 羽鳥書店
一一三―〇〇二二
東京都文京区千駄木五―四九―二―ベガハウスミタケ三〇五
電話番号 〇三―三八二三―九三一九［編集］
〇三―三八二三―九三二〇［営業］
https://hatorishoten.co.jp/

ISBN 978-4-904702-91-8　Printed in Japan

風の音が追い立てるように
ボクを暗い海へとせきたてる
海には水の星座が映っています
夜の鏡はある時暴れる海となる
それはボクの絶望の深さ
それはボクの超えていくべき昨日の長さ
ボクを捨てボクを生き直す無告の暗闇